KB140080

북한의 사유화현상

시장화를 통한 사적 부문의 확산

북한의 사유화 현상

윤인주 지음

시장화를
통한
사적 부문의
확산

머리말

2000년대 북한 연구에서 가장 논쟁적이고 흥미로웠던 주제 중 하나는 북한 경제, 그중에서도 시장화일 것입니다. 시장화의 개혁적 또는 반개혁적 성격을 둘러싼 팽팽한 논쟁이 이제는 '계획과 시장의 불가피한 공존'으로 정리된 듯합니다.

공식경제와 비공식경제, 공공경제와 사적 경제, 합법과 불법, 묵인과 통제 등으로 행과 열을 엮어 표를 만든 다음, 거기에 계획과 시장이라는 이름으로 얽혀 있는 북한 내 경제활동을 하나씩 넣어본 것이 이 책의 시발점입니다. 계획과 시장의 공존이 애초에 의도를 가지고 설계된 구도도 아니었거니와 시장 확산과 억압 조치가 들쑥날쑥하다 보니 그 속에 칸막이를 치기가 여간 어렵지 않았습니다. 정리를 하고 또 하고 보니 결국에는 아무 데도 쏙 들어가지 않는, 기존 시장화 개념으로는 잡히지 않는 흐릿한 무언가가 있다는 결론에 도달했습니다.

우여곡절의 고심 끝에 그러나 우연한 기회에 만난 것이 바로 사유화 개념입니다. 넓게 보면 사유화는 시장화에 포함될 수 있고 사유재산을 공식적으로 인정하지 않는 북한에 적용하기 어려운 측면이 있다는 점에서, 명확하거나 정확한 답은 될 수 없을지 모릅니다. 하지만 기존 시각에서 초점을 약간 조정해서 사유화의 관점으로 북한의 현실을 바라보면 좀 더 명료하거나 명쾌한 시야 정도는 확보할 수 있다는 것이 이 책의 주장입니다.

이 책은 필자의 박사학위논문 「북한의 사유화 현상 및 동학에 관한 연구: 시장을 매개로 한 사적 부문의 확장을 중심으로」(2013)를 바탕으로 하고 있습니다. 본격적으로 북한 경제를 들여다보기 시작했던 2009년 전후, 북한 당국은 시장을 억압하고 화폐개혁을 단행했지만 그 여파로 시장의 불가역성이 오히려 입증되었습니다. 논문 집필을 하던 2012년은 김정은 체제가 공식 집권하고 2002년 '7·1 경제관리개선조치'가 10년이나 지난 무렵으로, 그와 맥을 같이하면서도 진일보한 '6·28방침'이 나왔습니다. '우리식 경제관리방법'으로 알려진 이 방침의 집행력과 실효성은 아직 더 두고 봐야 하겠지만, 김정은 체제에서 기존 경제특구를 지방 경제개발구 수준까지 분권·확산시키고 관광특구에 집중 주력하는 등 다소 변화가 있기는 합니다. 무엇보다도 '고난의 행군'이 20년, 7·1조치가 10년도 넘은 현재, 북한의 시장화는 기존의 계획경제와 거의 한 몸을 이룰 정도로 엉켜 있고 부동산이나 신흥부유층의 존재가 공공연한 사실이 되었습니다.

이 책은 이러한 북한의 변화, 시장화의 진화를 사유화의 관점에서 분석한 책입니다. '사유화'라는 말을 들으면 보통 사람들은 '북한에 그런 게 있어?' 하고 되묻습니다. 사회주의 계획경제인 북한에 사유재산이 있을 수 있느냐는 의문인데, 이 책이 바로 그런 의문을 풀어주는 작은 열쇠가 되었으면 합니다.

이 책은 총 7장으로 구성됩니다. 1장 서론과 7장 결론 사이에 본론으로 다섯 개 장을 담았습니다. 2장은 이론적 논의를 통해 '북한의 사유화'에 대한 개념과 분석틀을 설계한 장입니다. 3장은 사유화가 일어난 정치경제적 배경을 전체 논문의 바탕으로 깔아 놓은 바닥 공사에 해당합니다. 4장은 북한이탈주민 설문·면담조사 결과를 통해 북한의 사유화 실태를 보이고, 5장은 그 실태 속에 드러난 특징을, 6장은 그러한 특징을 만들어낸 동학을 설명합니다. 4, 5, 6장은 본론 중의 본론이며 6장은 본론 중의 결론입니다.

이 책의 특징 몇 가지를 꼽으면 다음과 같습니다. 첫째, 이론적 논의에서 북한 원전의 의미를 검토했다는 점입니다. 하지만 북한의 논리에만 묻히지 않고 보편적으로 사용되는 다른 개념도 고려했습니다. 그 바람에 이론적 논의가 다소 길어졌지만 사유화라는 새로운 관점을 시도하려면 충분한 사전설명이 필요하다고 여겼습니다. 둘째, 북한의 사유화라는 주제에 특화된 설문·면담조사를 설계했다는 점입니다. 필요에 따라 이 책에 다 담지는 못했지만 약 45개 문항이 사유화에 초점을 맞추어 설계되었고 후속 연구에 활용될 것입니다. 셋째, 북한 경제 실태를 통해 정치경제적 해석을 시도했다는 점입니다. 사유화의 정치경제적 논리를 중심주제로 잡고 천착한 것은 아니지만 변화하는 경제 실태만 그대로 받아들이기보다 시론적 탐구로 닿는 것이 북한 연구의 특색임을 고려했기 때문입니다.

대동소이한 내용의 학위논문을 책으로 다시 출간한 이유는 제대로 된 연구는 현실에 연계될 때 의미가 있으므로 실용적이어야 하고 더 많은 분과 소통할 필요가 있다고 생각했기 때문입니다. 연구의 깊이로 따지면 보완할 것이 많지만 북한의 경제 현실은 질적으로 대동소이하다고 판단하여, 일단 학위논문의 내용 자체에 충실한 채로 발간했습니다. 관련 후속 연구에 매진해서 다음 저서에는 더 흥미롭고 뜻 깊은 결과를 소개할 수 있기를 바랍니다.

이 책이 북한에 관심 있는 분에게 작은 정보가 되고 학위논문 등을 쓰느라 분투하는 신진연구자 동료 누군가에게 큰 도전이 된다면 더할 나위 없이 기쁠 것입니다. 혹시 이 책이 필자가 예기치 못한 어떤 독자를 만나 필자와 같이 인생의 걸음에서 조금씩 북한을 의식하고 더 나아가 그 걸음을 바꾸게 할지도 모릅니다. 그동안 필자가 종종 책을 읽으면서 경험했듯이 말입니다. 이런 꿈을 꾸면서 학위논문을 책으로 출간할 수 있도록 이끌어 주신 전현준 박사님과 박상익 박사님, 책을 발간해 주신 한국학술정보(주) 여러분께 진심으로 감사드립니다.

2014년 9월
윤인주

일러두기

이 책의 제4장은 일부 수정된 내용이 학술회의 및 학술지를 통해 발표된 바 있다.

○ "북한의 사유화 연구: 시장을 매개로 한 사적 경제활동을 중심으로", 2012년 북한연구학회 추계학술회의, 동국대학교, 2012년 10월 19일.

○ "북한의 사유화 현상 연구: 실태와 함의를 중심으로", 『북한연구학회보』, 제18권 제1호, 2014.

□ Contents

❏ 표 목차

□ 그림 목차

■■■ 제1장

서론

제1절 문제제기와 연구목적

　1990년대 경제위기 이후 북한 경제의 시장화가 본격적으로 진행된 지 20년이 넘었다. 초기에는 북한의 시장화에 대한 단편적인 실태파악과 북한 경제정책의 변화를 둘러싸고 갑론을박이 이어졌다. 북한 경제의 시장화가 계획경제의 변화 및 체제이행을 가져온다는 입장과 북한 당국의 선별적 조치로 계획경제가 유지된다는 입장이 대립했다. 이제 20년이라는 시간이 흐른 시점에서 그동안 축적된 북한 경제의 변화 양상을 객관적으로 분석하여 향후 전망과 정책수립을 시도해볼 만하다.

　북한 당국은 1990년대부터 지방과 기업에 자력갱생 지침을 내리고 자율화·분권화를 시도하였으며 2000년대 들어서는 종합시장과 사회주의물자교류시장을 개설했다. 국영기업은 제한적이나마 가격이라는 신호에 따라 의사결정을 내리기 시작했다. 특히 중앙에서 공급을 받지 못하는 말단 단위의 기업은 계획보다는 시장에 의존해 자체적으로 경제 활동을 영위하고 있다.

　북한에서 시장 활동의 증가는 제도변화로서의 시장경제화를 추동하고 있다. 북한에서도 시장경제체제에서 볼 수 있는 조직적인 경제활동이 나타나고 있는 것이다. 대표적인 것이 사회주의경제인 북한의 국영기업에 개인의 자금이 투입되는 현상이다. 돈 있는 개인(북한에서는 '돈주'라고 불림)이 국영기업에 대부투자를 하고 수익을 내고 있다. 개인이 공공자산이나 명의를 빌려 생산·유통 활동을 하고 그 대가를 국가기관에 납부하기도 한다. 또 개인이 계획경제 밖에서 고용과 분업을 동반한 생산·유통 활동을 벌이기도 한다. 생산수단의 소유와 노동의 분리에 기초한 기업적 현상이 초보적으로나마 나타나고 있다.[1]

위와 같은 경제활동은 '개인적'이라기보다 '사적'인 성격이 강하다. 북한에서 '사적'이라는 관형어는 '사회주의체제로부터의 이탈'을 암시하는 부정적 의미를 띤다.[2] 반면 '개인적'이라는 관형어는 소극적으로 수용된다. 생산수단의 소유와 분리에 기초한 조직적인 경제활동은 공적 소유를 지향하는 사회주의체제의 일부로 수용되기 어렵다. 따라서 이러한 활동은 시장을 매개로 한 '사적' 경제활동이라고 하겠다.

특히 개인의 돈이 국영기업에 유입되고 시장 활동에 기업적 현상이 나타나는 것은 '사적' 자본의 축적을 전제한다. 사적 자본이란 특정 개인이 소유하고 있는 자본을 말한다. 구체적인 의미는 후술하겠지만 여기서는 '사적'이라는 관형어에 주목하기로 한다. 사적 자본은 사회주의질서에서 인정하지 않는 요소를 함축하고 있다. 사적 자본의 축적은 사유화(私有化, privatization), 다시 말해 '비

---

1) Jae-Cheon Lim and Injoo Yoon. "Institutional Entrepreneurs in North Korea: Emerging Shadowy Private Enterprises Under Dire Economic Conditions", *North Korean Review*, Vol.7, No.2(Fall 2011).

2) 최봉대·구갑우, "북한의 도시 농민시장의 진화와 사적 경제영역의 형성", 『북한 '도시정치'의 발전과 체제변화: 2000년대 청진, 신의주, 혜산』(파주: 한울아카데미, 2007), p.132.

(非)국유부문의 형성' 또는 국가에 집중되어 있던 '재산권(property rights)의 분권화'를 암시한다.

사유화 개념은 시장화 또는 비공식화 개념으로 설명되지 않는 북한 경제 내 일부 현상을 설명할 수 있다. 예컨대 국영기업에 사적 자본이 투입되는 것은 시장화의 일면이지만 온전히 비공식경제활동이라고 보기는 어렵다. 경제활동 산출물의 일부가 국영기업의 실적으로 잡히면서 공식경제와 중첩되는 영역이 발생하기 때문이다. 이는 사실상 국영기업의 일부가 소규모 사유화되었다고 하는 편이 적절하다. 이런 의미에서 북한의 경제 변화는 사유화의 관점에서 설명될 필요가 있다.

따라서 이 책에서는 북한 경제의 변화를 '사유화 진전 없는 시장화'로 보아온 분석개념에 문제를 제기한다. 북한에서는 국가재산과 (사회)협동단체재산과 개인재산을 법적으로 보호한다. 이때 개인재산은 착취의 수단으로 이용될 수 없고 자본으로 전환될 수 없다는 점에서 사유재산과 다르다고 강조한다. 북한에는 생산수단의 사유를 전제하는 사유재산이 존재하지 않는다는 것이다. 하지만 '법률상의 사유화'와 '사실상의 사유화'는 구분될 필요가 있다. 시장화 확산으로 북한에 사실상 사유화가 진전되고 있기 때문이다. 법·제도적으로 사유재산이 인정되지 않는다고 해서 현실적으로 일어나고 있는 사유화를 부정할 수는 없다.

그동안 북한의 사유화에 대한 연구는 체제전환 과정이나 통일 이후와 같은 미래의 시공간을 상정해 왔다. 기존연구는 공유제가 지배하는 정치경제체제에 사유제를 안착시키기 위한 대안 수립을 목적으로 한다. 이러한 연구는 북한이 공유제에 기반한 사회라고 전제하고 있다.

하지만 북한에 사실상 사유화가 진전되고 있다면 이러한 논의의 전제조건이 달라진다. 제도적으로는 공적 소유로 되어 있지만 사실상 사적 소유인 부분을 고려해야 하기 때문이다. 향후 북한의 사유화를 논의하기 위해서는 현재 북한의 상황이라는 초기조건을 검토하는 것이 선행되어야 한다. 그런데 그동안 북한의 사유화 연구는 사실상의 사유화에 대한 고찰이 부족했던 것으로 보인다.

한편 북한의 현 상황을 연구대상으로 삼은 기존연구는 '시장화'에 멈추어 선 경향이 있다. 북한에는 시장화가 확산되면서 자원분배 및 조정 기제 또는 시스템으로서의 시장이 정착, 구조화되었다.3) 계획과 시장이 공존하는 가운데 국가경제가 시장에 의존하고 있다. 계획과 시장의 이중구조는 사적 자본을 전제하고 있다. 시장이 운영되기 위해서는 이를 뒷받침할 사적 자본이 필요하기 때문이다. 그러나 사적 자본의 출현과 운용에도 불구하고 북한 경제를 사유화의 관점에서 논의한 시도는 많지 않은 것으로 보인다. 그동안 북한 경제 연구는 시장 규모, 시장의 진화, 시장화의 성격, 국가와 시장의 관계, 북한 당국의 시장관리능력 등에 주목해왔다.

이렇게 볼 때 북한의 사유화에 대한 기존연구에는 '미래의 체제전환'과 '현재의 시장화' 사이에 간극이 존재한다고 하겠다. 한편으로는 현재의 시장화 확산 그 너머의 논의를 전개할 필요가 있다. 다른 한편으로는 제도적인 체제전환에 앞서 경제개혁의 일련선상에서 진행되는 사실상의 변화를 추적해 나갈 필요가 있다. 이에 이

---

3) 양문수, "북한의 '6·28 방침'과 경제개혁", 『북한의 경제개혁과 통일·평화의 상상력』 북한연구학회 2012 추계학술회의(서울: 동국대학교, 2012년 10월 19일), p.28.

책은 현재 북한에서 일어나고 있는 사실상의 사유화 현상을 연구대상으로 삼았다. 북한의 사유화 배경, 실태, 특징을 탐구함으로써 기존연구의 간극을 메우는 데 일조하고자 한다.

이러한 연구목적하에 북한의 사유화에 관해 던지는 구체적인 연구질문은 다음과 같다. 첫째, 북한의 사유화를 어떻게 규정할 것인가에 대한 질문이다. 이 질문에 답하기 위해서는 북한에서 일어나는 사실상의 사유화를 설명할 개념을 고안하고 그 근거를 제시할 필요가 있다. 둘째, 북한의 사유화가 어떤 형태와 특징을 지니고 있는가에 대한 질문이다. 이를 통해 북한의 사유화가 어떤 과정과 방향으로 나아가고 있는지 규명할 것이다. 셋째, 북한의 사유화가 진행되는 동학에 관한 질문이다. 제도적으로 사적 소유를 허락하지 않는 가운데 사유화가 진전된다면 이를 촉진하는 요인과 제약하는 요인, 추진하는 동력을 알아볼 필요가 있다. 이를 통해 북한 체제가 지향하는 바와 그 성격을 규명하는 것도 가능할 것이다.

제2절 연구범위

이 책은 시장을 매개로 한 사적 경제활동을 다룬다. 북한의 사유화를 이해하는 데 있어서 '사회 구조와 행위'의 매개가 바로 시장이라고 판단했기 때문이다. 시장이라는 매개를 통해 사유화라는 '사회 재생산 구조'를 살펴보고자 하는데, 여기서 시장이란 자원배분을 조정하는 가격기구와 재화가 유통되는 시장의 의미를 포괄한다.

시장을 매개로 하는 사적 경제활동의 범위는 북한의 국가경제 전반에 이른다. 북한의 국가경제는 보통 당경제, 군경제, 내각경제, 주민경제 등으로 분류되고 있다.[4] 하지만 사적 경제활동은 분화된 경제구조의 어느 한쪽에 한정되지 않는다. 이 중 어느 부문에서나 시장을 매개로 한 사적 경제활동이 가능하고 또 일어나고 있기 때문이다. 사실 당경제, 군경제, 내각경제는 주로 무역 인허가권을 둘러싸고 주민경제와 하나의 유기체를 이루고 있다. 주민경제 내 시장 활동의 상당 부분은 특권기관의 무역회사 및 외화벌이기관의 하부구조로 연결되어 있다. 시장을 매개로 한 사적 경제활동의 동력은 '특수단위'를 비롯한 당, 정, 군 기관과 회사들이었다.

시장을 매개로 한 경제활동의 산업 범위도 제한하지 않았다. 이는 두 가지 이유에 기인한다. 첫째, 특정 산업에 한정하여 북한의 사유화를 체계적으로 규명하기 어렵다고 판단했다. 탈국유화, 사적 부문의 확산, 생산수단의 사적 소유 등 사유화를 다각 면에서 조명하기에 적절한 단 하나의 산업을 선정하기가 용이하지 않았다. 둘째, 자료 접근의 한계로 특정 산업에서 근거자료를 풍부하게 추출하기가 어렵다고 판단했다. 북한 연구의 특성상 현장 방문은 물론 문헌연구, 설문조사에 있어 자료 수집에 제약이 많다. 따라서 산업을 한정할 경우 논의를 뒷받침할 근거가 부실해질 위험이 있다고 판단했다.

---

4) 양문수, 『북한경제의 시장화: 양태·성격·메커니즘·함의』(파주: 한울아카데미, 2010a), p.66; 이석기 외, 『2000년대 북한의 산업과 기업: 회복 실태와 작동 방식』(서울: 산업연구원, 2010), pp.211~215, pp.180~182. 북한 경제는 크게 일반경제와 특수경제로 구분된다. 일반경제는 다시 내각경제와 주민경제(2차 경제 또는 비공식경제)로, 특수경제는 당경제와 군경제로 구분된다. 그 외 유사한 다양한 경제 권역 구분에 대한 논의는 차문석, "북한 경제의 동학과 잉여의 동선: 특권경제를 중심으로", 『통일문제연구』제21권 1호(통권 제51호)(2009)와 박형중, "과거와 미래의 혼합물로서의 북한경제: 잉여 점유 및 경제조정기제의 다양화와 7개 구획구조", 『북한연구학회보』제13권 제1호(2009a)를 참고.

그럼에도 불구하고 주요 산업분야는 농업, 수산업, 광업, 수공업, 상업 등으로 간추려진다.[5] 북한에서 공식적으로 농업에 종사하는 인구는 30% 안팎[6]이지만 경제난으로 인해 텃밭, 뙈기밭, 부업밭이 성행하고 있다. 또 북한에서 사적 생산이 활발한 산업은 채취공업 (광업, 수산업)이다. 수산업과 광업은 자본뿐만 아니라 노동력을 필요로 하기 때문에 사적 부문의 자본과 노동이 결합된 형태가 비교적 뚜렷하게 드러난다. 북한에서는 법적으로 사적 소유를 허용하지 않기 때문에 생산수단의 이용 측면에서 공적 영역과 사적 영역의 절묘한 조합 혹은 단절을 다양한 측면에서 관찰할 수도 있다.

수공업은 자본과 노동 측면에서 규모는 작은 편이지만 생산 활동을 대표하는 제조업을 대신하는 차원에서 의미가 있다. 경공업 (식료품, 섬유, 신발, 제지 등)[7] 부문에서 가내수공업 등이 유사(類似) 제조업에 가까운 형태를 띠고 있는 것으로 보인다.[8]

상업은 북한에서 사적 자본에 의한 경제활동이 가장 활발한 영역이다. 운수업 부문에서 사적 소유와 사적 노동이 나타나는 분야는 자동차운수와 버스여객운수다. 숙박·음식업에는 기관 명의를 빌리지 않은 개인사업자가 많다. 금융업과 건설업 등은 아직 발달

---

5) 5년마다 한국산업은행이 발간해오다가 한국정책금융공사로 이관하여 발간되는 북한의 산업은 중화학공업, 채취공업·농업, 경공업·IT, 금융·유통·관광·운송업으로 북한의 산업을 나누고 있다. 한국정책금융공사, 『북한의 산업(2010)』(서울: 한국정책금융공사 조사연구실, 2010) 참고. 북한에서는 생산수단을 주로 생산하는 공업부문의 총체를 중공업이라 칭하는데, 여기에는 석탄공업과 광업 등 생산의 첫 공정을 담당하는 채취공업부문까지 포함된다. 사회과학원 주체경제학연구소, 『경제사전 2』(평양: 사회과학출판사, 1985b), p.424.

6) Central Bureau of Statistics, *DPR Korea 2008 Population Census National Report*(Pyongyang, DPR Korea, 2009), p.193 참고.

7) 한국표준산업분류표 및 유엔(UN) 등 보편적인 기준에 따르면 식료품·섬유·종이·인쇄·피혁공업 등이 경공업에 포함된다.

8) 가내수공업은 분업 형태로 주문을 받아 옷이나 가구 등을 대규모 생산하는 식이다. "북한에 노동자 고용해 월급주는 사업가 등장", 『조선일보』 2011년 9월 21일.

초기단계이지만 사례수집이 가능할 정도의 진전을 보이고 있다.

지리적 범위는 북한 전역을 목표로 하나 두 가지 측면에서 특정 지역에 편중될 가능성이 있다. 첫째, 사적 경제활동이 국경지역, 시장이 발달한 도시, 중소규모 공장·기업소의 가동이 멈춘 특정 산업 지대를 중심으로 발달했을 가능성이 있기 때문이다. 시장이 발달한 곳은 신의주, 평성, 청진, 회령 등이고 광산기지가 많은 곳은 무산과 해주 등지, 수산기지가 많은 곳은 원산, 남포를 비롯한 서해안 및 함경도 일대이다. 둘째, 북한 전역에서 사적 경제활동이 발달했다 하더라도 자료 접근의 한계로 이를 경험적으로 증명하는 데 제약이 따르기 때문이다.

연구의 지리적 범위와 관련하여 북한 경제의 지역차를 염두에 둘 필요는 있다. 중국과의 접경도시 및 중국 상선이 들어오는 해안지역은 내륙과의 차이가 큰 편이다. 함경도, 양강도, 자강도 등 '북변(北邊: 북쪽의 변경지역)'과 평안북도('서해 북변')는 시장화가 앞선 지역이다. 특히 최북단에 위치한 함경북도는 중국과의 왕래를 통해 시장화가 활발하다. 함경북도보다는 덜하지만 함경남도도 시장화가 활발한 편이다.9) 한편 국경지역은 아니지만 황해도 역시 외부 정보가 유입되는 편이다. 중국 상선을 통해 물건이 오가고 한국과 지리적으로 가까워 한국 라디오 방송을 들을 수도 있다. 반면 강원도 내륙을 비롯해 특히 평안도 내륙은 외부 접촉이나 시장화, 경제수준이 낙후되어 있을 것으로 보인다.

시간적 범위는 배급제가 동요하기 시작한 1992년경부터 현재까

---

9) "함남 함흥시 가구 90% 장사로 생계유지", 『데일리엔케이』 2006년 1월 22일.

지 약 20년으로 설정한다. 이는 사회주의경제에서 어느 때나 일반적으로 나타나는 부패나 일탈, 지하공장으로부터 북한에서 1990년대 경제위기 이후 본격적으로 나타난 사유화 현상을 구분하기 위함이다. 단순한 부패나 일탈로 인한 지하공장과 사적 자본을 이용한 기업은 '제도를 형성하려는 노력'이나 '제도적 영향력의 여부 혹은 정도', '기존 체제를 보완하느냐 대체하느냐' 등을 기준으로 구분될 수도 있다. 한편 주된 분석 시기는 2002년 7·1조치 이후부터이다. 이때부터 사유화가 본격적으로 시작될 제도적 환경이 조성되었기 때문이다.

마지막으로 이 연구에서 다루는 북한의 사유화 범위는 소규모 사유화를 말한다. 북한에서는 본격적인 체제전환에 착수하지 않았기 때문에 대규모 자산에 대한 매각은 일어나고 있지 않다. 따라서 사실상 전개되는 사유화의 범위를 소규모 자산으로 한정한다.

제3절 연구방법

1. 연구방법

이 책은 인문·사회과학으로서 북한학 연구가 갖는 다면적 특성을 반영하고 있다. 첫째는 이론을 통해 현상을 분석하고 인과관계를 설명하는 사회과학적 측면이다. 궁극적으로 현재와 같은 방식으로 북한의 사유화가 진전되는 이유를 설명하고자 분석틀을 마련했다. 둘째는 현실적으로 북한이라는 대상에서 파생되는 여러 가지 사회현상을 수집, 연구결과를 적용하는 정책적 측면이다. 실태조사의 성격을 띤 설문조사를 통해 북한의 사유화를 평가했다. 셋째는 북한 주민의 사상과 문화를 이해하는 인문학적 측면이다. 북한이탈주민 면담을 통해 사유화를 경험한 개인의 삶을 능동적 차원에서 해석하고자 했다.

북한의 사유화를 분석하기 위해서는 두 가지 접근법이 요구된다. 북한의 사유화 현상을 종단과 횡단으로 관찰하는 것이다. 종단 분석은 당, 군, 내각으로 구성되는 중앙, 무역회사와 같은 외화벌이기관, 무역활동을 하는 돈주, 지역 권력기관 간부 및 현장 일꾼, 생계 활동에 참여하는 대다수 주민10)에 이르는 시장화의 종적 연계 구조를 잘라보는 것을 말한다. 횡단 분석은 현재 일어나고 있는 사유화 현상의 실태 단면을 잘라 그 유형과 특징을 관찰하는 것을 말한다. 이 연구에서는 횡단 접근을 통해 북한의 사유화 실태를 분석하고자 했다. 또한 종단 접근도 병행하여 북한의 사유화 동학을 밝히고자 했다.

자료 분석 방법은 문헌연구와 설문·면담조사이다. 먼저 문헌연구를 통해 설문조사에 사용할 질문을 개발했다. 북한 경제에 관한 선행연구를 비롯하여 구소련, 중국 등 사회주의경제에 관한 연구도 참고했다. 북한에서 출간되는 문헌이나 내부 문건은 북한 당국과 실무자의 현실적인 고민을 반영한다.11) 북한 공식 문헌에서 '이러

---

10) 홍민, "북한경제 연구에 대한 위상학적 검토: 수령경제와 시장세력을 중심으로", 『KDI북한경제리뷰』 2012년 1월호, pp.59∼61; 양문수(2010a), p.165 그림 참고.

11) 양문수, "북한 문헌, 어떻게 읽을 것인가: 『경제연구』의 사례", 『현대북한연구』 제12권 2호 (2009), pp.10∼14.

이러한 행동은 하지 말자'는 언급은 바로 그러한 현상이 실제 진행되고 있음을 반증한다. 『임진강』과 『오늘의 북한소식』 등 현재 북한 주민이 기자 또는 보도원천으로 활동하는 잡지와 소식지는 현장 조사가 현실적으로 불가능한 북한 사회의 일면을 관찰하기에 의미 있는 자료이다.

북한이탈주민 설문·면담조사는 신뢰성과 대표성 측면에서 문제가 제기됨에도 불구하고 본 연구에서 꼭 필요한 방법이다. 이 연구는 공식통계나 거시지표에 드러나지 않는 북한 주민의 경제실상에 관한 문제를 다루고 있다. 따라서 일부 편향된 시각이나 편중된 표본에도 불구하고 북한이탈주민 증언은 현실을 반영하는 거의 유일하고도 효과적인 자료로서의 가치가 있다.

그러나 이 연구의 설문·면담조사[12]는 그 자체가 어떤 가설을 체계적으로 검증하기 위해 설계되지 않았다. 이 연구의 가설을 뒷받침하기 위한 증거자료로서 일부 이용된 것뿐이다. 특히 설문조사의 경우 통계적 유의성을 가지고 북한의 사유화를 측정한 것이 아님을 밝혀둔다.

이는 북한이탈주민을 대상으로 한 설문조사로 북한의 사유화 수위를 측정하는 데 과학적 오류가 많을 가능성을 인정하기 때문이다. 조사대상으로서 북한이탈주민은 북한 주민 전체를 대표하지 못한다는 한계가 있다. 특히 이 연구에서 규명하고자 하는 사유화 현상을 추동하는 주체는 한국에 입국한 북한이탈주민과 일치하지 않

---

12) 이 연구에 사용된 설문·면담조사 결과 및 논문에서 그와 관련된 일부 내용은 "2012년 통일부 신진연구자 정책연구" 및 『북한연구학회 추계학술회의 북한의 경제개혁과 통일·평화의 상상력』(서울: 동국대학교, 2012년 10월 19일) 등에서 발표된 바 있다.

을 수 있다. 예컨대 사적 소유의 대표적인 주체는 북한에서 돈주로 불리는 자본가이다. 그런데 돈주와 같이 이미 북한에서 안정된 경제활동을 영위하고 있는 사람들은 특별한 경우가 아니고는 탈북을 할 유인이 별로 없어 보인다. 사유화가 일정 정도의 자본 축적을 전제한다고 할 때, 현재 한국에 정착한 북한이탈주민 대부분은 사회경제적 배경상 사유화 현상과 구조를 잘 알지 못할 가능성이 높다. 이들의 간접 경험에 의한 응답 자체가 사유화 현실에 대해 과소평가하고 있을 수 있다는 뜻이다.

구체적인 자료 수집·분석 방법은 북한 연구에서 시도할 만하다고 제기된 방법들이다. 북한에 대한 기존 자료를 가지고 연구(research)할 뿐 아니라 새로운 자료 발굴을 통해 탐구(search)해 보기로 했다.[13] 또 북한 사회 저변에서 일어나는 사회적 현상을 이해하기 위해 탈중앙·비정치 분야에서 주민 생활 및 의식을 미시적 관점으로 살피기로 했다.[14] '아래로부터의 역사(history from below)'는 "개개인의 다양한 사회적 실천으로 구성된 일상이 국가에 대해 미세하지만 꾸준하고 장기 지속적인 압력을 행사"해 왔음에 주목한다.[15] 이는 역사 속에서 구체적인 개인의 인생 경로와 경험에 강한 관심을 갖고 접근하는 방식이다. 이와 같은 맥락에서 구술과 증언을 이해하고 재구성하면서 '예외적 정상(the exceptional normal)'과 '이례(anomaly)'를 발견하고자 했다. 미시적 차원의 개인적 틈새를 통해 사회적 긴장관계를 발견할 수 있기 때문이다.

---

13) 이기동, "북한탐구와 북한연구의 차이", 『KANKS칼럼』 2011년 10월 4일.

14) 곽승지, "북한연구자의 소임을 다한다는 것", 『KANKS칼럼』 2011년 10월 4일.

15) 홍민, "<기획 – 한국 정치학, 패권적 패러다임을 넘어> 북한 연구방법론 재고", 『정치비평』 2003년 상반기, pp.177~209.

2. 조사설계

1) 조사개요

북한이탈주민을 대상으로 설문·면담조사를 하기 위해 문헌연구 및 사전조사를 거쳐 질문지를 구성했다. 질문지는 반(半)구조화된 면담조사용 질문지와 구조화된 설문조사용 질문지를 따로 준비했다. 설문조사용 질문지의 내용과 어휘는 북한학 전문가 2명과 신진 연구자 2명의 검수를 거쳤다. 본격적인 설문에 앞서 탐색연구(pilot study) 5건을 실시했으며 북한이탈주민 2명을 대상으로 예비조사 (pre-test)를 거쳐 설문 내용을 수정했다.

설문·면담조사 시기는 2012년 7월부터 11월이다. 설문조사는 2012년 7월부터 11월까지 국내 거주하는 북한이탈주민 153명을 대상으로 실시했다. 면담조사는 2012년 7월부터 11월 사이 국내 거주하는 북한이탈주민 21명을 대상으로 실시했다.[16]

2) 질문지 구성

설문조사는 이 책 2장의 분석틀에서 제시하는 사유화 양태를 따라 사유화의 개념적 지표를 측정하기 위해 실시되었다. 즉 시장을 매개로 한 사적 경제활동에 나타나는 사유화 유형을 따라 자본의 축적·유통과 사적 소유 및 사유재산의 형성 수위를 알아보고자 했다.

질문지는 크게 네 부분으로 구성된다. 제1부는 각 산업 부문별 사유화 실태에 관한 내용이다. 산업은 농업, 수산업, 광업, (식품)가

---

16) 이 논문에 사용된 설문·면담조사는 2012년 통일부 신진연구자 정책연구 지원비로 진행되었다. 재정 및 행정으로 협조해주신 통일부에 감사드린다.

공업, 운수업(써비차: 서비스차의 줄임말), 수매상점, 식당, 편의봉사 부문이다. 각 부문에서 재산권의 비공식 이행 실태와 생산수단의 사적이용 및 사적 노동에 관해 질문했다. 제2부는 자본의 축적·유통에 관한 내용이다. 장사나 사업에 필요한 밑돈 마련과 공장에 대한 대부투자, 개인 간 사채거래 등에 관해 질문했다. 제3부는 비(非)사회주의 검열에 관한 질문이다. 비사회주의 검열은 북한에서 사유화 현상을 단속하는 대표적인 제도이다. 비사회주의 검열의 주기와 내용, 효과에 대해 질문했다. 제4부는 인적사항에 관한 질문이다. 질문지 내용은 아래 <표 1-1>에 정리했고 실제 질문내용은 <부록>에 첨부했다.[17]

<표 1-1> 북한이탈주민대상 설문조사 질문 내용

구분	사유화 부문/유형	대부투자	명의대여	개인기업
사유화 실태	농업	유형별(생산수단의 사적이용) 유형별 사적 노동(고용)		
	수산업			
	광업			
	(식품)가공업			
	운수업			
	(수매)상점			
	식당			
	편의봉사			

---

17) 일반적으로 조사에서 질문할 수 있는 내용은 사실(fact), 행동(action), 가치(value)로 대별된다. 사유화 정도는 일종의 '사실'로서 사유화 현상에 관한 '유무'나 '수치(비율)'를 묻는 문항으로 설계되어야 한다. 하지만 현실적으로 설문대상자(국내 입국 북한이탈주민)가 북한의 사유화 정도에 대해 정확한 '사실'을 제공하는 것은 불가능하다. 사람들이 사유화 정도를 정확하게 알지 못한다는 한계가 있기 때문에 이들이 '사실'이라고 제공하는 내용이 실제로는 '사실에 대한 인지(認知)'가 된다. 이러한 현실적인 한계를 고려할 때 이 연구는 '사실'을 측정하고자 하지만 질문지에서는 '사실에 대한 인지(認知)'를 측정할 수밖에 없었다. 즉 사유화가 얼마나 진행되는가에 대해 주민이 인지하는 정도를 질문한 것이다. 이때 '인지'는 일종의 '가치'이기 때문에 질문지 보기 구성에 사실을 나타내는 '많다/적다/없다'와 가치 척도인 '매우(그렇다)'/ '전혀(아니다)'를 배합하여 사유화 인지 정도를 조사했다.

자본 축적·유통	밑돈마련	장사나 사업에 필요한 밑돈 마련 방법
	대부투자	공장기업소 투자실태, 미상환 대책, 이자율
	사채거래	개인 간 대부실태, 미상환 대책, 이자율
검열·단속·화폐개혁	비사회주의 검열	검열 주기, 처벌 비율, 검열 회피방법, 검열 효과
	화폐개혁	사적 경제활동에 미친 영향

* 출처: 저자 작성

사유화 실태를 조사한 산업부문은 다른 체제전환국의 사유화 경험과 북한의 특성을 반영했다.[18] 체제전환국의 소규모 사유화는 소매업, 음식(공급)업, (무역)서비스업에서 먼저 시작되는 경향이 있다. 체코 등 소규모 사유화 프로그램을 시행한 곳에서도 소매업과 식당이 주 대상이었다. 이 분야는 규모의 경제가 발생하지 않아 대규모 경영에서 나오는 이익이 적은 반면 사유화했을 경우 성장잠재력은 크기 때문이다. 또한 체제전환국의 사영기업은 수리·수선 등의 서비스 및 (여객·트럭)운송·(주택)건설 분야에서도 우선적인 진전을 보인다.

북한의 경우 외화벌이 원천동원의 하부구조로서 형성된 사적 경제활동을 통해 사유화가 진척되고 있다. 이에 외화벌이 주요원천인 수산업과 광업을 추가했다. 농업은 중국과 베트남 등 아시아권의 체제전환에서 사유화가 먼저 일어난 부문인데, 북한에서도 경제위기 이후 자체적인 식량 확보를 위한 사적 경작이 확산되었으므로 추가했다. 북한에서 건설부문은 사적 자본의 투자가 국영기업 및

---

18) Janos Kornai, *The Socialist System: The Political Economy of Communism*(New Jersey: Princeton University Press, 1992), p.438; Zoltan Roman, "Privatization in Hungary", V. V. Ramanadham(ed.), *Privatization: A Global Perspective*(London: Routledge, 1993), p.111, 112, 114; Marie Lavigne, *The Economics of Transition: From Socialist Economy to Market Economy*(New York: St. Martin's Press, 1995), pp.159~160; 이석기, 『북한의 지방공업 현황과 발전전망』(서울: 산업연구원, 1998), pp.37~49.

국가기관과 합작하는 형태로서 자본투자 단위가 크기 때문에 일반 주민을 대상으로 한 설문조사에 포함시키지 않고 면담조사에서 사례를 수집하기로 했다.

이처럼 체제전환국의 경험 및 북한의 특성을 반영한 사유화 부문은 전반적으로 중국의 경우와 유사하다. 중국에서는 시장경제를 표방하기 전에 개체기업 및 사영기업(종업원 8명 이상)의 경제활동 범위를 제한했다가 점차 확대했다. 그 범위는 초기에 싱업, 수공업, 음식업, 서비스업, 운수업, 수리업, 양식업을 위주로 했고 계획지표 달성 후 시장판매를 허용하는 농부산품 및 공산품 등을 포함했다.[19)

사적 경제활동에 종사한 면담 대상자에게 질문한 내용은 크게 사업 개요, 개인 배경, 기업 관리, 제도 측면으로 나뉜다. 사업 개요에서는 사업 현황과 산업 환경에 대해, 개인 배경에서는 가정환경, 경력, 인맥, 재산, 사업동기와 목표 등에 관해 질문했다. 기업 관리에서는 생산·설비, 구매·판매관리, 자금관리, 인력관리, 제품개발 및 사업전략 등을 질문했다. 제도 측면에서는 국가기관 간부 및 사업 유관기관 관료와의 관계 및 동종업계 종사자와의 관계, 사유재산권의 허용 범위와 한계, 비사회주의 검열과 같은 법적·정치적 통제 및 시장화 억압 정책의 여파에 관해 질문했다. 반(半)구조화된 면담 질문지의 주요 내용은 다음 <표 1-2>에 정리했다.

---

19) 유희문, "중국의 소유제개혁과 사회주의: 사영경제를 중심으로", 『현대중국연구』 제1집(1999), pp.84~85.

<표 1-2> 북한이탈주민대상 면담조사 질문 내용

항목		세부내용
개요	사업전반	종사 산업, 품목, 규모 (자본, 월/년 매출, 수익, 판로, 고용·), 동업 여부, 사업기간(시작과 종료), 수익구조
	산업환경	불·호황, 진입장벽, 경쟁자 규모 (동일기관 소속자 내 경쟁), 대체품 유무, 퇴출방법(양도가능여부), 다른 산업으로 이동 가능성, 성공·실패비율/사례/이유
개인	개인배경	직업, 부모 등 가정배경, 해외경험, 당/지방정부/보안간부 관계
	동기·목표	사업 종사 계기, 마음가짐, 목표, 품목 선정 계기(환경, 기회)
	수입·재산	월/년 수입, 재산, 저축
	가치관	정권과의 공동체 의식, 최고가치, 기업가정신, 사회적 책임
기업	생산·설비	사업 진행 흐름, 사업 공간, 설비 및 자재, 건물/기계/설비/가구/운송수단에 대한 투자, 품질유지 등
	구매·판매	자재구매: 조달방법, 조달비용, 지불단위·방법(선불, 외상, 유무상통) 상품판매: 주 고객, 판매통로, 수량결정, 가격결정(변동), 광고, 차별화
	자금관리	밑천마련방법, 운영자금규모, 수익구조, 수익보고, 비용처리, 뇌물 및 수수료, 손익분기점, 파산위기 시 대처방법, 회계장부, 자금보유통화
	인력관리	고용자 수, 노동자를 구한 경로, 선발/해고, 급여내용[월급, 배급(가족분), 기타]과 지급방식
		계약방식(구두/서면), 위반 시 대응방안
		임금결정, 임금변동, 인센티브
	제품개발	사업관련정보관리, 제품개발노력
	사업전략	종사 사업의 핵심, 주안점
	생존전략	규제 및 간부와 갈등 회피방법, 검열·단속 대응법, 수익 은폐
제도	네트워크	국가(사법·보안)기관 간부와의 관계유지 필요성
		등록된 사업소에 대한 납부금, 뇌물(매출·수익 대비 비율/금액)
		다른 기업, 특히 같은 업종종사자끼리의 모임이나 연결망
	재산권	재산권 인정 여부와 범위, 한계
		자산, 장비 처분 경로 및 방법
	규제	합법, 비법, 불법 구분
		비사회주의 검열 주기, 방식, 처벌 범위
		법률 및 규칙 개정과 관련한 변화, 시장단속이나 화폐개혁 여파

* 출처: 저자 작성

3) 조사대상자 특성

아래 <표 1-3>에 나타난 바와 같이 설문 대상자의 인적사항은 남자가 39.2%, 여자가 60.8%이며 연령별로는 30대가 30.7%, 20대가 24.8%, 40대가 20.9%, 50대가 8.5%, 10대가 6.5%, 60대가 3.9% 순이다. 학력은 (고등)중학교 졸업자가 66.7%, 대학교 졸업자가 33.3%이다. 북한 거주 당시 직업군으로는 생산직(노동자)이 32%로 가장 많고 사무직(사무원)이 18.3%, 주부 및 부양이 15%이다. 수 거주지는 함경북도가 46.4%이고 그다음은 함경남도 9.8%, 평안남도 9.2%, 평양 8.5%, 양강도 8.5% 순이다. 탈북연도는 1996년에서 2002년이 8%, 2003년에서 2006년이 17.7%, 2007년 이후는 매년 15% 안팎, 2011년 이후는 17%이다.

<표 1-3> 설문 응답자의 배경

(단위: 명, %)

구분		응답자 수	퍼센트	계
성별	남자	60	39.2	
	여자	93	60.8	
탈북 당시 만 연령	10대	10	6.5	153 (100%)
	20대	38	24.8	
	30대	47	30.7	
	40대	32	20.9	
	50대	13	8.5	
	60대	6	3.9	
	무응답	7	4.6	
북한 학력	고등중학교 중등반	43	28.1	
	고등중학교 고등반	59	38.6	
	대학교	51	33.3	

북한 거주 당시 직업	전문관리직	4	2.6
	기술관리직	7	4.6
	생산직(노동자)	49	32.0
	사무직(사무원)	28	18.3
	농림수산업	6	3.9
	판매서비스업	3	2.0
	자영업	2	1.3
	주부/부양	23	15.0
	학생	10	6.5
	퇴직/무직	5	3.3
	군인	7	4.6
	기타	3	2.0
	무응답	6	3.9
북한에서 주 거주지역	함경북도	71	46.4
	함경남도	15	9.8
	평안북도	4	2.6
	평안남도	14	9.2
	황해북도	9	5.9
	황해남도	7	4.6
	자강도	2	1.3
	양강도	13	8.5
	강원도	4	2.6
	평양	13	8.5
	무응답	1	0.7
탈북연도	1996~2002년	12	8.0
	2003~2006년	27	17.7
	2007년	23	15.0
	2008년	18	11.8
	2009년	20	13.1
	2010년	22	14.4
	2011년 이후	26	17.0
	무응답	5	3.0

오른쪽 병합셀: 153 (100%)

* 출처: 저자 작성

다음 <표 1-4>는 북한인구조사결과 및 북한이탈주민 국내 입국
현황을 본 연구의 설문대상과 비교한 표이다. 유엔인구기금을 통해
알려진 북한인구현황과 국내 입국한 북한이탈주민현황 사이에는
상당한 차이가 있다. 그렇기 때문에 북한의 지역별 인구현황을 그
대로 반영하여 북한이탈주민 대상자를 모집하려면 많은 시간과 자
원이 소요되고 그만큼 현실적인 제약이 존재한다. 이 연구의 설문
대상현황을 보면 북한인구조사결과와 비교할 때 2배 내지 5배 성
도 차이가 발생한 지역이 있으므로, 지역편중으로 인한 과대 혹은
과소평가 가능성을 유념하고 조사결과를 해석하고자 했다.

<표 1-4> 북한인구현황, 북한이탈주민 입국현황과 설문대상현황 비교

(단위: %)

구분	북한인구현황	북한이탈주민 입국현황	본 연구 설문대상현황
함경북도	10	67.3	46.4
함경남도	13	9.4	9.8
양강도	3	7.5	8.5
자강도	6	0.6	1.3
강원도	6	2.1	2.6
평안북도	12	2.8	2.6
평안남도	17	3.6	9.2
황해북도	9	2**	5.9
황해남도	10	1.6	4.6
평양	14	2.1	8.5
기타/무응답	-	1	0.7
합계	100	100	100

* 출처: 북한인구현황은 Central Bureau of Statistics, *DPR Korea 2008 Population Census National Report*(Pyongyang, DPR Korea, 2009); 북한이탈주민 입국현황은 북한이탈주민지원재단,『2011년 북한이탈주민 생활실태조사』를 참고로 저자 작성
** 남포 0.6% 포함

면담 대상자의 인적 사항은 아래 <표 1-5>와 같다. 면담 대상자는 전체 21명 중 남자가 11명이며 40대가 9명으로 가장 많다. 탈북연도는 2001년에서 2012년에 걸쳐 있다. 2007년 탈북한 사람이 5명으로 가장 많고, 2007년 이전이 4명, 2007년 이후가 12명이다. 주 거주지는 함경도가 13명, 황해도가 3명, 평안도가 3명, 평양이 1명, 양강도가 1명이다. 주요 경력으로는 외화벌이 경험자가 4명, 밀수를 포함해 무역에 직간접적으로 연계된 경우가 8명, 유통·수공업 등으로 시장에 직접 연관된 경우가 8명 등이다.[20] 면담 대상자가 종사한 사업 분야는 수산업, 광업, 수공업, 유통업, 음식업 등이고 근무한 기관은 내각 산하 기업소·공장, 당기관, 검열기관, 국가기관, 외화벌이기관, 급양관리소, 국영농장 등이다.

<표 1-5> 북한이탈주민 면담 대상자

대상자	출생연도 (만 연령)	탈북 연도	주 거주지	주요 경력
A(남)	1972(40)	2009	황남 해주	개인광산(외화벌이)/보안원
B(남)	1960(52)	2010	함북 청진	개인선박(부업선) 선장
C(여)	1958(54)	2007	함남 함흥	개인상업(달리기)/공장 생산직
D(여)	1974(38)	2010	양강 혜산	개인상업(원단전문 차판장사)
E(남)	1957(55)	2009	함북 회령	개인식당(급양관리소)/밀무역
F(남)	1972(40)	2007	황남 해주	개인투자(조개양식)/검열기관 관리직
G(여)	1969(43)	2011	함북 회령	개인상업(술·양곡, 중고옷·철)
H(여)	1961(51)	2005	함북 회령	개인농사/주부
I(여)	1962(50)	2005	함북 무산	개인상업(술·음식, 밀무역)/공장노동자
J(남)	1946(66)	2007	함북 회령	개인수공업(담배, 공예품)/공장기계공

20) U(남)씨는 사적 경제활동 경험은 없지만 1980년대부터 2000년대 초반 북한의 사적 경제활동에 대해 유의미한 증언을 제공하여 면담 대상자로 포함시켰다.

K(여)	1954(58)	2007	함북 회령	공장 · 탄광 선반공
L(여)	1971(41)	2006	함북 무산	개인상업(돈장사, 밀무역)
M(남)	1975(37)	2012	자강도 함남 단천	사굴 관리자 건설노동자/농장원
N(남)	1965(47)	2009	함남 함흥 함북 회령	개인상업(외화벌이) 개인상업(밀무역)
O(남)	1962(50)	2008	평남 순천	광산기사/건설기업소 지배인/외화벌이
P(여)	1980(32)	2008	함북 회령	개인수공업(담배)
Q(여)	1964(48)	2007	함북 연사	개인수공업(사탕, 아이스크림)/ 개인상업(휘발유, 구리 등 밀무역)
R(여)	1971(41)	2011	평양	유통업체 관리직
S(남)	1963(49)	2008	황남 해주	외화벌이/국가기관 관리직
T(남)	1987(25)	2010	평북 신의주	개인상업(과일, 공업품)
U(남)	1948(64)	2001	평북 신의주	기계기사

* 출처: 저자 작성, R씨는 전화 면담

이 조사에 응한 면담자를 만난 과정에서 주목되는 사항은 다음과 같다. 첫째, 북한 내 시장경제활동 참가자나 북한이탈주민의 남녀성비에 비해 면담 대상자 중 남성의 비율이 높은 편이다. 소위 장마당 경제로 불리는 북한 시장은 여성이 주도하는 것으로 알려져 있다. 반면 기업적인 또는 조직적인 경제활동에는 남성의 참여비율이 높을 가능성이 있다. 북한에서 경제활동을 조직적으로 하기 위해서는 인맥과 권력이 뒷받침되어야 하기 때문에 시장 매대와 달리 사회생활을 하는 남성에게도 상대적인 기회가 많을 것으로 보인다.

둘째, 면담 대상자 중 북한에서 경제활동을 조직적으로 주도해 본 사람 혹은 이들이 들려준 사례에 따르면 북한에서 성공하는 상인과 개인업자는 경제적 방법만 아니라 정치적 편의를 획득하는 데 능통하다. 국가의 제도나 체계적 후원은 경제활동을 오히려 구속하기 때문에 이들은 비공식적이고 개인적이며 인간적인 방법으

로 사업에 접근하고 있다.[21]

셋째, 상인과 사업가의 차이에서 북한식 기업가 정신을 엿볼 수 있다. 전통적인 의미에서 기업가 정신은 미래를 예측할 수 있는 통찰력과 새로운 것에 과감하게 도전하는 혁신적이고 창의적인 정신을 말한다.[22] 북한식으로 말하면 국가 후원이 없는 상황에서 자유로운 사고방식과 기술수법으로 시장에 접근하는 것이다. 이들은 "나라가 비법으로 정한 바로 거기에 이윤이 있다"는 방향감각을 가지고 "툭하고 짧은" 삶의 방식을 즐기는 경향이 있다.[23] 북한에서 "툭하고 짧은" 것은 개인의 욕구와 본능이 가는 대로 사는 인생을 말한다. 반면 "가늘고 긴" 것은 당과 국가에 충성하며 어렵고 가난하게 사는 인생을 의미한다.[24]

마지막으로, 면담 대상자의 탈북이유는 경제적으로는 더 나은 기회와 환경을 위한 것이고 정치적으로는 곤란한 처지에 처했기 때문인 경우가 많았다. 이것은 대다수 북한이탈주민의 탈북이유가 생활고인 것과 대조된다. 이들은 경제적 어려움보다는 자녀의 미래를 위해서라든지 비사회주의 검열과 같은 단속이나 정치적 처벌의 위기를 피하기 위해 북한을 떠난 경향이 있다. 면담 대상자에게 있어 경제적 측면에서의 탈북이유는 상인인 경우 화폐개혁 이후의 충격과 손해 때문이었고, 거간꾼인 경우 북한 당국의 단속에 못 이겨 조금 자유로운 환경에서 경제활동을 하기 위해서였다. 우연히 혹은

---

21) 손혜민, "박기원 그 순천사람", 『임진강』 5호(2009), p.51, 55.

22) 기업가 정신에 대한 개념은 기업이 처한 국가의 상황이나 시대에 따라 다르지만 본질적으로 는 이러한 정의를 크게 벗어나지 않는다. 『두산백과사전』, 검색일: 2012년 9월 3일.

23) 손혜민(2009), p.48, 49, 50, 51, 54.

24) 림근오, "<선군의 통치방식을 짚어보다> 2000년 혜산 비사검열과 그 잘못", 『임진강』 7호 (2010a), p.20.

어쩔 수 없이 탈북한 경우는 중국이 사회주의 국가이면서도 경제 발전을 하는 것을 경험해 보고자 호기심 섞인 도전을 했다가 돌아가지 못한 것이었다.

■■■ 제2장

이론적 논의

제1절 사유화에 대한 전제적 논의

1. 사유화의 개념 정리

북한에서 사실상의 사유화 진전을 주장하려면 먼저 사유화의 개념을 정의하고 특히 사회주의 국가의 사유화 현상을 개념화할 필요가 있다. 사유화에는 개인의 소유가 된다는 사전적 의미가 있다. 하지만 각 경제체제별 소유권 구조에 따라 사유화의 내용은 달라진다. 자본주의체제에서의 사유화와 사회주의체제에서의 사유화가 뜻하는 바가 다르다. 현실적으로 체제전환국에서 나타나는 사유화는 또 다른 측면이 있다. 사유화에 대한 용어에 혼란이 존재하는 것이다. 따라서 북한의 사유화를 논의하기 위해서는 개념을 정리하는 선(先)작업이 요구된다.

영어 'privatization'은 민영화 또는 사유화로 번역된다.[1] 대개 자본주의사회에서 전개된 'privatization'은 민영화로, 사회주의사회에서 전개된 'privatization'은 사유화로 칭하는 경향이 있다. 민영화는

---

[1] 이상수, "사회주의 국유기업의 사유화에 관한 연구", (서울: 서울대학교 법학과 박사학위논문, 1996), p.30.

경영적 측면을 강조하는 경우, 즉 경영이 사적 주체에 의해 운영되지만 소유권이 국가에 남아 있는 경우를 포함한다. 이 정의는 경영권이 국가에 있었던 점을 기존 국유기업의 한계로 보고 경영권을 민간에게 이전하여 국유기업의 문제점을 극복하려는 의미를 함축한다. 이에 1980년대 중반 이래 기간산업 혹은 전략적 산업분야로 인식되어 온 국유부문의 지분이 민간에 대량 매각된 것을 말한다. 영국 등 자본주의 국가에서 시작된 민영화는 시상에 대한 정부 간여를 줄이고 국유기업의 시장 적응능력을 제고함으로써 경제적 효율성 촉진, 경쟁 장려, 주식 소유의 대중화, 국가 예산 증대 등을 달성하고자 했다.[2]

이러한 배경 가운데 1980년대 후반부터 1990대 초반 사회주의권 경제가 붕괴되기 시작했다. 체제전환국에서 나타나는 사유화는 두 가지 흐름이다. 하나는 자본주의체제에서처럼 국유부문이 민영화되는 '탈국유화(exit)'이고 다른 하나는 '사적 부문의 형성 및 확장(entry)'이다.[3] 탈국유화는 1990년대 초 체제전환국들이 정치적 격변과 함께 국가 소유의 기업 및 자산에 대한 전폭적이고 급진적인 사유화를 추진한 것을 말한다. 반면 중국과 베트남에서는 계획체제를 온존시키면서 시장을 도입하여 사적 부문을 확산시킨 뒤 동유럽식의 탈국유화를 부분적으로 시행해오고 있다.[4]

---

2) Kojo Menyah, Krishan Paudyal, Charles Inyangete, "Subscriber Return, Underpricing, and Long-Term Performance of U.K. Privatization Initial Public Offers", *Journal of Economics and Business*, No.47(1995), p.477; 이흥규, "'중국적 사유화'의 역사적 경로와 함의", 『한국과 국제정치』 제23권 4호(2007년 겨울), p.180.

3) Grzegorz W. Kolodko, *From Shock To Therapy: The Political Economy of Postsocialist Transformation* (Oxford: Oxford University Press, 2000), p.154; Kazimierz Z. Poznanski, "Political Economy of Privatization in Eastern Europe", Beverly Crawford(ed.), *Markets, States, and Democracy-The Political Economy of Post-Communist Transformation*(Boulder: Westview Press, 1995), p.207.

그런데 사회주의체제에서 말하는 '사유'의 대상이 생산수단이라는 점에 주목할 필요도 있다. 북한과 같은 사회주의 국가에서 거부하는 사유화는 생산수단의 사적 소유를 의미한다. 생산수단의 사적 소유는 개인이 생산수단에 대한 재산권을 행사하는 것을 의미하고, 이는 생산수단을 가지지 못한 사람을 생산수단으로부터 소외시킨다.

재산권은 사람과 대상과의 관계이면서 사람과 사람 간의 관계, 즉 소유자와 비소유자 간의 사회적 관계를 의미하기도 한다.[5] 이는 재산권에서 중요한 요소인 배타성 혹은 독점성(exclusivity)에 관한 것이다. 소유자의 동의가 없다면 비(非)소유자는 해당 재산을 임의로 사용하는 것에서 배제된다. 이처럼 재산권이 의미하는 사람 간의 관계는 "사람에 의한 사람의 착취의 물질적 조건"을 제공한다.[6] 이것이 바로 사회주의에서 소유제도의 집단주의를 추구하는 이유이다.

상기 논의를 정리하면 사회주의 국가의 사유화는 탈국유화, 사적 부문의 확장, 그리고 기술적인 지표로는 생산수단의 사유화를 포괄하는 개념이다. 즉 북한에서 사유화가 일어난다는 것은 이 세 가지 변화가 북한에서 일어나고 있음을 의미한다.

2. 사회주의 국가의 사유화

앞서 정리한 대로 사회주의 국가의 사유화를 탈국유화, 사적 부문의 확장, 생산수단의 사적 소유로 개념화하는 작업을 시도하고자

---

4) Lan Cao, "Chinese Privatization: Between Plan and Market", *Law and Contemporary Problems*, Vol.63, No.4(2000); 이홍규(2007), p.182.

5) Kornai(1992), 임강택·김성철, 『북한 재산권의 비공식 이행』(서울: 통일연구원, 2003), pp.62~63.

6) 임강택·김성철(2003), p.21.

한다. 각각의 개념을 설명하면서 헝가리와 중국의 사례를 비교할 것이다. 체제전환(과정의 사유화)은 크게 급진적인 방식과 점진적인 방식, 또는 정치개혁이 동반된 경제개혁과 정치개혁이 제한된 경제개혁으로 구분된다. 헝가리와 중국은 각각을 대표하면서도 사유화 측면에서 북한과 견줄 만한 국가이다.

헝가리는 급진적인 체제전환을 이룬 동유럽 사회주의 국가 중 비공식경제 수준이 현저히 높았다.7) 이로 인해 공식적인 체제전환 이전에 사실상의 사유화가 진전되었다는 점에서 북한과 비교할 만 하다. 계획하거나 예정하지 않은 상태에서 자발적인 사유화가 시작되면서 탈국유화가 일어난 과정을 살펴볼 것이다.

중국은 점진적인 체제전환에 들어간 아시아 공산주의국가를 대표한다.8) 중국의 체제전환은 경제개혁의 장기적이고 구체적인 비전 없이 진전되었다. 그 과정에서 사적 부문이 국가경제를 보완하는 기능을 수용하면서 유기적인 사유화가 진행되었다.9) 중국의 사적 부문이 자연스럽게 계획경제를 보충해가다가 필수적인 존재로서 공식적인 지위를 획득한 과정을 살펴볼 것이다.

헝가리, 중국, 북한은 각기 다른 방식으로 사유화를 시작했고 진

---

7) 폴란드는 헝가리만큼이나 비공식 부문의 수준이 높았을 뿐 아니라 소규모 사유화도 가장 먼저 일어났다. 하지만 동유럽 국가 중 유일하게 농업 집단화를 거치지 않았다는 점에서 북한과 비교하기에는 적절하지 않을 것이다. Korani(1992), p.437, 439, 440.

8) 베트남은 유럽의 이행경제에 비해서는 개혁 속도와 범위가 떨어지지만 중국에 비해서는 과감한 개혁을 해왔고 사유화는 소유권의 이전이라기보다 주식화를 통한 경영 효율화에 중점이 맞추어져 있다. 이두원, "베트남 경제의 사유화: 민간부문의 형성과 기업화를 중심으로", 『동남아시아 연구』 제10호(2000), p.30, 32. 또한 베트남은 통일 이후 사회주의 건설기간이 짧아 사회주의제도가 뿌리내릴 시간이 부족했으므로 사회주의 경제제도의 영향력이 가장 약했고 따라서 경로의존적 변화를 가장 빨리 이뤄냈다는 분석도 있다. 임재천, "중국·베트남·북한 사회주의경제제도개혁 비교", 『국제문제연구』 제9권 제4호(2009년 겨울), p.394.

9) 유희문(1999), p.79.

행하고 있기 때문에 비교분석을 위한 시기 설정이 필요하다. 헝가리와 중국은 체제전환을 거친 반면 북한은 그렇지 않다. 따라서 이들 국가의 어느 시기를 두고 비교할 것인지가 분석결과의 의미를 좌우한다. 이 연구는 사실상의 사유화와 소규모 사유화에 초점을 맞추고 있기 때문에 각 국가에서 이러한 변화가 일어난 시기를 분석하기로 한다. 각 나라에 부분적인 개혁 도입으로 계획과 시장이 공존하게 된 시기가 될 것이다.

이 연구는 북한에서 경제위기 이후 시장을 매개로 한 사적 자본의 축적을 검토할 시간적 범위로 1990년대 이후 약 20년을 설정한 바 있다. 이를 배급제 동요, 새로운 무역체계 및 지방분권화가 시작된 1992년경부터 현재까지로 간주한다. 시장경제 요소를 부분적으로 도입한 7·1조치가 시행된 2002년부터 10년간의 사유화 과정은 이전 10년과 구분하여 주목할 필요가 있다.

헝가리의 사유화 과정에서 이와 비교하기 적절한 시기는 1968년부터 약 20년으로 설정한다. 헝가리는 1968년 포괄적인 경제개혁에 들어가 계획과 시장의 독특한 조합을 추구했다.[10] 하지만 기업가 정신과 사적 부문의 필요성이 전면에 드러난 것은 1980년대 초반이었다. 사유화를 포함해 체제상의 근본적인 변화 필요성이 제기된 것은 1980년대 후반이다.

중국의 사유화 과정 검토는 1978년부터 약 20년간으로 설정하기로 한다. 중국은 1978년 사상해방을 촉진하고 개혁·개방노선을 확정했다. 개혁·개방노선에 따라 청부책임제를 통해 농촌의 숙련

---

10) Zoltan(1993), p.104.

공·및 운수업 종사자에게 부(富)가 축적되기 시작했다. 도시에서는 수리, 서비스, 수공업 등의 분야에서 개체기업이 등장하면서 사영기업으로 발전했다. 사영기업은 1988년 합법적인 지위를 확보했으며 1990년대 말 개체기업 및 사영기업 등으로 구성된 비공유제(非公有制)가 기본경제제도로 정착했다.[11]

1) 탈국유화

서구에서 말하는 민영화와 달리 러시아와 동유럽의 사유화는 생산수단의 사유화뿐만 아니라 자본주의 제도의 정착을 말한다. 즉 동유럽의 사유화는 사유재산권의 보장, 시장경제구조의 확립, 시장가격도입 등과 같은 체제전환 정책의 일환이었다. 따라서 체제전환국에서 사유화의 기본개념은 중앙정부와 행정관료의 규제와 간섭으로부터 독립하는 것을 뜻한다.[12]

동유럽을 중심으로 체제전환이 일어난 1990년대 초반 연구자들이 논의한 사유화는 두 가지 의미를 내포한다.[13] 하나는 공적 소유에서 사적 소유로의 변화를 뜻한다. 다른 하나는 경제활동을 하는 기관 내부의 변화를 의미한다. 즉 '시장의 영향력' 아래 있는 활동을 확장하고 '국가의 (관리)영향력' 정도를 상대적으로 축소하는 움직임을 말한다.

이와 같은 맥락에서 라빈(Marie Lavigne)은 사유화의 의미를 협의

11) 윤원호, "중국의 소유제개혁과 사회주의: 사영경제를 중심으로", 『정치·정보연구』제2권 2호(1999), pp.112~115.

12) 양운철, 『북한 경제체제 이행의 비교연구: 계획에서 시장으로』(파주: 한울아카데미, 2006), pp.118~119.

13) Zoltan(1993), p.10.

와 광의로 구분했다.[14] 라빈에 따르면 협의의 사유화란 "국가라는 주체가 사적주체에게 재산권을 법적으로 양도하는 것"이다. 시장경제에서 말하는 국영기업의 민영화, 즉 국영기업을 공개·매각 등으로 민간 소유화하는 것과 비슷하다.[15] 반면 광의의 사유화는 "경제활동의 탈국가화에 기여하는 제반조치"를 뜻한다. 이때 사유화 역시 대규모 국유부문이 시장규칙과 경쟁에 노출된다는 점에서 국영기업의 시장화 또는 상업화를 포함한다. 하지만 광의의 사유화는 여기에 그치지 않는다. 전적 소유권이 아니더라도 부분적으로 사적 재산권을 행사할 수 있도록 생산수단이나 국유자산을 장기 임대하는 것도 포함된다. 뿐만 아니라 신규 사영기업을 설립하여 새로운 민간부문을 형성하는 것도 포함된다. 이런 의미에서 광의의 사유화는 '자유화'에 가깝다.

한편 사유화의 메커니즘은 소규모 사유화와 대규모 사유화로 구분된다.[16] 소규모 사유화는 소규모 국가자산을 판매, 경매, 임차 등으로 개인에게 양도하는 것을 말한다. 주로 무역·서비스, 트럭운송, 건설 부문에서 일어나는데 행상에서 시작해 인적 자본에 의존하는 서비스 부문으로 발전한다. 많은 경우 2차 경제 또는 비공식 경제에서 이미 존재해 온 기업 활동에서 시작된다. 구체적인 방법에는 이전 주인에게 반환(restitution), 국유자산의 매각(divestment), 민영화를 통한 조달(financing)이 있다. 대규모 사유화는 대규모 국영기업을 사유화하는 것으로 그 속도가 느린 편이다. 이때 국영기업

---

14) Lavigne(1995), pp.155~157.

15) 이두원(2000), p.33.

16) Lavigne(1995), pp.159~160.

을 효율적인 자본주의 기업으로 변모시켜 국유부문이 시장의 방식을 따를 수 있도록 하는 것이 관건이다. 개인에게 나누어 줌으로써 국가에 수익이 생기지 않는 대규모 민영화, 국내 자본에 의지하는 자발적 민영화, 국외 자본에 의지하여 외국 투자자를 대상으로 직접 매각하는 방식 등이 있다.

탈국유화 관점에서 북한과의 비교에 참고할 만한 국가는 헝가리이다. 법·제도적 차원이 정비되기 전에 실질적인 사유화가 진행되었다는 점 때문이다. 헝가리에서는 1990년도 이후 헌법 질서에 따라 공식적인 사유화가 본격 추진되었다. 시장경제를 선언하고 사회적 소유와 사적 소유의 평등한 보호를 통해 사유화의 헌법적 기초를 마련했다.[17] 그런데 최초의 사유화는 1980년대 말에 이미 시작되고 있었다. 중앙정부나 상급 감독기관의 승인 절차 없이 탈국유화 혹은 재산권이 분권화되기 시작한 것이다. 이는 국유기업 경영자의 자발성에 의해 추진되었다는 뜻으로 자발적 사유화(spontaneous privatization)라고 불린다. '자발적'이라는 용어의 정의상 계획하거나 예정하지 않은 상태에서, 외부의 영향력 없이 사유화가 진행되었다는 특징이 있다.[18]

헝가리의 경제 정책은 1965년의 코시긴 개혁 및 1972년 이후의 개혁 후퇴, 1979년 데탕트 시기의 개혁, 1985년의 페레스트로이카 등 인접한 소련의 변화에 민감히 반응한 것이라는 견해도 있다.[19] 하지만 소련이 특정 경제정책을 취하도록 압력을 가하지 않았다면

---

17) 이상수(1996), pp.137~138.

18) *Oxford Advanced Learner's Dictionary*, 6th ed. (Oxford: Oxford University Press, 2000), p.1150; *Oxford Dictionary and Thesaurus of Current English*(New York: Oxford University Press, 2004), p.417.

19) 진승권, 『사회주의, 탈사회주의, 그리고 농업』(서울: 이화여자대학교출판부, 2006), p.99 참고.

소련의 영향력은 북한의 경제위기와 같은 직접적인 촉발 요인은 아니라고 하겠다. 소련의 변화는 헝가리 경제정책의 배경을 조성하거나 촉진한 요인에 가깝다.

헝가리의 사유화 과정에는 독특한 사회적 배경과 제도적 환경이 영향을 미쳤다.[20] 첫째는 시장경제의 조기도입이다. 헝가리는 계획경제의 한계를 일찍부터 인정하고 1968년 '신경제제도(New Economic Mechanism: NEM)'를 도입했다. 이 개혁은 소유관계를 변화시키지 않으면서 사회주의적 시장경제를 도입하려는 시도였다. 기업의 자율성 강화를 통해 유연한 가격체계, 임금체계, 은행체계 등을 도입했다. 기업은 1980년대 이전까지 기업 자산에 대한 통제권과 소득권을 행사할 수 있었고, 1980년대 이후에는 양도권까지 행사할 수 있었다. 경영자의 권한이 강화되면서 자발적 사유화가 가능해진 것이다.

둘째는 사적 부문이 경제에서 차지하는 비중이 현저히 높았던 것이다. 헝가리에서 자발적 사유화를 가능하게 한 또 다른 조건은 시장의 발달이다.[21] 1988년 헝가리의 순생산물(Net Material Product: NMP)[22]에서 사적 부문의 비율이 15%에 이른다. 같은 기간 체코슬

---

20) László Szakadát, "Property Rights in a Socialist Economy: The Case of Hungary", John S. Earle, Roman Frydman, Andrzej Rapaczynski(eds.), *Privatization in the Transition to a Market Economy: Studies of Preconditions and Policies in Eastern Europe*(London: Pinter Publishers, 1993), p.41; 이상수 (1996), pp.138~139에서 재인용.

21) 이상수(1996), p.139.

22) 사회주의 국가는 국민(소득)계정체계(System of National Accounts: SNA) 대신 실물생산체계 (Material Product System: MPS)를 사용한다. MPS에서 국민소득에 해당하는 NMP는 서비스 부문의 생산은 고려하지 않는다. Kornai(1992), pp.195~196 참고. SNA를 따르는 자본주의 국가는 경제총량지표로 국민총생산(Gross Domestic Product: GDP)을, 사회주의 국가는 사회총생산물(Gross Output Value of Social Product: GSP)과 국민소득(NMP)을 사용하고 있다. GSP는 중간생산물을 포함하는 대신 비(非)생산적 서비스 부문의 부가가치를 제외시킨다. SNA와 MPS의 구분에 관해서는 United Nations, *Comparison of the System of National Accounts and the System of*

로바키아, 동독, 러시아에서 그 비율은 2.5~3.5%, 불가리아에서 9%, 폴란드에서 15%였다.[23] 경제개혁이 본격화되기 이전에 시장의 발달과 사적 저축이 상당 부분 진척되어 있었던 것이다.

헝가리의 개혁은 소유권 변화 없이 시장화를 실험했다는 점에서 북한의 개혁과 유사하다.[24] 국영기업의 이윤에 초점을 맞춘 운영상의 변화 및 상당 기간에 걸친 분권화를 통해 조직상의 변화도 일어났다. 헝가리 역시 불완전한 시장환경(non-market environment, 계획을 중심으로 설계된 시장환경) 속에 소유권 변화 없이 운영상·조직상의 변화만 추진한 것이었다. 결국 헝가리도 20년이 지난 후에는 제한적 개혁의 한계를 인정할 수밖에 없었다.

1980년대 헝가리를 비롯한 동유럽 국가경제는 소유권 및 기업규모를 획기적으로 조정해 나갔다.[25] 하나는 국유기업의 매각 및 분권화이고 다른 하나는 사영기업의 설립과 성장을 촉진한 것이었다. 이러한 체제상의 변화는 법률체계의 변화를 통해 마련되었는데 이를 인정하고 수용하는 데는 여러 해가 걸렸다. 상기 과정을 통해 헝가리의 자발적 사유화는 사적 부문이 공적 부문을 대체(代替)해 갔다는 특징이 있다.

Balances for the National Economy(United Nations: New York, 1977/1981); 한국은행 조사제2부, "공산권의 국민계정체계 해설", 조사연구자료 88-2(서울: 한국은행, 1988); 고일동·오강수, "북한 경제통계의 실태와 과제", 연구보고서 99-08(서울: 한국개발연구원, 1999); 주성환·조영기, 『북한의 경제제도와 관리』(서울; 무역경영사, 2003) 참고.

23) Zoltan(1993), p.106.

24) 위의 글, p.110.

25) 위의 글, p.111.

2) 사적 부문의 확장

사적 부문이 확장되는 것은 사회주의체제의 경제개혁에서 가장 중요한 변화 중 하나다. 이론상 사적 부문은 사회주의체제의 핵심 요소인 일당독재와 양립하기 어렵기 때문이다.[26] 이런 의미에서 체제전환의 본질은 사적 부문의 확대에 있다고 볼 수도 있다.[27] 새로운 사적 부문이 창출되는 것은 국영기업의 민영화와 더불어 체제전환의 주된 구성요소인 사유화를 구성한다.[28]

사회주의체제에서 사적 부문이 재등장하는 데는 개인과 국가의 이해관계가 맞아 떨어지는 면이 있다.[29] 개인 입장에서는 물질적 동기와 심리적 동기가 있다. 전자는 더 높은 소득에 대한 희망, 후자는 자율권에 대한 희망이다. 국가는 사적 부문의 확장에 저항하면서도 지지하는 이중적 입장을 갖는다. 사적 부문이 공급개선 및 부족완화로 국가경제에 기여하기 때문이다. 또한 가장 활발하고 적극적인 사람들이 경제활동에 전념하면 사회긴장이 완화되고 정치에 대한 관심을 딴 곳으로 돌리게 된다. 사적 부문이 이러한 기능을 명확히 해준다면 국가는 사적 부문을 인가하는 규정을 일관되게 이용하려고 할 것이다.

그동안 북한의 사적 부문을 설명할 때 주로 사용된 개념은 비공식경제였다. 그로스먼(Gregory Grossman)은 소련 사회주의경제에서 사적 이익을 추구하거나 현행 법률을 위반하는 활동에 해당하는

---

26) Kornai(1992), p.459.

27) 양문수(2010a), p.278.

28) Lavigne(1995), p.155.

29) Kornai(1992), pp.434~435.

경제를 비공식경제로 정의했다.[30] 비공식경제는 2차 경제(second economy)로도 불리는데 1차 경제(first economy)인 공식 계획경제와 대비되는 개념이다.

김병연과 송동호는 비공식화 가설을 북한에 적용할 수 있는지를 검토했다.[31] 비공식화 가설은 비공식경제의 급팽창으로 소련이 붕괴했다는 가설이다. 김병연과 송동호는 비공식화 가설이 성립되기 위한 조건을 다음과 같이 제시했다. 1) 비공식경제활동의 비중이 높고 그 증가현상이 뚜렷하며 2) 공식 부문의 생산 활동을 대체하며 3) 뇌물수수 행위가 만연해야 한다는 것이다.

하지만 현재 북한의 시장화 실태는 비공식화 수준을 넘어서고 있다. 한동안 공식 부문은 계획경제영역으로, 비공식 부문은 시장경제영역으로 간주되어 온 경향이 있었다. 그런데 시장화의 진전으로 공식 부문에 시장경제활동이 침투하면서 더 이상 공식 부문을 계획경제영역으로만 보기 어렵다.

시장경제활동 중에는 공식 부문이나 비공식 부문 중 어느 한 곳에 포함되기보다 양쪽에 중첩되는 활동도 있다. 예컨대 자금이 부족한 기업소에 개인이 자본을 투자하거나 개인이 기업소의 명의로 국영식당을 자체적으로 운영하는 경우, 비공식적으로 벌어들인 수익금의 일부를 공식 부문에 납부하기 때문에 온전히 비공식경제활동인 것만은 아니다. 북한 당국이 하부 경제단위에 자력갱생을 요

---

30) Gregory Grossman, "The 'Second Economy' of the USSR", *Problems of Communism*, Vol.26, No.5(1977), pp.25~40.

31) Byung-Yeon Kim and Dongho Song, "The Participation of North Korean Households in the Informal Economy: Size, Determinants and Effect", *Seoul Journal of Economics*, Vol.2, No.2(2008); 김병연, "북한경제의 시장화: 비공식화 가설의 평가를 중심으로", 윤영관·양운철 편, 『7·1 경제관리개선조치 이후 북한 경제와 사회』(서울: 한울아카데미, 2009), pp.53~87.

구하는 상황에서는 비공식 부문의 수익금 납부가 뇌물수수의 수준을 넘어 공식 부문의 경제 산출량에 기여하는 것이다. 이처럼 북한 경제는 공식·비공식 부문 혹은 시장·계획 부문이 서로 중첩되어 있는 상황이다.

이러한 현상은 시장을 매개로 한 사적 경제활동에서 두드러지게 나타난다. 국영기업에 대한 돈주의 대부투자, 개인에 대한 국영기업의 임대차·명의대여, 신규업종의 출현 등은 공식 부문이 시장화되고 있을 뿐만 아니라 비공식 부문이 공식 부문에 일부 기여하고 있는 실태를 드러내고 있다.

헝가리 역시 기존의 비공식경제가 사영경제를 주도적으로 형성시키는 과정을 거쳤다.[32] 시장경제 요소를 도입한 부분개혁이 시작된 지 10여년 쯤 지난 1977년에 수리·서비스 부문의 사영기업이 법적으로 허용되었다(Law-Decree nos 14, 15). 다만 신규설립을 위해서는 라이센스를 발급받아야 했고 고용인원에 상한선(가족구성원을 포함한 6명과 추가 견습생 3명)이 고정되었다. 1981년에는 개인이 소규모 파트너십(small work partnerships)을 통해 사적 경제활동을 추구하는 것이 합법화되었다. 기존의 라이센스 발급이 철회되고 고용인원 상한선이 점차 늘어나기 시작했다(1981년 9명, 1983년 12명, 1988년 30명, 1989년 500명, 1990년 무제한). 경제개혁이 도입된 지 20년이 지난 1988년에는 국영기업의 다양한 법적 형태를 선택하는 길을 여는 법안(Law VI)이 통과되었다. 국영기업, 외자기업, 사영기

---

32) Zoltan(1993), pp.111~114; Akos Rona-Tas, "The Second Economy as a Subversive Force: The Erosion of Party in Hungary", Andrew G. Walder(ed.), *The Waning of the Communist States* (Berkeley: University of California Press, 1995), p.68.

업 등 소유권이 혼합적인 형태의 기업이 등장했다. 이로 인해 1981년에서 1989년 사이 소규모 사영기업은 비약적으로 발전했다. 증가율은 소매업·음식업이 300%, 운송업이 600%, 건설업이 75%, 기타산업이 50%에 달했다. 1990년에는 소매업·음식업·서비스업 부문의 국유기업 자산을 사유화하는 법안(Law LXXIV)이 통과되었다.

계획과 시장의 공존 속에 사적 부문이 확장한다는 측면에서 북한의 사유화는 중국에서 나타난 현상과 더욱 유사하다. 중국에는 시장화를 매개로 한 점진적인 사유화 과정과 소유제의 다변화가 일어나고 있다.[33] 이러한 방식은 유기적 사유화(organic privatization)로 불린다.[34]

유기적이란 생물체처럼 전체를 구성하고 있는 각 부분이 서로 밀접하게 관련을 가지고 있어서 떼어 낼 수 없는 것을 말한다. 유기적 변화 혹은 발전은 "갑작스럽기보다는 점진적이고 자연스러운" 것을 말하며, 어떤 사회나 구조가 유기적이라고 할 때는 "각 부분이 필수적이고 다른 부분과 잘 들어맞는"다는 뜻이다.[35] 따라서 유기적 사유화는 계획과 시장의 자연스럽고 필수적인 조합을 추구하는 것이 특징이다.

중국은 사적 부문의 확장을 통한 사회주의 국가의 사유화를 대표하는 사례다. 중국의 사적 부문은 비공유제 경제의 개념에서 출발한다. 중국의 비공유제 경제는 '개체공상호(개인사업자)', '사영기업', '외자기업' 등 3가지로 대별된다.[36] 중국의 국가공상(행정)관리국은

---

33) 최봉대, "제5장 1990년대 말 이후 북한 비공식경제 활성화의 이행론적 함의", 『북한 체제전환의 전개과정과 발전조건』(파주: 한울아카데미, 2008a), p.158.

34) Kolodko(2000), p.154; 이흥규(2007), p.182; 유희문(1999), p.79.

35) 『국립국어원 표준국어대사전』, 검색일: 2012년 10월 15일; *Collins Cobuild Advanced Learner's English Dictionary*, 6th ed.(New York: Harper Collins Publishers, 2009).

36) 서석흥, "1980년대 말 중국 사영경제의 존재 실태에 관한 실증연구", 『중소연구』 통권 59호

근로자 수 8인을 기준으로 그 미만은 개체공상호, 그 이상은 사영기업으로 구분한다. 이러한 개념을 토대로 개체호의 경제부문은 개체경제로, 사영기업으로 이루어진 경제범주는 사영경제로 알려진다. 한편 중국의 전국공상연합회는 개체기업 및 사영기업을 민영기업으로, 개체경제와 사영경제의 범주는 민영경제로 포괄하고 있다.[37]

개체기업 및 사영기업이 현대 중국에서 나타난 계기는 1979년부터 시작된 경제개혁, 특히 농촌개혁에 기인한다.[38] 1950년대 중반 자본주의 공·상업에 대한 사회주의적 개조 과정을 통해 1970년대 말까지 중국에서 민영경제는 사라진 상태였다. 그런데 농촌개혁은 화폐자산과 노동력의 출현을 야기했다. 농업생산제도 개혁에 의해 소농경영 혹은 개인농 체제로 전환되고 개인에게 다량의 화폐재산이 집중되었다. 또한 농업으로부터 유리(遊離)한 사람들이 자기소유의 노동력을 자유롭게 이용할 수 있게 되었다. 유휴화폐와 노동력이 자연스럽게 결합하면서 자본-임노동 관계가 형성되고 민영경제를 출현시켰다.

이후 민영경제는 국가권력의 의도에 따라 '존재의 허용' 단계에서 시작하여 국유부문에 대한 '보충', '평등경쟁', '공동발전' 단계를 차례로 거쳐 마침내 사회주의 소유제의 '중요 구성부분'으로 자리잡았다.[39] 발전 단계는 비합법·반합법(1981~1986년), 합법화과정 및 그 후 발전(1987~1988년), 경제조정기의 발전과 위축(1989~

(1993), p.178; 유희문(1999), pp.83~84; 윤원호(1999), pp.112~113.

37) "中, 민영 상장기업수 1,000개 돌파", 『내일신문』 2012년 1월 11일.

38) 서석홍, "중국의 국유, 집체, 사영기업의 경영특성에 관한 비교연구", 『중소연구』 통권 72호 (1996), pp.40~41.

39) 윤원호(1999), p.115.

1991년), 새로운 비약적 발전(1992년 이후) 시기로 구분된다.[40)]

각 시기를 구체적으로 살펴보면 다음과 같다.[41)] 민영경제가 생겨 날 수 있는 제도적 장치가 마련된 것은 1981년이다. 「취업확대, 경제활성화, 도시취업문제 해결에 관한 몇 가지 결정」에 따라 개체공상호는 2인 이내 노동자를, 특수기능 보유자인 경우 5인 이내로 견습공을 고용할 수 있게 되었다. 1983년 4월 제7기 전국인민대표대회 제1차 회의에서 통과된 개정헌법 제11조는 국가 법률이 정한 범위 내에서 사영기업의 존재와 발전을 허용하고 사회주의 공유경제를 보충하는 존재로 규정했다. 이에 자금을 축적한 농촌 전업호(專業戶)나 개체공상호가 잉여노동력을 고용하여 점진적으로 경영규모를 확대하거나 공유기업이 청부(請負)나 임차를 하는 방식으로 사영기업이 발전하기 시작했다.

1987년에서 1988년에 걸쳐 중국 당국은 사영기업을 공식적으로 승인했다.[42)] 1987년 10월 제13차 당대회에서 사영기업에 대한 공식적인 존재 허용 방침이 사회주의 초급단계 하의 장기적인 기본 노선의 하나로 책정되었다. 이어 1988년 6월 국무원이 「중화인민공화국 사영기업 임시시행조례」 및 유관법규를 발표하면서 합법적인 지위를 확보했다. 자산이 개인소유에 속하며 노동자를 8인 이상 고용하는 영리성 경제조직을 사영기업으로 규정하고 사영기업의 종류, 개설과 폐업, 권리와 의무, 노무관리, 재무와 세수, 감독과 처벌 등을 규정했다.

---

40) 서석홍(1996), p.41.

41) 윤원호(1999), pp.113~114.

42) 서석홍(1996), p.41.

그러나 경제개혁은 긍정적인 성과만 가져온 것이 아니라 인플레이션, 소득분배의 불균형, 권력형 부조리와 비리 등의 부작용을 가져왔다. 이에 중국 정부는 경제 환경에 대한 정리와 경제 질서에 대한 정돈을 기치로 하는 긴축 정책을 도입했다. 이 시기는 천안문 사태 이후로서 중국 공산당이 사영기업주의 공산당 입당을 불허했고 노동자 해고 사태가 일어나는 등 사영경제는 침체를 겪었다.[43] 사영기업들은 휴업을 하거나 집체기업 또는 국영기업으로 전환했다. 그러나 이러한 정책적 위축 기조에도 불구하고 민영경제의 경제산출량은 줄어들지 않았다. 사영기업이 집체기업이나 국영기업으로 전환한 것을 고려하면 실제 경제성과는 통계수치보다 더 높을 것이다.[44]

민영경제가 다시 발흥한 것은 1992년 등소평의 남순강화 및 중국공산당 제14차 대표회의를 기점으로 사회주의 시장경제를 경제개혁의 목표로 내세우면서이다.[45] 이로 인해 개체기업 및 사영기업이 국유기업 및 집체기업과 평등하게 경쟁하고 공동으로 발전하는 계기가 마련되었다. 1993년 11월 중국 공산당 제14기 2중 전회에서는 여러 가지 소유제경제의 평등참여와 시장경쟁을 위한 조건을 창조하고 각종 기업을 차별 없이 대우한다는 방침을 제시했다. 이를 기점으로 사영기업의 발전 속도는 경이적으로 높아졌다. 1997년 중국 공산당 제15기 전국대표대회에서 개체기업과 사영기업은 사회주의경제의 중요 구성부분으로 인정되었으며 1999년 제9기 전국

---

43) 윤원호(1999), p.114.

44) 개체기업, 사영기업, 합자기업, 외자기업, 집체기업, 국유기업 등의 경제산출량은 Gary Jefferson and Thomas Rawski, "Enterprise Reform in Chinese Industry", *The Journal of Economic Perspectives*, Vol.8, No.2(Spring 1994), p.48 참고.

45) 윤원호(1999), pp.114~116.

인민대표대회 제2차 회의에서 개정헌법 제11조를 통해 이를 수용하여 제도화했다.

중국에서 비공유제 경제성분이 경제발전에 기여한 측면은 취업기회 창조, 사회생활 다양화의 수요 충족, 상품유통촉진, 사회생산력발전, 국가건설자금축적, 국민경제활성화 메커니즘 등을 꼽을 수 있다.46) 1990년 말까지 개체기업과 사영기업은 2천만 명이 넘는 노동력을 흡수함으로써 청년취업문제와 농촌의 잉여노동력 이진에 기여했다. 개체·사영기업의 생산활동은 농부산품, 공업소산품, 음식·의복·수리 방면의 생산경영활동에서 사회적 수요를 충족시켰다. 또 개체행상인 및 운송업의 발전은 상품전문시장을 활성화하고 도농 간, 지역 간 물자교류를 촉진했다. 이러한 개체·사영기업의 사회생산력 발전 덕분에 국가는 재정지출을 절약할 수 있었다. 개체·사영기업은 시장경쟁 가운데 기술교류와 기업가 단련 및 성장을 촉진하고 공유제 기업의 경영관리 개선에도 모범이 되었다.

중국에서는 개체·사영기업의 이중성으로 인해 이들의 적당한 발전을 고무하면서 관리와 인도를 강화해야 하는 것으로 보았다.47) 개체기업의 이중성은 주인이 노동자이면서 생산수단의 소유자라는 점이다. 개체·사영기업은 경제발전에 적극적인 작용을 할 수도 있지만 노동자를 착취하고 맹목적으로 이윤을 추구할 잠재성이 있다는 점에서 이중적이다. 따라서 중국에서는 민영경제가 생산수단의 사적 소유와 고용을 기반으로 수단과 방법을 가리지 않고 이윤을 극대화함으

---

46) 소문, "제5론: 공유제를 주체로 함을 견지하고 여러 종류의 경제성분을 발전시키자", 김소중 편역, 『중국특색의 사회주의』(서울: 대륙연구소출판부, 1994), pp.140~141.

47) 위의 글, p.142.

로써 국가와 사회에 손해를 끼치지 않게 관리해야 한다고 보았다.

3) 생산수단의 사적 소유

자본주의 혹은 사회주의라는 경제체제 유형은 재산권, 즉 사회에 보편적으로 허용되는 재산소유제도의 차이에서 비롯된다.[48] 이때 재산은 유무형의 생산적 자산 곧 생산수단을 의미한다. 사회주의 계획경제에서 생산수단이 교환대상이 될 수 없는 것은 생산수단의 사유화를 금지하고 있기 때문이다. 반면 자본주의 시장경제에서 생산수단까지 교환대상이 되는 것은 생산수단의 사유화가 허용되기 때문이다. 이와 같이 어떤 사회에서 이루어지는 교환의 범위와 내용은 그 사회에 특정하게 제도화된 소유권의 구조에 의해 결정된다. 교환의 범위와 내용을 통해 소유권의 구조를 파악할 수 있다는 뜻이다.

사회주의에서 소유제도의 집단주의를 추구하는 이유는 재산권이 사람 간의 관계를 규정하는 점 때문이다. 예컨대 자동차의 재산권이란 해당 자동차의 소유자와 비(非)소유자 간의 사회적 관계를 암시한다.[49] 이는 재산권에서 중요한 요소인 배타성 혹은 독점성에 관한 것이다. 소유자의 동의가 없다면 비소유자는 해당 재산을 임의로 사용하는 것에서 배제된다. 소유자의 허락 없이 비소유자는 소유자의 해당 재산을 사용할 수 없다.

북한에서 재산은 "사람들의 생산적 및 소비적 수요를 충족시킬 수 있으며 소유가 규정되어 있는 물질적 부"로 정의된다.[50] '사유재산'

---

48) 강명헌, "제2장 기업의 소유 및 지배구조", 한국비교경제학회 편, 『비교경제체제론』(서울: 박영사, 1997), pp.166~167.

49) Kornai(1992), pp.62~63.

50) 사회과학원 주체경제학연구소(1985b), p.460; 임강택·김성철(2003), p.21.

은 착취사회의 특징으로서 "사람에 의한 사람의 착취의 물질적 조건"인 반면 '개인재산'은 "근로자들의 로동에 의한 사회주의 분배와 국가 및 사회의 추가적인 혜택"이라고 구분하고 있다. 또한 '개인재산'이 "결코 착취의 수단으로 리용될 수 없으며 자본으로 전환될 수 없다"는 점에서 '사유재산'과 다르다고 강조한다. 따라서 북한에서 경제개혁과 관련하여 의미 있는 재산권 변화가 일어난다면 그 변화는 바로 사유재산을 인정하는 것이다. 사유재산은 '개인재산'과 달리 '착취의 수단'으로 이용되고 '자본으로 전환'된다는 특징이 있다. 사유재산은 노동력을 고용하고 자본을 운용할 수 있음을 의미한다.

이는 북한에서 재산을 물질적 부의 구체적인 표현으로 보고 재산의 성격에 상응하여 소유형태를 구분하는 것에도 나타난다.[51] '사유재산'에 상응하는 소유형태는 '사적소유'[52]이다. '사적소유'는 "생산수단과 소비재에 대한 개별적사회성원의 소유"로서 "사회적소유에 대립되는 개념"이다.[53]

북한에서는 '사적소유'를 두 가지로 구분한다.[54] 하나는 "착취계급의 사적소유"로서 "다른 사람의 로동을 착취할 수 있게 하는 물질적 조건"이다. 다른 하나는 "소상품생산자들의 사적소유"로서 그 자체가 착취의 물질적 조건은 아니나 착취를 낳는 온상이라고 본다. 한마디로 '사적소유'는 "생산수단이 개인에게 속하는 곳에만 존재"하며 이를 소유하는 개인은 사적인 목적에 국한하여 그것을

---

51) 임강택·김성철(2003), p.20.

52) 이 연구에서는 북한 문헌의 개념을 인용할 때만 북한식 표기로 '사적소유'라고 붙여 쓰기로 한다. 그 밖에는 모두 '사적 소유'라고 표기한다.

53) 사회과학원 주체경제학연구소, 『경제사전 1』(평양: 사회과학출판사, 1985a), p.672.

54) 임강택·김성철(2003), p.24.

이용한다고 보고 있다. 다시 말해 '사적소유'는 곧 생산수단에 대한 사적 이용을 말한다.

따라서 북한에서 말하는 재산(권)과 소유(권)의 개념으로 보면 노동의 고용과 자본의 운용을 전제하는 '사유재산'과 생산수단을 사적인 목적으로 이용하는 '사적소유'가 가능해질 때 북한에서 사유화가 일어났다고 볼 수 있다. 한편 북한에서는 생산수단이 사적 소유인 모든 생산방식에는 '사적노동'이 존재한다고 본다. '사적노동'은 "생산수단에 대한 사적소유에 기초하여 독립적으로 진행하는 상품생산자들의 로동의 성격을 표현하는 경제범주"를 뜻한다.[55] 생산수단에 대한 '사적소유'가 상품생산자들을 서로 분리시켜 그들의 노동을 사적으로 만든다는 것이다. 이러한 정의에 따르면 '사적소유'는 '사적노동'을 동반한다.

지금까지의 논의를 바탕으로 이 연구에서는 북한의 사유화를 '사적소유(사적 노동)에 의해 경제활동이 탈국가화되는 현상'으로 정의한다. 다시 말해 '생산수단에 대한 사적 소유' 그리고 '생산수단의 소유로 인한 개인 간의 노동력 사용 혹은 고용'이 일어나는 것을 말한다.

현재 북한에서 이러한 현상이 일어나고 있다면 사회주의개혁 단계 수준으로 돌아간 것이나 다름없다. 북한에서는 1953년 휴전 이후부터 사회주의 건설을 본격화하고 1958년 8월에 농업 협동화와 수공업 및 중소상공업의 협동화를 완료함으로써 농업, 공업, 상업 부문에서 사회주의적 개조를 완성했다고 보고 있다.[56] 사회주의제도 확립 후 북한에 남은 것은 소비품에 대한 개인소유뿐이라는 것

---

55) 사회과학원 주체경제학연구소(1985a), p.673.
56) 구체적인 과정은 통일연구원, 『2009 북한개요』(서울: 통일연구원, 2009), pp.209~213.

이 공식 입장이다. 그러므로 북한에는 착취의 수단 혹은 착취를 낳는 온상이 없다고 주장해왔다. 북한에서 보는 사회주의 소유제도는 다음과 같다.

> 우리나라에는 사회주의적 소유제도가 오래전에 확립되어 생산수단은 물론이고 여러 형태의 동산 및 부동산들이 대부분 국가적 소유로 되어 있다. 국가적 소유의 이런 모든 재산형태들은 사회공동의 리익과 대치되는 개인의 리익, 개별적 단위의 리익실현에 리용되어서는 안 된다. 이것은 어디까지나 사회주의국영기업소들에서의 확대재생산과 전체 인민대중의 복리증진, 국가재부의 증대를 위하여서만 리용되여야 한다.[57]

그러나 2000년대 중반에 들어 위와 같이 사회주의 소유제도를 정의하고 집단주의를 강조하는 대목은 생산수단의 사적이용 실태를 방증(傍證)하는 것으로 보인다. 경제위기 이후 계획과 시장의 공존 속에 북한은 집단주의를 사회주의경제관리의 핵심으로 부각시키고 있다. 북한의 경제정책기조를 반영하는 『경제연구』는 2004~2005년에 걸쳐 김일성, 김정일이 제시하는 사회주의경제관리의 기본원칙이 집단주의적 본성에 있음을 강조했다. 현실적인 요구에 맞게 실리를 보장하되 개인주의에 기초하고 있는지 집단주의에 기초하고 있는지가 사회주의와 자본주의를 가르는 기준이라고 보고 있다.[58] 현실적인 실리를 추구하기 위해 계획경제와 시장을 결합하고 있지만 이는 계획경제와 시장경제의 결합과 다르다고 강조한다. 계

---

57) 리영남, "사회주의적원칙을 고수하는 것은 경제관리개선의 중요원칙", 『경제연구』 2006년 제4호, p.11, 13.

58) 김혜선, "위대한 수령 김일성동지께서 사회주의경제관리리론분야에 쌓아올리신 불멸의 업적", 『경제연구』 2004년 제3호, p.3; 박선호, "위대한 령도자 김정일동지께서 제시하신 사회주의경제관리개선완성에 관한 독창적리론", 『경제연구』 2005년 제1호, p.3.

획경제를 강화하고 보충하기 위한 수단으로 시장을 이용할 때는 집단주의경제관리가 중요하다는 논리이다. 이 부분에 대한 북한 당국의 시각은 다음과 같다.

> 오늘 우리나라에는 생산수단에 대한 사적소유에 기초하여 생산하고 자유판매를 실현하는 시장경제가 존재하지 않으며 생산수단에 대한 사회적 소유에 기초하여 생산된 일부 생산물이 교류되는 물자교류시장과 개인소비품의 일부만이 판매되는 지역시장만이 있을 뿐이다.[59]

이와 같이 생산수단의 사적 소유를 부정하는 북한에서 법적으로 허용되는 재산은 국가재산, (사회)협동단체재산, 개인재산이다. 각 재산에 상응하는 소유권의 형태는 국가소유권, (사회)협동단체소유권, 개인소유권이다. 이러한 구분은 사유재산 및 그에 상응하는 사적 소유권을 허용하지 않는다. 북한의 사유화는 바로 이 사유재산 및 사적 소유권이 사실상 형성되는 것을 의미한다. 개인재산 및 개인소유권은 이미 인정되고 있기 때문에 사유재산 및 사적 소유권의 내용은 기존에 국가재산 또는 (사회)협동단체재산이었던 것, 즉 국가소유권과 (사회)협동단체소유권하에 있던 대상이 개인의 수중으로 이행되는 것을 의미한다.

이 책에서는 북한에서 제도상 존재하지 않는 사유재산과 사적 소유권을 다루고 있다. 하지만 이 부분은 북한 당국이 그 내용을 제도화할 경우 개인재산 및 개인소유권으로 명명될 수도 있다. 따라서 혼란을 미연에 방지하고자 이 연구에서 논의되는 개인재산―

---

59) 정명남, "집단주의경제관리의 중요특징과 그 우월성을 높이 발양시키는데서 나서는 기본요구", 『경제연구』 2006년 제2호, p.14.

사유재산, 개인소유권-사적 소유권의 개념적 차이는 생산수단이라는 대상에 있음을 다시 한 번 강조한다.

4) 사회주의 국가의 사유화 비교

이상의 논의를 정리하여 사회주의 국가의 사유화를 비교하고자한다. 사회주의 국가들은 체제전환이라는 측면에서 비슷한 요소와과정을 통해 사유화를 경험했을 것으로 예상된다. 하지만 그러한사유화를 촉발하는 구조적 요인이나 행위자의 선택, 세부적인 내용과 시기에는 차이가 있을 것이다.

아래 <표 2-1>은 사회주의 국가의 사유화를 헝가리, 중국, 북한으로 대별하여 비교한 것이다. 헝가리 및 중국과 비교할 때 북한에는 의도하지 않은 구조적 요인으로서 시장화를 촉발시킨 경제위기가 있었다. 사유화 과정의 행위자 측면에서는 국가가 주도적으로개입하지 않았다는 점이 있다. 헝가리는 자발적으로 사실상의 소규모 사유화가 시작되었다가 정치개혁이 동반되면서 국가의 개입에의해 사적 부문이 공적 부문을 대체했다. 중국은 정치개혁을 동반하지는 않았으나 국가의 개입에 의해 점차적으로 사적 부문을 수용함으로써 공적 부문을 보완했다. 헝가리와 중국에서는 경제문제를 해결하기 위해 국가가 사적 부문을 적극 활용하는 제도적 변화를 도모했다. 반면 북한에서는 헝가리 및 중국보다 경제적으로 훨씬 어려운 시기를 지나면서도 사적 부문을 제도적으로 허용하는데 국가가 적극적으로 개입하기를 유보했다. 대신 북한 당국은 경제위기 이후 확장된 사적 부문을 사후관리 차원에서 수용했다. 그러면서도 사적 부문을 제도적으로 인정하기보다는 통제와 묵인을반복하며 관리하고자 한다. 따라서 사적 부문의 경제활동이 국가의 정책적 지원하에 공유제를 보완하기보다 현재로서는 개인적인 이윤 추구를 위해 공적 부문을 잠식할 가능성이 높다.

<표 2-1> 사회주의 국가의 사유화 비교

구분	헝가리 (1968~1990년)	중국 (1978~2000년)	북한 (1990년대/2002~현재)
정치개혁 (일당독재탈피)	**동반함** (1956년 혁명, 진압) (1990년 **복수정당제**)	동반하지 않음 (1989년 천안문 사건, 진압)	동반하지 않음 (**대규모 봉기 없음**)
경제개혁 (부분개혁도입)	1968년: 신경제체제 (분권화, 시장 활용) 1980년: 시장 강화 1985년: 개혁 법안 (경영 분리, 자유화)	1978년: 계획 위주, 시장 보충 1984년: 사회주의 상품경제 (정부-기업 경영 분리) 1988년: 승포제 확대, 주식제 시범, 가격자유화 1992년: **사회주의 시장경제** (정부-기업 소유 분리) 2001년: WTO가입	(1984년: 8·3인민소비품창조운동, 독립채산제, 합영법 등) 1991년: 새로운 무역체계 1996년: 새로운 분조관리제 2002년: 7·1경제관리개선조치* 2012년: 6·28방침(경영자율확대)** 2014년: 5·30조치(자율경영제)***
경제개혁을 둘러싼 배경	오일쇼크 이후 대외경제 악화, 외채부담, 물가상승	문화대혁명(1966~1976년)의 극좌경제 착오 수정 의식	**경제위기** - 배급제 붕괴 - 대량 아사
사유화 과정에서 국가 주도적 개입 (법·제도 차원)	- 개인기업·고용 (부분: 1977년, 합법: 1981년) - 주식회사(1988년)	- 개인기업·고용(1981년) - 사영기업 허용(1988년)	**사후관리** - 국가소유대상 축소(1998년) - 개인기업 묵인(2002년)
사적 부문의 확장	1) 개인경제활동 - 책임제, 임대제 - 고용인원 확대 2) 개인재산권 - 통제권·소득권, 양도권 순 확대	1) 개인경제활동 - 책임제, 임대제 - 고용인원 확대 2) 개인재산권 - 통제권·소득권, 양도권 순 확대	1) 개인경제활동 - **(부분)**책임제 - **(비공식)**임대·고용 2) 개인재산권 - 통제권·소득권, 양도권 순 확대
사적 부문의 성격 (공유제와의 관계)	**대체**	**보완**	**잠식**
사유화 성격	**자발적**	**(자발) 유기적**	**(자발) 제한적**

* 물가(25배), 임금(18배), 환율(70배) 인상 및 기업소·공장 자율성 확대
** 기업소·공장은 생산품목, 가격, 판매 자체 결정, 협동농장은 국가 대 농민 7:3 분배(초과량 자율처분) 및 분조 축소(종전 10~25명에서 4~6명으로)
*** 2015년부터 모든 기업소·공장소, 회사·상점 대상 시행 예정, 협동농장은 분조 폐지 및 가족 단위 도입(가족 1명당 땅 1,000평을 지급, 국가 대 개인 4:6 분배).

이러한 차이는 북한 사유화의 시간적 프레임이 헝가리 및 중국의 것과 다른 점에도 나타난다. 헝가리 및 중국은 각각 1968년과 1978년 경제개혁을 도입하면서 사유화가 진전되기 시작했다. 이후 개인기업이 허용되기까지 헝가리는 약 10년, 중국은 3년이 걸렸고 사영기업이 허용되기까지는 헝가리가 20년, 중국은 10년이 걸렸다. 한편 북한은 1990년대 경제위기로 인해 극도로 제한된 차원의 경제개혁 및 자력갱생이 시작되었다. 이후 사후관리 차원에서 이미 확산된 시장화와 사적 부문을 수용하는 부분적인 경제개혁이 2002년에 도입되었다. 경제위기를 기준으로 하면 사실상 10년 만에 개인기업이 암묵적으로 허용되었지만 20년이 넘도록 법적으로 허용되지는 않고 있다. 북한의 사유화는 헝가리 및 중국의 사유화에 비해 그 속도가 10년 이상 뒤지는 것으로 보인다.

아래 <표 2-2>는 헝가리의 자발적 사유화에 비추어 북한의 사유화가 제한적임을 나타내고 있다. 양국 모두 계획하거나 예정하지 않은 상태에서 사유화가 시작되기는 했다. 하지만 북한은 경제위기로 인한 시장화 및 그로 인한 사적 자본 축적이 사유화를 유도했다는 측면에서 헝가리와 같은 자발적 사유화와는 구분된다고 하겠다.

<표 2-2> 헝가리와 북한의 사유화 비교

구분	자발적 사유화 요소 1	자발적 사유화 요소 2	사유화 구분
헝가리 (1968~1990년)	계획하거나 예정하지 않음	외부의 직접적인 영향력이 없음	자발적 사유화
북한 (1990년대~현재)	계획하거나 예정하지 않음	**경제위기로 인한 환경적 영향**	제한적 사유화

* 출처: 저자 작성

다음 <표 2-3>은 중국과 북한의 사유화를 비교한 것이다.

<표 2-3> 중국과 북한의 사유화 비교

구분	유기적 사유화 요소 1	유기적 사유화 요소 2	사유화 구분
중국 (1978~2000년)	점진적이고 자연스러움	공유제와 사유제의 필수적 보완	유기적 사유화
북한 (1990년대~현재)	점진적이고 자연스러움	**사적 부문이 공적 부문을 잠식**	제한적 사유화

* 출처: 저자 작성

중국과 북한 모두 갑작스러운 변화보다는 점진적이고 자연스러운 소유권 변화를 경험하고 있다. 하지만 북한에서는 사적 부문이 공적 부문을 보완하기보다 잠식할 가능성이 높아 중국의 유기적 사유화와 구분된다고 하겠다.

3. 재산권에 대한 개념적 논의

지금까지 사회주의 국가의 사유화를 개념화, 유형화했다. 이제 사유화 척도가 되는 중요한 개념 중 하나인 재산권에 대한 논의를 통해 사유화에 대한 전제적 논의를 마무리하고자 한다.

재산권은 하나로 규정되는 권리라기보다 재산에 관한 일련의 권리를 묶어놓은 것이다. 뎀세츠(Harold Demsetz)에 따르면 재산권은 "일련의 권리를 모아놓은 것(a bundle of rights)"으로 통제(control)권, 소득(income)권, 양도(transfer)권으로 이루어져 있다.60)

---

60) Harold Demsetz, "Toward a Theory of Property Rights", in id., *Ownership, Control, and the Firm: the Organization of Economic Activity*, vol.1(Oxford: Blackwell, 1967), pp.104~116; Andrew G.

코르나이는 이를 더욱 구체화시켜 재산권을 통제(이용)권(rights of control), (잔여)소득권(rights to residual income), 양도(이전)권(rights of alienation or transferability)으로 나누어 설명했다.[61] '통제권'은 재산의 이용, 즉 재산에 대한 관리, 감독, 의사결정을 하는 권리를 말한다. 어떤 종업원을 고용하고 해고할지, 무엇을 생산할지, 어떤 가격에 판매할지 등을 결정하는 권리를 말한다. '소득권'은 재산에 의해 창출되는 소득을 처분하는 권리를 말한다. 재산권 이용에 관계된 비용을 제하고 남는 부분에 대한 권리를 말한다. '양도권'은 재산을 판매, 대여, 증여, 상속할 수 있는 권리를 말한다. 상기 네 가지가 반드시 수반되어야 양도권이 성립되는 것은 아니다. 어떤 대상이나 자원을 대여해줄 수는 있지만 판매할 수 없는 경우, 혹은 그 반대라도 양도권이 있는 것으로 간주된다. 이 연구에서는 코르나이의 정의를 따르고, 재산권을 구성하는 요소를 통제권, 소득권, 양도권으로 칭하기로 한다.

재산권의 상기 세 가지 영역은 서로 긴밀하게 연결되어 있지만 어느 정도 분리될 수 있다. 특히 여러 가지 측면에서 양도권의 상당 부분은 통제권 및 소득권에서 분리될 수 있다.[62] 이는 소유와 경영, 혹은 소유하는 권리(ownership rights)와 실제로 통제하는 권리(control rights)가 분리될 수 있기 때문이다. 소득권과 양도권은 재산을 통해 발생하는 소득에 관한 권리이다. 반면 통제권은 재산의 이

Walder, "Property Rights in the Chinese Economy: Contours of the Process of Change", in Jean C. Oi and Andrew G. Walder, *Property Rights and Economic Reform in China*(Stanford, CA: Stanford University Press, 1999), p.5에서 재인용.

61) Kornai(1992), pp.64~69.

62) 위의 책, p.66.

용에 관한 의사결정권을 의미한다. 그러므로 소득권과 양도권은 소유하는 권리로, 통제권은 통제하는 권리로 대별하는 것이 가능하다. 소유관계에 초점을 두고 재산권을 보자면 통제권(control rights)보다는 소득권과 양도권, 즉 소유하는 권리(ownership rights)의 변화가 더 큰 의미가 있을 것으로 보인다.

그중에서도 소득권은 소유권의 변화, 특히 사실상의 사유화에서 중요한 개념이다. 소득권은 정확히 표현하자면 잔여소득에 관한 처분권이다. 잔여소득처분권이란 용어는 재무상의 책임을 전제하고 있다.[63] 자산의 소유자는 재산권 행사를 통해 잔여소득이 플러스가 되면 이윤을 얻지만 잔여소득이 마이너스가 되면 손해를 본다. 이로 인해 잔여소득처분권을 가진 소유자는 해당 자산으로부터 이윤을 창출하려는 강력한 유인을 갖는다. 이처럼 재산권의 활용이 소유자의 재무적 책임에 영향을 미칠 때 비로소 잔여소득처분권을 완전하게 가진 것이라고 하겠다.

예컨대 지주에게 땅을 사용한 대가로 고정된 지대를 지불하는 소작농의 경우를 보자.[64] 지주는 땅에 대한 양도권을 가지고 있다. 소작농은 소득권을 가지고 있다. 이 경우 소득권, 엄밀히 말해 잔여소득권은 토지의 산출물에서 지대를 포함한 제반 비용을 뺀 소득으로 구성된다. 이렇게 볼 때 토지의 산출물에 대한 잔여소득권을 가진 주체는 지주가 아니라 소작농이다.[65] 직관적으로는 제도상 지주가 땅을 소유하고 있는 것으로 인식된다. 하지만 소작농이 잔여

---

63) 위의 책, p.65.

64) 위의 책, p.64.

65) 물론 임차한 토지 산출물에서 고정된 지대가 차지하는 비율이 높아서 잔여소득의 규모가 작을 경우 재산 축적, 즉 소유권은 매우 제한적이다.

소득권을 가지고 있다면 소작농도 재산을 형성할 수 있는 기회가 주어지는 것이다.

법적인 측면에서 볼 때 자본주의 소유제도에서 재산권은 소유권보다 광범위한 용어이다.[66] 재산권(property rights)은 소유권(ownership)과 물권(real rights)을 비롯해 저작권, 특허권, 상표권, 채권은 물론 광업권, 어업권 등 다양한 경제적 권리를 포함한다. 반면 소유권은 그 객체가 물건으로 한정되며 재산권의 기본이 되는 권리를 말한다. 시장경제의 현실은 이러한 재산권과 소유권의 관계를 잘 드러내고 있다. 시장경제에서는 지적재산권 등 물적 소유 이외의 경제적 가치가 증폭하여 이에 대한 권리가 매우 다양하다. 또한 주식회사가 발달하고 소유와 경영이 분리되면서 소유권을 가진 주체와 재산권 행사에 대해 위임을 받은 주체가 다른 경우가 많다. 이처럼 재산권과 소유권의 관계는 복잡하여 혼용되기도 하고 개념적으로 혼란스러운 측면이 있다.

한편 북한에서도 재산권은 소유권의 상위 개념이다. 재산권은 "경제적 리익을 내용으로 하는 권리"를 말하며 그 내용은 민법, 가족법, 상속법 등을 통해 볼 때 소유권, 채권, 상속권으로 구성된다.[67] 소유권은 재산권을 구성하는 가장 중요한 부분으로서 "일정한 재산을 법이 정한 범위 안에서 그 주인이 자기의사에 따라 점유, 리용, 처분할 수 있는 권리"를 말한다.[68] '점유권'은 "물건을 자기 관할 밑에 둘 수 있는 권리"를, '리용권'은 "재산의 유용한 성질

---

66) 임강택·김성철(2003), p.3, 4, 6.

67) 사회과학원 법학연구소, 『민사법사전』(평양: 사회안전부출판사, 1997), p.590; 위의 책, p.21.

68) 사회과학원 주체경제학연구소(1985b), p.88; 임강택·김성철(2003), p.21.

을 생산이나 소비적 수요에 쓸 수 있는 권리"를, '처분권'은 "물건의 법적지위를 변경시킬 수 있는 권리"를 말한다.[69]

이상에서 살펴본 바와 같이 재산권에 대한 개념적 논의에는 두 가지 차원의 혼란이 중첩되고 있다. 하나는 재산권과 소유권 개념의 관계에 대한 혼란이다. 다른 하나는 자본주의 소유제도와 사회주의 소유제도의 차이에서 오는 혼란이다.

이 연구에서는 이러한 혼란을 다음과 같이 정리하여 적용하고자 한다. 기본적으로 재산권은 소유권의 상위개념이다. 소유권은 물건이라는 대상에 한정되는 반면 재산권은 채권, 상속권 등 다양한 권리를 포괄한다. 다음으로 사회주의 소유제도는 소유 형태를 구분할 때 소유관계에 초점을 둔다.[70] 즉 물건에 대한 사람의 관계를 통해 사람 사이의 관계가 표현된다. 따라서 사회주의 소유제도는 '권리'를 다루는 재산권보다 '관계'를 다루는 소유권에 집중하는 것으로 보인다.

사회적 소유를 지향하는 사회주의는 소비재 일부를 제외하고 모든 경제적 자산에 대한 권리를 국가로 귀속시킨다.[71] 국가적 소유와 협동적 소유인 공적 소유가 대부분을 이루고 있고 소유주체인 국가가 그에 대한 재산권을 행사한다. 북한의 경우에도 국가적 소유나 협동적 소유에 의거해 당국이 재산권을 행사하고 있으며 개인적 소유에 관한 재산권 행사는 지극히 미미한 수준이다. 따라서 생산수단의 국유화를 표방하는 사회주의경제에서는 사실상 소유권

---

69) 사회과학원 법학연구소(1997), p.201, 473, 617.

70) 임강택·김성철(2003), p.23.

71) 위의 책, p.4.

에 대한 분쟁의 소지가 거의 없다.

그러나 중국이나 베트남처럼 개혁·개방정책을 택한 경우나 북한처럼 비공식경제가 확대되는 과정에서는 재산권을 둘러싸고 미묘하고 중첩적인 현상이 일어나고 있다.[72] 사회주의경제로부터 시장경제로의 이행체계에서 재산권 변화는 다음 세 가지 차원에서 분석이 가능하다. 첫째는 재산권 운용의 범주가 확대되는 것이다. 둘째는 상위정부로부터 하위정부로 경영권이 이양되는 것이다. 셋째는 경영주체가 다양화되는 것으로서 정부기관으로부터 기업, 지배인, 가족, 개인 등으로 경영주체가 확대되는 것이다. 고전적 사회주의체제에서 자본주의 혹은 시장사회주의로 체제전환을 하는 과정은 상기와 같은 재산권의 변화를 동반한다.

그렇다면 국가에 귀속된 재산권 중 어떤 요소가 얼마나 변화할 때 사유화된다고 할 수 있을 것인가? 사유화에 대한 논의를 전개하기 위해서는 재산권 변화를 중심으로 사유화를 조작적으로 정의할 필요가 있다.

우선 체제전환기 구소련·동구의 시장화 수준 평가에 대한 연구를 참고하고자 한다. 대표적인 연구는 유럽부흥개발은행(European Bank for Reconstruction and Development, 이하 EBRD)의 "트랜지션 리포트(Transition Report)"이다. EBRD는 IMF, 세계은행과 함께 구소련·동구의 체제전환과정을 사실상 주도했으며, 트랜지션 리포트는 구소련·동구의 시장화수준을 평가하는 데 있어 가장 체계적이고 포괄적인 연구성과로 알려져 있다.

---

72) 위의 책, p.14.

트랜지션 리포트의 체제전환 지표(transition indicators)에서 북한의 사유화에 적용할 수 있는 지표는 '소규모 사유화(small scale privatization)'이다.[73] 현재 소규모 사유화 지표의 범주는 '1'에서 '4+' 단계까지 분류되어 있다. 구체적인 내용은 다음 <표 2-4>와 같다.

<표 2-4> EBRD의 체제전환지표 중 '소규모 사유화' 분류 체계

단계 분류	단계에 대한 설명(1994)	단계에 대한 설명(2011)
1	거의 진전 없음	거의 진전 없음
2	상당 부분 사유화됨	상당 부분 사유화됨
3	거의 포괄적인 프로그램이 실시되었음. 하지만 설계라든지 중앙의 감독 부족 등의 면에서 중요한 이슈가 해결되지 않은 상태로 남아 있음	포괄적인 프로그램이 거의 완료됨
4	포괄적이고 잘 설계된 프로그램이 실시되었음	소규모 기업은 **소유권**(ownership rights) **거래**가 가능할 정도로 완전히 사유화됨
4+	-	선진산업경제의 전형적인 표준과 성과에 이름: 소규모 기업에 대한 국가 소유가 사라지고 **토지에 대한 효과적인 매매가** 가능함

* 출처: 1994년 분류는 양문수(2010a), p.276, 2013년 분류는 *Transition Report 2013*, p.174를 참고하여 저자 작성. 굵은 표시는 추가로 강조한 것임

북한의 경우에는 1994년 기준으로 양문수가 재구성한 지표를 따르는 편이 더욱 적절할 것으로 판단된다.[74] 본격적인 체제전환에 착수하지 않았기 때문에 현재 EBRD에서 적용하는 지표를 그대로 적용하기에는 무리가 있기 때문이다. 양문수에 따르면 EBRD에서 말하는 소유권 개념은 코르나이의 소득권에 가까운 개념이다.[75] 양

---

73) EBRD는 그 외 대규모 사유화, 지배구조와 기업 구조조정, 가격자유화, 무역 및 외환시스템, 경쟁 정책, 은행개혁과 이자율 자유화, 증권시장과 비(非)은행계 금융기관, 기반시설 등 총 9가지 지표를 1989년부터 추적해왔다.

74) 양문수(2010a), p.273.

도나 통제가 불가능하더라도 소득권에 대한 권리를 소유권으로 간주하고 있다.76) 또한 EBRD는 법적 소유권의 인정여부가 큰 의미가 없다고 보고 있다. EBRD 역시 체제전환국에서 법률상의 사유화보다는 사실상의 사유화를 소규모 사유화의 지표로 인정하고 있다고 하겠다. 이런 측면에서 소득권의 사실상 사유화가 북한의 사유화를 설명할 합리적인 근거가 될 것으로 보인다.

통제권은 이미 소규모 사유화가 일어나기 전부터 국가의 허가에 의해 개인이 이용해왔다. 즉 국가가 관료 및 노동자에게 전 인민적 소유 또는 협동적 소유로 맡겨놓은 생산수단 등을 관리하는 것이 개인이었기 때문이다. 하지만 개인에게 이전된 권리가 통제권을 넘어 소득권에 이어진다면 이를 사실상의 사유화로 간주하고자 한다. 이는 중국의 농업개혁조치인 생산청부제와 같이 공식적인 책임제가 될 수도 있고,77) 생산수단에 대한 비공식적 전용(轉用: appropriation)이 될 수도 있다.

한편 통제권 없이, 즉 생산수단을 직접 사용하지 않고 대부투자를 통한 소득권만 갖는 경우도 고려할 필요가 있다. 북한의 사유화를 통제권 및 소득권 모두가 사실상 사유화되는 것으로 간주한다면 이 경우는 누락된다. 따라서 재산권 측면에서 볼 때 북한의 사유화는 소득권이 '사실상 사유화'되는 것으로 정의하기로 한다. 이는 통제권과 소득권 모두 사실상 사유화되는 것뿐 아니라 소득권만 사실상 사유화되는 것까지 포함하는 의미이다.

---

75) 위의 책, p.278.
76) 앞서 지주-소작농 관계를 통해 잔여소득권이 소유권으로서 갖는 의미를 설명했다.
77) Kornai(1992), p.440.

양도권과 비교할 때 '소득권의 사실상 사유화'는 북한의 사유화를 재산권으로 측정하는 최소 기준이라고 하겠다. 소득권과 더불어 소유하는 권리(ownership rights)[78]를 구성하는 다른 요소인 양도권 측면에서 더욱 진전된 수준의 사유화도 가능하다. <표 2-4>에 나타난 바와 같이 문헌상 확인 가능한 1999년 이후 2013년까지 EBRD의 분류 체계는 소규모 사유화의 '4'단계 이상에 대한 기준을 양도권에 두고 있다. '4'단계는 소규모 기업에 대한 소유권의 거래, '4+' 단계는 토지의 매매를 기준으로 삼고 있다. 북한에서는 제한적이나마 소규모 자산을 소유하는 권리(즉, 소규모 자산에 대한 잔여소득권이나 양도권)를 거래하거나 토지를 매매하는 일도 일어나고 있다.

4. 북한의 사유화 정의

이상의 논의를 종합하여 북한의 사유화 실태를 조사하기에 앞서 사회주의 국가의 사유화를 규명하는 개념적 지표를 설정했다. 앞서 사회주의 국가의 사유화를 탈국유화, 사적 부문의 확장, 생산수단의 사유로 개념화한 바 있다. 각각에 대해 재산권(소득권)의 (사실상) 이행, 사적 자본 축적, 사적 소유와 사유재산의 형성을 지표로 삼기로 한다. 재산권의 변화는 소득권의 변화에 초점을 맞춘다. 사적 자본 축적에 대해서는 시장을 매개로 한 사적 경제활동을 통해 화폐자본이 축적되고 운영되는 방식을 검토한다. 생산수단의 사적 소유(사적 노동)에 대해서는 생산수단의 사적 이용(노동력 고용)을

---

78) 코르나이의 개념에 따르면 여기서 말하는 소유권은 통제권에 대비되는 뜻으로서 소득권과 양도권을 말한다. Kornai(1992), p.66.

근거로 제시한다. 이를 정리하면 <표 2-5>와 같다.

<표 2-5> '사회주의 국가의 사유화' 개념과 개념적 지표

구분	개념	개념적 지표
사회주의 국가의 사유화	탈국유화	소득권이 사실상 개인에게 이행
	사적 부문의 확장	사적 자본의 축적·유통
	생산수단의 사적 소유 (사적 노동)	생산수단의 사적 이용 (개인의 노동력 고용)

* 출처: 저자 작성

북한의 사유화를 정의하기 위해 '사적소유'에 대해 다시 한 번 정리하고자 한다. 북한에서는 소유의 형태를 '사적소유', '사회적 소유', '공산주의적 소유'로 구분하고 있다.[79] '사적소유'는 개인이 생산수단을 소유하고 사적인 목적으로 이용하는 것이다. '사회적 소유'는 생산수단을 사회전체 또는 그 일부가 공동으로 소유하고 사회와 집단의 이익을 위해 이용하는 것이다. 구체적으로는 '전인민적소유'(국가소유권)와 '협동적 소유'(협동단체소유권)를 의미한다. '공산주의적 소유'는 최종단계의 보다 완성된 소유형태로서 '협동적 소유'조차 '전인민적 소유'로 전환된 무계급사회와 공산주의적 사회관계로의 전환을 의미한다.

이러한 소유 형태는 '사적소유'와 '공적소유'로 대별된다. '사회적 소유'와 '공산주의적 소유'를 '공적소유'로 묶어 '사적소유'와 대조시키는 것이 가능하다. 북한에서는 소유를 "물질적 부의 점유를 중심으로 하여 맺어지는 사람들 사이의 관계"로 정의한다. 그러므로 사람들과의 관계를 상정하지 않고 개인소비적 소유를 충족시

---

79) 임강택·김성철(2003), pp.23~24.

키기 위한 개인재산에 해당하는 개인(적)소유는 사유화 논의 밖에
존재한다. 단, '사적소유'의 정의상 개인재산이라도 생산수단이 포
함되는 경우에는 '사적소유'에 포괄하기로 한다.

결국 북한의 사유화는 '공적소유'에서 '사적소유'로의 소유 형태
변화를 의미한다. '공적소유'였던 '전민인적 소유' 및 '협동적 소유'
가 '사적소유'로 전환되는 것을 뜻한다. 이는 '전인민적 소유'에 해
당하는 국가소유권과 '협동적 소유'에 해당하는 협동단체소유권의
변화로 감지된다. 상기 두 소유권이 사실상 '사적소유'로 바뀌는 것
이다.

하지만 북한에서는 '사적소유'를 인정하지 않고 있어 '사적소유'
에 해당하는 제도적으로 지정된 소유권 형식은 없다. 따라서 '사적
소유'의 실제적 소유권은 두 가지로 구현된다. 하나는 제도적으로
국가소유권이나 협동단체소유권의 형태를 띠고 현실적으로는 개인
적인 목적으로 이용되는 '모호한 재산권'이다. 다른 하나는 제도적
인 형식조차 빌리지 않고 있는 '비공식 재산권'이다.

'사적소유'의 내용은 사회주의 국가의 사유화 개념지표로 도출
한 소득권의 사실상 이행, 사적 자본의 축적·유통, 생산수단의 사
적 이용 및 사적 노동(노동력 고용)이다. 실현되는 항목의 개수가
많을수록 '사적소유'에 가까워진다. 북한에서 과거에 국유화를 통
해 '공적소유'가 되었던 부문이 다시 사유화되는 지표는 아래 <표
2-6>과 같이 구체화된다.

<표 2-6> 사유화 개념에 따른 북한의 사유화 지표

부문	대상	개념 ① 탈국유화	개념 ② 사적 부문의 확장	개념 ③ 생산수단의 사적 소유 (사적 노동)
		소득권이 사실상 개인에게 이행	사적 자본의 축적·유통	생산수단의 사적 이용 (개인의 노동력 고용)
농업	협동농장· 소토지	개인이 생산한 농산물의 임의 처분	협동농장·소토지에 사적 자본 투자	소·농기계·비료 등에 대가를 지불하고 사적 이용 (노동력의 사적 고용)
공업	공장·기업소 ·수공업	개인이 생산한 제품의 임의 처분	공상·기업소에 사적 자본 투자	기계·설비·자재·차량 등에 대가를 지불하고 사적 이용 (노동력의 사적 고용)
상업	국영상점·종합 시장·식당· 편의봉사	개인이 판매한 수익금의 임의 처분	해당 업체에 사적 자본 투자	건물·설비·차량 등에 대가를 지불하고 사적 이용 (노동력의 사적 고용)

* 출처: 저자 작성

마지막으로 사회주의 국가의 사유화 단계에 재산권 개념에 대한 논의를 접목시키고자 한다. 사회주의 국가의 사유화에는 탈국유화, 사적 부문의 확장, 생산수단의 사적 소유라는 개념이 있음을 검토했다. 이러한 개념에 의거하여 북한의 사유화는 '사적 소유(사적 노동)에 의해 경제활동이 탈국가화되는 현상'으로 정의했다. 여기서 '사적 소유'라는 부분을 재산권 측면에서 정의하면 '생산수단에 대한 소득권을 사실상 개인이 소유하는 것'이다. 이러한 현상을 두고 EBRD기준상 '상당 부분 사유화된 것'으로 간주하기로 한다. 재산권 측면에서 본 북한의 사유화는 다음 <표 2-7>와 같이 구분된다.

<표 2-7> 재산권 측면에서 본 북한의 사유화 구분

구분	통제권	소득권	양도권	EBRD단계
사례1	사적 소유	사적 소유	사적 소유	4(완전한 사유화)
사례2	사적 소유	사적 소유	X	2(상당한 사유화)
사례3	X	사적 소유	X	2(상당한 사유화)
사례4	사적 소유	X	X	1(거의 진전 없음)
사례5	X	X	X	1(거의 진전 없음)

* 출처: 저자 작성. 밑줄 그은 사례1, 2, 3만 사유화로 간주

위의 <표 2-7>에서 보는 바와 같이 재산권 중 소득권에 대한 사적 소유가 사유화를 간주하는 경계점(threshold)이다. 따라서 소득권에 대한 사적 소유가 나타나는 사례1, 2, 3을 사유화로 간주한다. 그중에서도 양도권까지 사적 소유가 가능한 사례1은 사유화의 정도가 보다 높은 완전한 사유화로 판단한다. 사례4, 5는 소득권에 대한 사적 소유가 나타나지 않아 사유화의 진전이 없는 것으로 간주한다. 여기에는 통제권에 대한 사적 소유를 가진 경우라도 포함된다(사례4).

제2절 북한의 사유화에 대한 이론적 고찰

1. 사적 자본의 축적

북한에서는 경제위기로 자생적 시장이 발달하는 과정에서 개인 수중에 화폐자산이 쌓인 것으로 보인다. 개인에게 축적된 자본은 북

한 당국이 책임지지 못하는 공식 부문의 제도적 공백을 채우고 있다.

마르크스의 관점에서 보는 자본의 개념은 현재 일반적으로 사용되는 의미와 차이가 있다.[80] 일반적으로 경제적 의미의 자본은 금융적이거나 즉시 혹은 잠재적으로 사용가능한 수입 원천이 되는 자산을 말한다. 보다 엄격한 의미에서 자본은 생산수단을 이용해 축적된 부(富) 또는 생산수단을 창출하거나 구매하기 위해 사용가능한 재산을 뜻한다. 마르크스가 말하는 자본은 잉여가치를 산출하기 위해 사용되는 사적으로 소유된 부의 가치를 뜻한다.[81] 마르크스는 자본의 중요한 특징을 잉여가치로 보고 잉여가치 획득을 목표로 유통 과정에 투입된 화폐를 자본으로 칭했다.

잉여가치가 산출, 사용, 축적되는 영역을 기준으로 볼 때 한 나라의 자본 형성은 민간부문과 정부(공공)부문으로 구분된다. 자본형성(capital formation) 또는 자본 축적(capital accumulation)에 있어 전자는 '민간자본', 후자는 '정부자본' 또는 '공공자본'이다. 자본의 주체를 명확히 하자면 이를 '사적 자본(private capital)'과 '국가자본(state capital)'으로 대별하는 것도 가능하다. 국가자본은 자본주의 사회에서 국가가 소유하고 있는 자본을 의미한다.

경제위기 이후 북한에서 형성된 자본은 민간부문에 사적으로 소유된 부의 가치를 명명하는 '사적 자본'으로 칭하는 것이 적절해 보인다. 민간자본은 '사람들 사이의(among people)', 국가 조직에 속하지 않은(non-governmental) '시민의(civil)' 영역에서 형성된 자본을

---

80) 고영복 편, 『사회학사전』(서울: 사회문화연구소, 2000), p.311.

81) 손철성, "마르크스 『자본론』", 『철학사상』 별책 제3권 제18호(서울: 서울대학교 철학사상연구소, 2004), p.143.

통칭함으로써 민영화와 병치하는 것이 바람직해 보인다.[82] 반면 사적 자본은 '특정 개인의(particular personal)' 또는 '개인적인(individual)' 영역에서 자본이 형성되는 의미를 부각함으로써 사유화와 병치하는 것이 자연스럽다. 사적 소유를 허용하지 않는 사회주의에서 자본주의로 이행하는 단계의 자본형성을 의미하기에는 사적 자본이 적절한 용어가 될 것이다.[83]

아래 <표 2-8>은 중세의 탈봉건주의 당시에 일어난 원시적 자본 축적과 북한의 탈사회주의 현상에서 발견되는 사적 자본의 역사적 과정을 비교한 것이다. 과거 원시적 축적은 임노동자 창출, 유산계급 출현, 재산권 법제화를 통해 진행되었다.[84] 생산수단(토지)으로부터 생산자(농민)가 분리되었고, 자본가 계급이 출현하였으며, 사적 이익 추구와 금융·산업자본 성장을 촉진시키는 법·제도적 환경이 조성되었다. 이를 북한의 상황에 적용한다면, 자유로운 노동시장의 형성, 사적 자본가 계급의 형성, 개인소유권 관련 법제 변화가 될 것이다. 노동 측면에서 보면 북한에는 이미 임노동자층이 형성되어 있다. 따라서 사적 자본의 축적은 이들이 자본주의적 고용관계에 들어가 자유로운 임노동자의 처지가 되는 과정을 수반할 것이다. 자본 측면에서는 국유재산 형태로 축적된 자본이 사적 소유로 이전, 사적 자본가 계급이 형성될 것이다. 마지막으로 재산권 측면은 개인소유권 확대에 관한 법률과 제도 변화로서 이는 사적 이익을 보호하고 자본 축적을 촉진할 것이다.

---

82) 이 같은 의미를 고려하면 민간자본은 협동단체소유와의 구분이 모호해질 가능성도 있다.

83) '사적자본'이라는 용어를 사용한 연구는 이석기 외(2010), pp.202~229.

84) 최봉대(2008a), pp.157~158.

<표 2-8> '원시적 자본 축적'과 '사적 자본 축적' 비교

구분	원시적 자본 축적	사적 자본 축적
노동	임노동자 대중의 창출	자유로운 노동시장 형성 (자본주의적 고용관계 발생)
자본	자본을 소유한 유산계급의 출현	사적 자본가 계급 형성 (국유재산의 사적 소유 이전)
재산권	사적 이익을 보호하고 자본 축적을 촉진하는 재산권의 법제화	개인소유권 관련 법제 변화 (사적 이익 보호·자본 축적 촉진)

* 출처: 최봉대(2008a), pp.157·158을 근거로 저자 작성

　이와 같은 유사성에도 불구하고 중세 유럽과 현재 북한에서 나타나는 자본 축적의 차이점은 고려해야 한다. 첫째, 원시적 자본 축적은 봉건제에서 자본주의로의 이행에서 나타났고 사적 자본 축적은 사회주의에서 자본주의로의 이행에서 나타난다. 둘째, 원시적 자본 축적은 사적 소유에서 사적 소유로의 전환이지만 사적 자본 축적은 국가 소유에서 개인 소유, 더 나아가 향후에는 사적 소유로의 전환이다.

　이러한 역사적 맥락과 정치체제에서 오는 차이점은 사적 자본에 다음과 같이 구현된다. 첫째, 사회주의에서 자본주의로의 이행은 사적 자본 축적 과정의 순서상 차이를 만들어낸다. 원시적 자본 축적은 농민의 토지 수탈이라는 사건을 시작으로 혹은 이 사건에 초점을 두고 진행되는 과정이다. 즉 임노동자 대중의 창출이라는 '노동' 측면의 고용관계 발생에 주안점을 두고 있다. 반면 이 연구에서 설명하고자 하는 북한의 사적 자본 축적은 국유재산이 사적 소유로 이전되는 과정에 초점을 두고 있다. 북한의 노동자 다수는 경제위기 및 공장 가동률 저하로 비(非)자발적인 실업에 처한 상태였

지만 그 자체가 자유로운 임노동시장을 형성한 것은 아니다. 암묵적인 임노동시장이 의미하는 자본주의적 고용관계는 국유재산의 사적 소유 이전을 통해 사적 자본가 계급이 형성된 후에 가능하다. 따라서 북한의 사적 자본 축적은 '노동' 측면의 고용관계보다 '자본' 측면의 사적 소유에 초점을 맞추고 있다. 이 논문에서 북한의 사유화 특징을 사적 자본이 축적되는 성격에서부터 설명하는 이유이기도 하다.

둘째, 사적 자본은 국가소유에서 사적 소유로 전환된 것이므로 원시적 자본과 비교할 때 그 출처가 상이하다. 현재 북한에서 사적 자본의 축적이 일어나는 주요통로 중 하나는 국가자본의 유출인 것으로 보인다. 북한에서 국가자본은 조세나 정부 금융기관에 의해 흡수된 저축을 주요재원으로 하며, 국영기업에 국가가 투입한 자본이나 국영기업 내 축적된 자본을 가리킨다. 생산수단에 대한 소유권으로 표현하자면 국가소유 또는 협동단체소유의 대상을 말한다. 공장·기업소 원자재나 기계 설비·부품, 생산품, 지하자원·삼림자원·수산자원 등 국유화한 재산을 비롯해 토지, 농기구, 고깃배, 건물 등이 포함된다. 개성 등지의 무덤에 있는 유물이나 농사에 쓰이는 비료 등도 있을 것이다. 경제위기 이후 개인이 이와 같은 국가자본을 사적으로 전용하는 일이 확산되고 있다.

경제위기로 인한 계획경제 기반붕괴는 봉건제에서 자본주의로 이행했던 중세시대 및 다른 체제전환국으로부터 북한을 구분 짓는 구조적 요인이다. 경제위기라는 다소 구조적인 요인에 의해 북한에서는 국가재산탈취뿐만 아니라 물물교환을 기초로 한 시장교환 확대, 해외노동자 파견 및 해외친인척의 원조 등에 기반한 개인의 자본 축적이 일어났다. 이러한 초기자본을 토대로 사적 경제활동이 활성화되면서 그 잉여물인 화폐자산이 축적되고 사적 자본으로 형성되었다.

상기 논의를 정리하건대 사적 자본은 북한의 사유화를 설명하는 유용한 개념이 될 것으로 보인다. 계속해서 여기에 몇 가지 개념을 추가하여 북한의 사유화를 분석하는 틀을 만들고자 한다.

2. '재산권 재할당'과 '모호한 재산권'

1) '재산권 재할당' 유형

경제개혁은 국가 및 집단 소유권을 원칙으로 하는 경제제도에 점진적인 변화, 즉 재산권의 변화를 동반한다.[85] 코르나이는 공산당 독재(정치구조), 국가소유(소유관계), 관료적 조정(조정기제) 가운데 한 가지 영역 이상에서 변화가 발생하되, 그 정도가 "적당히 급진적"이어서 체제를 완전히 바꾸지는 않는 수준의 변화를 사회주의 개혁으로 정의했다.[86] 이와 유사하게 라빈은 당의 통제 완화, 국가독점소유의 감소, 계획과 시장의 결합을 사회주의 경제개혁으로 보고 있다.[87]

초기에 경제개혁은 기존에 국가 소유였던 생산수단과 경제관리 방식을 둘러싸고 전개되는데 재산권의 재할당(reassignment)이 그 핵심이다.[88] 이러한 초기 개혁은 밑으로부터의 요구와 위로부터의

---

85) 임강택 · 김성철(2003), p.1.

86) Kornai(1992), pp.387~388.

87) Lavigne(1995), pp.29~43.

정책이 혼재되어 있어 법적(de jure) 측면뿐만 아니라 실질적(de facto) 측면을 주목할 필요가 있다.[89] 경제개혁 과정에서 새로운 제도화는 당국의 명시적인 법제화를 통해서만이 아니라 당국의 묵인 하에 자원을 활용하는 주체 사이에서 묵시적으로 이루어지고 차후에 정책으로 반영되는 예가 많다. 이는 재산권의 "숨겨진 변화 과정(hidden process of changes in property rights)" 또는 "은폐된 사유화"[90]라고 하겠다.

왈더(Andrew G. Walder)는 중국에서 재산권의 변화가 얼마나 일찍부터 시작되었고 얼마나 빨리 진행되었으며 얼마나 많이 진전되었는가에 대해 경험적인 질문을 제기했다.[91] 왈더에 따르면 기존 제도, 규정, 관습을 무시하고 재산권이 통째로 넘어가기는 어렵다. 재산권이 국유에서 사유로 넘어가는 과정은 단번에 이루어지기보다 혼합적 재산권 형태(hybrid property forms)를 거쳐 점진적으로 실험되는 경향이 있다는 것이다. 이를 설명하기 위해 왈더는 중국의 경제개혁을 재산권 재할당의 관점에서 분석했다.

왈더는 중국 내 국영기업에서 사영기업으로의 재산권 변화 과정을 일련의 스펙트럼으로 보고 그중 다섯 가지 형태를 특징적으로 구분하고 있다.[92] 첫 번째 유형은 전통적인 국가소유 또는 협동단

---

88) 임강택·김성철(2003), p.12.

89) Edella Schlager and Elinor Ostrom, "Property-Rights Regimes and Natural Resources: A Conceptual Analysis", *Land Economics*, Vol.68, No.39(Aug. 1992), p.254.

90) 정영화·김계환, 『북한의 시장경제이행』(서울: 집문당, 2007), p.90.

91) Walder(1999), p.2, 4. 중국의 경우 개인에게 재산권이 넘어가는 일이 1980년대에는 미미했지만 1990년대에 활성화되었다고 한다. 1978년 등소평의 경제개혁 선언 이후 10년이 지나서였다.

92) Walder(1999), pp.6~10; Kornai(1992), pp.71~75. 코르나이는 사회주의체제의 재산(property) 중에 가장 중요한 형태로 국영기업을 꼽는다.

체소유로서 국영기업이다. 마지막 다섯 번째 유형은 완전히 사유화된 상태, 즉 국가가 규제와 과세로만 관여하는 사영기업이다. 이 첫 번째와 다섯 번째 유형, 즉 국영기업과 사영기업 사이에 양자의 혼합된 형태가 다양하게 존재한다는 것이다.

두 번째 유형은 '경영 인센티브 계약형(management incentive contracts)'으로 '개혁형 국영기업(reformed state or collective firm)'을 말한다. 통제권과 소득권을 개별 기업 또는 지배인에게 부분적으로 할당하고 성과향상에 대한 대가로 인센티브를 제공한다. 인센티브와 관련하여 이윤분배에 관한 재조정이 가능하고 기업보유 자금에 대한 제약도 따른다. 이 두 가지가 지배인에게는 심각한 문제로 작용할 여지가 있고 연성예산제약의 문제도 여전히 남아 있다.

세 번째 유형은 '소유-경영(국가·정부-기업가) 파트너십 계약(government-management partnerships)'에 따른 '공공자산 계약형(contracted public asset)'이다. '개혁형 국영기업'보다 통제권과 소득권의 상당 부분이 지배인에게 할당된다. '개혁형 국영기업'이 감시형이라면 파트너십 계약형은 파트너의 개념으로 국가와 개인이 사업의 보상과 위험을 공유한다. 이윤분배조건이 매년 바뀌지는 않는다는 점, 경영자 또는 기업가가 자기재산을 축적할 수 있다는 점에서 두 번째 유형과 다르다.

네 번째 유형은 지정된 기한 내 통제권과 소득권 전체를 양도하는 대신 고정적인 임차료를 청구하는 '공공자산 임차형(leased public assets)'이다. 세 번째 유형인 '파트너십(공공자산) 계약형'은 위험과 보상을 공유하지만 '공공자산 임차형'은 모든 위험과 보상을 기업가 개인이 부담한다. 다섯 번째 유형인 독립적인 사기업과 차이가

있다면 고정자산에 대한 투자부담이 없다는 것이다. 임차인이 자본
장비에 이윤을 재투자하면 추후 이해관계에 갈등이 발생할 수 있
으므로 국가·정부는 주로 생산성이 떨어지는 자산을 처분하기 위
해 네 번째 유형을 이용하는 경향이 있다. 다섯 가지 유형을 국가
소유에서 사적 소유로 넘어가는 경제개혁 순서대로 나열하면 아래
<그림 2-1>과 같다.

* 출처: Walder(1999), pp.6~10을 참고하여 저자 작성

<그림 2-1> 경제개혁으로 인한 '재산권 재할당' 유형

북한에서 일어나고 있는 사실상의 사유화는 이 같은 재산권 변
화 형태를 따라 설명될 수 있다. 국영기업이 단번에 사영기업으로
변모하는 것은 아니지만 그 중간에 있는 인센티브 계약형, 파트너
십 계약형, 공공자산 임차형의 모습을 띤 재산권 유형이 발생하고
있다.[93] 이러한 재산권 유형이 발생하게 되는 원인에 관해 한 가지
개념을 더 살펴보고자 한다.

---

93) 임강택·김성철은 북한에서 국가나 지방정부에 소속된 기관, 기업소, 공장과 계약관계를 맺고
공공기관의 보호를 받으며 이윤창출을 하는 형태를 두고 파트너십(공공자산) 계약형이 변형된
'자립적 계약형'으로 해석했다. 계약형의 원형이 가지는 성격을 띠면서도 사적 주체가 실질적
으로 소유하고 있는 생산요소를 적극 활용해서 자립적으로 운용하는 측면이 있기 때문이다.
임강택·김성철(2003), pp.51~55. 반면 정영화·김계환은 이를 두고 인센티브 계약형과 파트
너십(공공자산) 계약형이 절충된 형태로 해석했다. 국가소유 또는 사회단체소유에 한정된 재
산을 개인이 사실상 소유하여 해당 기관의 이익에 부합하는 조건으로 개인의 이윤추구가 불
안정하게 보장된 형태이기 때문이다. 해당 기관의 명의신탁에 의해 이윤추구활동을 보장받기
때문에 사실상(de facto) 개인재산이지만 실제는 해당 기관의 명의등록과 보호를 필요로 하는
불완전한 사유재산이라는 것이다. 정영화·김계환(2007), pp.198~199.

2) '모호한 재산권' 개념

소유권의 전환을 의미하는 사유화는 생산수단의 사적 소유와 명확한 재산권에 기초할 때 진정한 의미를 갖는다.[94] 경제적 효율성 측면에서 볼 때 재산권의 확립을 보장하는 것은 자본을 유인하고 형성하는 인센티브가 되기 때문이다.

그러나 중국의 유기적 사유화 과정에는 '모호한 재산권'이라는 개념이 등장한다. 리(David D. Li)는 중국의 비(非)국유부문(non-state sector)의 성장 원인을 밝히는 과정에서 통제권에 주목하여 '모호한 재산권(ambiguous property rights)' 개념을 추출했다.[95] 모호한 재산권이란 특정 재산에 대한 재산권이 명확하게 규명되지 않는 상태를 말하는데, 특히 사유화와 관련해 국가와 개인 간의 재산권 구분이 명확하지 않다는 뜻이다.

리는 불완전한 시장 환경에서 등장하는 모호한 재산권이 효율적인 경제성장에 기여한다고 설명한다. 이러한 주장은 재산권의 명확한 구분이 경제적 효율성을 가져온다는 통념에 정면으로 위배된다. 재산권 이론의 기본명제가 되는 코즈정리(Coase-Theorem)는 거래비용(transaction cost)과 소유권을 연결시켜 설명한다. 재산권이 명확하게 확립되어 있으면 거래비용 없이 외부효과로 인한 비효율성을 시장에서 스스로 해결할 수 있다는 설명이다. 이에 대해 리는 중국과 같이 미성숙한 시장 환경에서는 모호한 재산권이 명확한 재산권보다 경제거래에 더욱 효율적인 기능을 한다고 주장했다. 이는

---

94) 양운철(2006), p.124.

95) David D. Li, "A Theory of Ambiguous Property Rights in Transition Economies: The Case of the Chinese Non-State Sector", *Journal of Comparative Economics*, Vol.23, Issue.1(1996).

중국에서 비(非)국유부문이 성장한 과정을 통해 설명된다.

중국에서 비국유부문의 광의적 개념은 전통적인 국유기업을 제외한 모든 형태의 기업을 포괄한다.[96] 협의의 개념은 주로 집체기업을 말한다. 집체기업은 지역 거주민 모두를 주인으로 상정하는 식으로 느슨하게 정의되어 있다. 개혁 초기 중국에서는 비국유부문의 기업 소유주의 권리가 이처럼 모호하게 규정되어 있고 거의 보호받지 못했다.

비국유부문의 모호한 재산권을 가장 잘 보여주는 예는 기업가와 지방정부가 공동으로 통제하는 기업이다.[97] 지방정부는 여러 가지 생산요소에 대한 접근이 용이하기 때문에 기업가는 회사를 설립한 뒤 지방정부 산하에 등록시킨다. 이처럼 회사를 지방정부 산하의 집체기업으로 등록하면 기업가와 지방정부 사이의 재산권, 특히 통제권이 모호해진다.

이처럼 사영기업이라도 국유나 집체 단위 산하에 들어가 위장하고 등록한 경우에는 재산권 관계가 불명확하다.[98] 이와 같은 사실상의 사영기업을 가집체(假集体) 또는 괘고(挂靠)라고 한다. 괘고란 한 조직이 명의나 조직 등의 관계에서 더 큰 다른 조직에 예속, 부속되는 것을 뜻한다. 이데올로기적 편견으로 인해 집체기업이 아니라는 이유로 받는 불이익을 피하는 편법이다. 지방정부에 상납을 하면서 보호를 받되 경영적으로는 독립되어 있는 형태를 말한다.[99]

---

96) Li(1996), p.2.

97) 위의 글, p.5.

98) Kornai(1992), p.442; 서석흥(1996), p.52; 전성흥, "중국의 농촌공업화: 향진에서의 지방정부와 기업", 『한국정치학회보』 제29집 제1호(1995.10), p.603.

99) 한 조사에 따르면 국영·집체 단위나 기업에 의탁해 명의를 빌리고 숨어 있는 "가(假)집체, 진(眞)사영" 형태의 괘고기업이 전국 향진기업의 50%를 차지하고 지역에 따라서는 80~90%

지방정부는 지역경제의 발전과 재정수입 증대를 위해 가집체 사영기업의 존재를 허용했다. 하지만 가집체 사영기업이 일정한 발전을 이룬 뒤에는 소속된 단위와의 관계에서 재산권이 모호해지는 일이 발생했다.

한편 가집체 사영기업이 아닌 향진기업이라도 지방정부나 기업의 간부소유로 변질되어 재산권 관계가 모호한 경우도 있었다.[100] 일부 기업이 청부(請負) 방식으로 경영될 경우 기업이윤의 상당부분이 청부자 개인에게 돌아갔으며 개인지분의 형태로 이것이 기업에 재투자되었다. 개인지분이 증가하면서 해당 기업은 집체-개인 간의 공동소유 또는 실질적인 사유가 되었다.

이와 같은 모호한 재산권은 거래비용과 불확실성이 높은 시장에서 발생한다.[101] 사영기업은 국영기업에 비해 열등한 사회적 지위로 인한 불확실성뿐만 아니라 전기, 운송, 희소자원 등 생산요소 사용과 관련한 거래비용이 높다. 그런데 '회색 시장(gray market)'이라는 특징을 가진 중국의 시장환경에서는 국가 관료·기관이 경제교환의 장애물을 적절히 뛰어넘어 거래를 성사시킬 수 있다. 이때 회색 시장이란 거래의 성격에 있어 합법(white)과 불법(black)이 모호한 공간이다. 기업가는 해당 거래가 본질상 불법이라도 관료의 도움을 통해 문제를 해결할 수 있다. 모호한 재산권 자체가 회색 시장, 즉 불완전한 시장형태에 반응한 결과인 것이다.

그런데 지방정부 혹은 관료가 개입할 경우 기업이 보호를 받을

에 이르렀다고 한다. 서석홍(1993), pp.189~190.

100) 서석홍(1996), p.51.

101) Li(1996), p.3, 7.

수는 있지만 그만큼 간섭도 받게 된다.102) 소유자의 권리가 사전에 보장되지 않기 때문에 소유자는 실제적인 통제를 위해 분투해야 한다. 따라서 기업가는 이러한 비용과 혜택을 따져서 최적의 재산권형태를 선택하려고 한다. 그 선택은 거래의 불법성에 달려 있다. 거래가 불법적일수록 모호한 재산권으로 향할 가능성이 높다. 통제권의 간섭을 받더라도 불법 거래를 통해 관료가 제공하는 서비스를 받는 편이 관료와 이윤을 나누지 않고 합법적인 거래를 하는 것보다 낫기 때문이다.

리는 재산권과 관련한 정보의 흐름에도 주목한다.103) 모호한 재산권 이론이 다루는 기업의 대상은 체제전환국 경제에서 갓 시작된 소규모 회사들이다. 이런 회사들은 회계, 감사(監査), 평가와 같은 인프라가 부족하다. 이로 인해 회사의 소유주가 외부인에 비해 더 많은 정보를 가지고 있다. 그렇기 때문에 이런 회사에 제대로 세금을 징수하기란 매우 어렵다. 즉 통제권에 외부인이 참여하더라도 사실상의 소유주가 더 많은 정보를 가지고 유리한 위치를 점할 수 있다.

모호한 재산권 개념을 북한에 적용할 때도 불완전한 시장환경과 그로 인한 거래비용을 검토할 필요가 있다. 북한에서는 경제위기로 계획경제가 붕괴되면서 불완전한 시장환경이 조성되었다. 이는 곧 계획과 시장의 공존을 말하는데 계획을 중심으로 설계된 사회적 질서는 유지된 상태에서 경제 활동의 중심축이 계획에서 시장으로 이동하기 시작했다.104) 이러한 변화는 계획경제가 유지될 때는 상

---

102) 위의 글, pp.6~7.
103) 위의 글, p.4.

정할 필요가 없던 새로운 거래비용을 발생시켰다.[105]

코즈(Ronald H. Coase)에 따르면 거래비용은 거래상대의 발견, 거래조건의 명시, 교환에 이르는 협상, 계약서 작성, 계약조건의 준수 여부 확인 및 검사 등에 들어가는 일체의 비용을 말한다.[106] 윌리암슨(Oliver E. Williamson)은 거래비용이 거래의 지배구조를 묘사한다고 보았다.[107] 거래비용은 제도에 따라 거래가 어떻게 달라지고 왜 달라지는가를 보여준다는 것이다. 제도의 효율싱은 정보의 획득, 거래방법의 선택, 거래이행의 감시 등에 따르는 비용을 최소화시키는 데 달려 있으므로[108] 협상 및 조정의 정도를 가장 낮출 수 있는 제도가 가장 효율적인 제도가 된다.

거래비용은 제도나 조직을 만들고 변화시키는 데 드는 비용과 제도나 조직을 사용하여 거래하는 데 드는 비용으로 대별된다.[109] 전자는 거시적 관점의 거래비용으로서 사회의 제도적 틀을 형성하고 강제하고 변화시키는 데 필요한 협상과정에서 발생한다. 후자는 미시적 관점의 거래비용으로서 주로 개인 간에 제도나 조직을 사용한 거래에 수반되는 비용을 말한다.

북한에서는 경제위기 이후 계획과 시장이 공존하는 단계에 진입

---

104) 이석 외, 『북한 계획 경제의 변화와 시장화』(서울: 통일연구원, 2009), p.9.

105) 중앙 집중적인 계획경제와 공유제를 자본주의 시장경제로 전환할 때 제도변화에 따른 불확실성 증가로 인한 경제비용에 관한 논의는 T. Y. Shen, "Transaction Costs, Behavior Modes, and Chinese Reform", *The Journal of Behavioral Economics*, Vol.19, No.4(Dec. 1990); 황준성, "이행기경제 분석에 있어 거래비용-경제학의 적용", 『비교경제연구』 제7권 1호(2000).

106) Ronald H. Coase, "The Problem of Social Costs", *Journal of Law and Economics*, Vol.3(1960), p.15.

107) Oliver E. Williamson, "Transaction Cost Economics : The Governance of Contractual Relations", *Journal of Law and Economics*. 22(2)(1979), p.234.

108) 황준성(2000), p.343.

109) 강윤호, "공유재 관리에서 거래비용의 게임이론적 분석", 『사회과학연구』 제21집 1호(2005), p.17.

하면서 계획을 중심으로 설계된 기존의 질서가 경제제도의 거래비용으로 작용하기 시작했다. 미시적 차원에서는 개인(가계)이 재화와 서비스를 이전하는 과정에서 기존의 경제 질서가 각종 규제로 작용한다. 이론상으로라면 각 경제주체의 개별적인 거래비용을 모두 합산할 경우 경제전체의 총 거래비용이 존재할 것이다.110) 거시적 관점에서 보면 시장과 계획이 중첩된 부문을 관리하는 데 있어 국가가 처리해야 할 거래비용이 발생하는 것이다.

그렇다면 경제를 관리하는 당국 역시 이 거래비용을 줄이고자 할 것인데 모호한 재산권은 매력적인 정책안이 될 가능성이 높다. 국가 입장에서 볼 때 모호한 재산권은 계획과 시장이 공존하는 상황에서 계획이 시장에 의존할 수 있는 방편이기 때문이다.111) 따라서 북한에서 시장과 계획이 중첩된 부문에서는 정부, (국유)기업, 가계(개인)할 것 없이 각 경제주체가 모호한 재산권을 유지함으로써 계획을 중심으로 설계된 기존 질서를 넘나들고자 할 것이다. 북한에서 진행되고 있는 사실상의 사유화에 이러한 모호한 재산권이 적용되는 여부를 4장과 5장에서 검토할 것이다.

---

110) 위의 글, pp.343~344.
111) 이석기 외(2010), p.225.

3. '정치자본'과 '정치적 자본주의'

1) '정치자본'

가장 일반적인 의미에서 자본은 인구·숙련·능력·교육 등 비물질적 요소와 토지·건물·기계·장비 등 물질적 요소 및 기업과 가계가 보유한 중간재·완제품을 포괄하는 개념이다.[112] 이때 자본의 의미는 자원에 가깝다. 이 연구에서 지금까지 논의된 자본은 후자, 즉 물질적 요소 중에서도 자금의 형태를 띤 의미로 국한되었다. 하지만 사회주의경제는 이러한 형태의 자본을 개인이 사적인 목적을 위해 소유하는 것을 허용하지 않는다. 따라서 사회주의경제에서 개인이 가질 수 있는 자본은 오히려 비물질적 요소로 부각된다.

마르크스가 사회적 관계 및 경제적 형식을 토대로 자본을 물질적 요소에 한정시킨 데 반해 부르디외는 자본을 자원의 차원으로 변형시켰다.[113] 부르디외가 말하는 자본은 경제자본 외에 문화자본, 사회자본과 같은 개념적 틀로 확장된다. 경제자본(economic capital)은 직접 화폐로 전환 가능하며 '소유권' 형식으로 제도화된 모든 물적 자원 형태를 의미한다. 문화자본(cultural capital)은 가정환경, 가정교육과 같이 체화된 형태와 예술품과 같이 객관화된 형태, 학력과 같이 체화된 형태를 포괄하는 문화적 능력이다. 사회자본(social capital)은 특정 행위나 목적 달성을 위해 기존에 안면, 인정 등을 통해 형성된 연결망의 규모를 말한다.

---

112) 『브리태니커백과사전』, http://preview.britannica.co.kr/search/s97_utf8.exe?QueryText=%B0%FC%B7%E1%C0%DA%BA%BB&DBase=article_up, 검색일: 2012년 11월 20일.

113) 홍민, "북한의 '관계자본' 교환구조와 시장교환의 전유", 『현대북한연구』 제9권 제3호(2006), pp.58~67.

관료자본(bureaucratic capital)에 대해서는 다양한 정의가 있다. 보편적인 의미에서 관료자본은 관료가 특권적 지위를 이용해 독점적으로 축적한 자본을 의미한다.114) 부르디외는 관료자본이 연령, 교육배경, 연공서열, 사람이나 규제에 관한 경험 및 기술적인 경험으로 구성되고, 위계구조 속의 지위 및 업무 종사 기간에 연계되어 정보 자산과 더불어 상업적 지식 또는 노하우로 나타날 수 있다고 보았다.115) 반면 홍민은 부르디외가 자원 형태로 유형화한 일련의 자본을 모두 '관계자본'이라고 명명하면서 관료자본의 의미를 재해석했다. 홍민에 따르면 관료자본은 "통제·관리 권한을 가진 관료로부터 비공식적·사적·불법적인 활동을 할 수 있는 묵인·허용 등을 받는 힘"이다.116)

이 연구에서는 홍민이 제시한 개념을 부르디외의 관점에서 접목하여 재정의하고자 한다. 즉 관료자본을 "관료적 절차를 유리한 방향으로 효율적으로 활용할 수 있는 통제·관리 권한"117)으로 간주하기로 한다. 보편적인 의미의 관료자본은 바로 뒤이어 설명할 정치자본과 유사하기 때문에 중복을 피하는 차원에서 배제했다. 홍민의 관료자본 개념은 다른 자본과 차별화되면서도 구체적인 내용을 제시하고 있다. 홍민은 '인민'이 관료자본을 관료로부터 부여받아 경제자본으로 교환, 다시 이를 관료에게 상납하는 것으로 설명했다. 하지만 자본의 점유가능성과 (시장)교환성118)을 고려하면, 관료자본

---

114) 『두산백과사전』, http://www.doopedia.co.kr/doopedia/master/master.do?_method=view&MAS_ IDX= 101013000783219, 검색일: 2012년 10월 15일.

115) Pierre Bourdieu, *The Social Structures of the Economy*(Cambridge: Polity Press, 2005), p.116, 117, 218.

116) 홍민(2006), p.66.

117) 위의 글, p.67.

은 관료적 지위를 가진 관료 자신이 가지고서 직접 교환하는 것도 가능해야 할 것이다. 따라서 관료자본의 정의를 '관료로부터 부여받은 힘'으로 제한하기보다 객관적인 '권한' 형태로 조정하고자 한다.

부르디외는 사회주의 사회에서 소비와 생활양식의 패턴에 차이가 나는 이유는 또 다른 형태의 자본이 불평등하게 분배되는 데 있다고 가정하고 이를 정치자본(political capital)으로 명명했다.[119] 정치자본은 그 점유자가 공공 재화와 서비스를 사적으로 전유하도록 보장한다. 사회주의 국가의 관료들이 주택, 차량, 병원, 학교 등을 이용하는 혜택을 누리는 것을 말한다. 그는 '소비에트형'[120] 체제야말로 공공 재화와 서비스의 사적 전유를 최대한 보장한다고 보았다. 그러므로 정치자본은 사회주의체제에서 지위를 분화시키는 원초적 원칙(primordial principle of differentiation)이라는 것이다.

정치자본이 지위분화의 원초적 원칙이 되는 것은 고전적인 사회주의체제의 인과관계에서 재확인된다. 코르나이가 제시한 사회주의체제의 인과관계는 마르크스 – 레닌주의 정당의 공산당 독재(정치구조), 국가소유 및 준(準)국가소유의 지배적 위치(소유관계), 관료적 조정기제의 우세함 지위 등으로 구성된다(조정기제).[121] 사회주의체제는 정치권력이 소유관계를, 소유관계가 조정기제를 결정한다. 이러한 정치구조, 소유관계, 조정기제 요소는 각각 정치자본, 경제자

---

118) 상호합의에 의한 교환으로서, 북한에서는 관료자본이 경제자본과 교환된다고 보았다. 위의 글, p.49, 68, 70, 71.

119) Pierre Bourdieu, *Practical Reason: On the Theory of Action*(California: Stanford University Press, 1998), p.16.

120) 부르디외는 공산주의체제라기보다 소비에트체제의 특성임을 강조하여 설명했다.

121) 이 중 한 개 이상의 요소가 영구적이고 필수적으로, 그러나 적당히 급진적으로 바뀔 때 고전적인 사회주의체제는 개혁을 시작한 것으로 간주된다. Kornai(1992), p.361, 388.

본, 관료자본이 분배되는 원리를 뒷받침한다. 사회주의체제의 인과관계상 정치자본은 경제자본과 관료자본을, 경제자본은 관료자본을 내포한다. 또한 사회주의체제에서는 사회자본과 문화자본마저도 정치자본에 기인하는 경향이 있다. 사회주의체제의 인과관계를 바탕으로 정치자본의 위상을 나타내면 다음 <그림 2-2>와 같다.

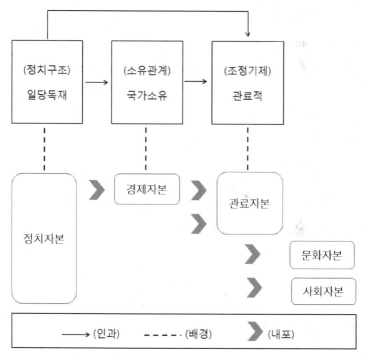

* 출처: Kornai(1992), p.361의 "FIGURE 15.1 The Main Line of Causality"를 토대로 저자 작성

<그림 2-2> 사회주의체제의 인과관계를 통해 본 정치자본의 위상

2) '정치적 자본주의'

모호한 재산권과 같은 소유관계의 변화는 북한의 체제 성격을 달리 규명할 것을 요구한다. 이 연구는 사유재산권을 인정하지 않는 북한에서 모호한 형태로나마 사유재산이 등장하고 있다고 주장한다. 개혁개방 초기 북한과 유사한 재산권 변화를 겪었던 중국은 '시장사회주의' 혹은 '중국식 사회주의 시장경제'라는 고유한 정치경제체제를 표방하고 있다. 베트남의 경우에는 "국가에 의해 관리되는 시장경제"를 내세우고 있다.[122] 북한은 경제개혁이 추구하는 방향이나 그로 인한 거시적인 체제형태에 있어 중국이나 베트남과는 차이가 있는 것으로 보인다. 그렇다면 사실상의 사유화가 일어나고 있는 현재 북한의 사회주의는 어떻게 규정(規定)할 수 있을까?

북한의 사회주의를 새롭게 규정할 수 있다면 그것은 현재와 같은 방식으로 사실상의 사유화가 진행되는 원동력과 긴밀한 관계에 있다. 즉 북한에서 모호한 재산권이 형성되고 있다면 무엇이 그것을 가능하게 하는지에 대한 답이 곧 북한의 사회주의를 규명할 것이다. 북한의 사유화가 진행되는 원동력은 북한 체제의 성격을 설명하는 데 중요한 단초를 제공할 것이다.

이 연구는 상기 질문에 대한 답을 찾기 위한 이론적 개념틀로서 베버의 자본주의적 이윤추구양식(principal modes of capitalistic orientation of profit-making)분류를 적용하고자 한다.[123] 완벽한 이분법이 적용되

---

122) 박형중, "중국과 베트남의 개혁과 발전－북한을 위한 모델?" 『KINU 현안분석 온라인시리즈』 PA 05-06(2005), p.12.

123) Guenther Roth and Claus Wittich(eds). translated by Ephraim Fischoff et al., *Economy and Society*, vol.2(Berkeley: University of California Press(Orig. pub. 1922), 1978), pp.164～165(Translation

는 것은 아니지만 소유관계의 변화는 기본적으로 사회주의가 아닌, 자본주의 유형을 암시하고 있기 때문이다.

스웨드버그(Richard Swedberg)에 따르면 베버의 자본주의적 이윤 추구양식 분류는 다음과 같은 점에 주목할 만하다.[124] 첫째, 베버는 자본주의를 하나의 형태로 규정하지 않고 다양한 형태로 정의할 수 있는 개념적 토대를 제공했다. 둘째, 베버는 일정 법칙에 의해 운영되는 체제(system)보다는 사회적 행동(social action)을 중심으로 자본주의의 개념을 개발하고자 했다. 셋째, 베버는 자본주의적 이윤추구양식 유형을 두고 치열한 역사연구를 병행했다.

이렇게 볼 때 자본주의를 설명하는 여러 이론 중에서도 베버의 자본주의적 이윤추구양식을 북한에 적용하는 것은 다음과 같은 점에서 유용하다.

첫째, 다른 체제전환국과 구별되는 북한의 특성을 설명하기 용이할 것이다.[125] 동유럽에서 형성되고 있는 시장경제를 '정치적 자본주의(political capitalism)'로 보는 견해도 있다.[126] 이때 정치적 자본주의는 개혁엘리트 및 서구 국제금융기관에 의해 '고안된 자본주의(capitalism by design)'다. 이렇게 고안된 자본주의의 추동력은 사유재산권이 아니라 효율적인 경제시장에 대한 희망에 기인한다. 따라서 동유럽의 자본주의는 후술할 베버의 자본주의적 이윤추구양

of Marx Weber, Wirtschaft und Gesellschaft, Grundriss der verstehenden Soziologies, based on the 4th German ed.).

124) Richard Swedberg, *Principles of Economic Sociology*(Princeton: Princeton University Press, 2003), p.59.

125) 이상환, 『동유럽의 민주화』(서울: 한국외국어대학교출판부, 2004), p.268, 278.

126) 탈사회주의 이행기 사회에서 지배엘리트에 의해 정치권력이 경제자본으로 전환한다는 '지배엘리트 연속성 가설' 역시 '정치적 자본주의' 가설로 불린다. 최봉대, "1990년대 말 이후 북한 도시 사적부문의 시장화와 도시가구의 경제적 계층분화: 개별가구의 비공식적 연결망자원의 계층화 매개효과 분석을 중심으로", 『현대북한연구』제11권 2호(2008b), p.12 참고.

식 분류 중 '합리적 자본주의'에 가깝다. 이 점에서 북한은 동유럽과 구분된다.

둘째, 북한 경제주체들의 사회적 행동을 통해 일어나는 사유화의 동학을 설명하기에 적절하다. 이 연구는 공식 체제로서는 '변화 없어' 보이지만 사회적 행동 면에서 '변화 있는' 북한을 분석하고자 하기 때문이다.

마지막으로 북한의 사유화를 하나의 특수한 현상으로 기술하는 것이 아니라 보편적 용어로 설명할 수 있을 것으로 보인다. 베버는 역사적 사례를 바탕으로 자본주의적 이윤추구양식을 분류했기 때문이다.

스웨드버그는 베버의 자본주의적 이윤추구지향양식을 다음과 같은 용어로 정리했다. ① 자유로운 시장에서의 지속적인 구매와 판매, ② 신용확대를 위한 자본 거래 및 투자활동, ③ 정치적 권력 집단에 의한 기회의 약탈, ④ 특권에 의해 보장된 이윤의 원천 활용, ⑤ 정치적 집단의 비(非)일상적 거래활동, ⑥ 이윤추구활동에 대한 지원 및 규제활동이다.[127) 상기 유형을 정리하면 다음 <표 2-9>와 같다.

---

127) Richard Swedberg, *Max Weber and the Idea of Economic Sociology*(Princeton: Princeton University Press, 2000), pp.47~48; Richard Swedberg, "The Economic Sociology of Capitalism: Weber and Schumpeter", *Journal of Classical Sociology*, Vol.3, No.3(2002), p.239; 박기찬, 『경영의 교양을 읽는다 1』(서울: 더난출판사, 2005), pp.114~115.

<표 2-9> 베버가 분류한 이윤추구지향양식

구분	유형	설명
①	자유로운 시장에서의 지속적인 구매와 판매	자본주의적 생산 혹은 시장경제체제에 의한 기업 활동
②	신용확대를 위한 자본 거래 및 투자활동	표준화된 상품이나 증권에 대한 투기와 정치조직의 지속적인 금융조작, 증권 판매를 통한 신규기업의 자금조달. 시장에서 수익을 낼 수 있는 규제와 힘을 얻으려는 신규기업과 경제기관들의 투기적 조달
③	정치적 권력 집단에 의한 기회의 약탈	약탈적 수익 창출이 가능한 방법으로 전쟁, 혁명, 당 지도자에 대한 금융 조달. 고리대를 지급하기로 하고 돈을 빌리거나 전리품을 나누기로 약속하는 것
④	특권에 의해 보장된 이윤의 원천 활용	징세 청부제(tax farming)나 식민지로부터의 이윤창출 등 직접적인 폭력이나 지배를 통해 지속적인 이윤추구활동이 가능한 것
⑤	정치적 집단의 비일상적 거래활동	구체적으로 설명하지 않았으나 공적 인가를 위한 뇌물공여가 해당
⑥	이윤추구활동에 대한 지원 및 규제활동	현금으로 이루어지는 무역과 투기, 전문적인 신용 확장, 지불수단 형성, 지불 기능 양수(taking over of payment functions) 등

* 출처: Swedberg(2000), pp.47~48; Swedberg(2002), p.239 참고로 저자 작성

상기 여섯 가지 유형은 다시 세 가지 자본주의로 재분류된다.[128] 베버가 볼 때 ①유형은 수천 년간 전 세계에 공통적으로 나타난 것이었다. ②, ⑥유형은 지금은 보편적이지만 당시에는 서양세계에서만 나타난 것이었다. ③, ④, ⑤유형은 '정치적으로 지향된 자본주의(politically oriented capitalism)'로 구분된다.

이를 보편적인 용어로 재구성하면 다음 세 가지 자본주의 형태가 된다.[129] 첫째는 '전통적인 상업자본주의(traditional commercial

---

128) Roth and Wittich(1978c[1922]), pp.165~166; Swedberg(2000), p.46; Swedberg(2002), p.239.
129) Swedberg(2000), p.46; Swedberg(2002), p.239.

capitalism)'이다. 소규모 무역과 현금거래를 통해 이윤이 발생하는 형태이다(①유형). 둘째는 '합리적 자본주의(rational capitalism)'이다. 이윤창출기회가 주로 자유로운 시장에 있고 체계적인 방법으로 접근되는 형태이다(②, ⑥유형). 비합리적, 비서구적, 전(前)산업시대의 자본주의형태와 달리 이윤과 손실에 대한 체계적인 합리적 계산을 포함하고 있는, 베버의 서구 자본주의 이념형을 말한다.130) 셋째는 '정치적 자본주의(political capitalism)'이다. 정지적 권위가 이윤창출 기회를 통제하거나 가능하게 만드는 자본주의적 행위를 말한다(③, ④, ⑤유형).

북한의 시장 부문에는 첫째와 셋째, 즉 전통적인 상업자본주의와 정치적 자본주의가 혼재된 것으로 보인다. 북한 시장은 외적으로 전통적인 상업자본주의의 성격을 띠고 있다. 하지만 그 내부 동학은 정치적 자본주의로 연결되어 있다. 북한의 시장 부문은 '장사'로 통칭되는 주민경제와 '외화벌이'로 통칭되는 보다 상위의 경제가 상호 보완적으로 섞여 있기 때문이다. 다시 말해, 사회주의체제에 '장사'와 같은 전통적인 상업자본주의가 나타난 이유는 경제구조 상층부에서 '외화벌이'를 통한 정치적 자본주의가 시작되었기 때문이다.

앞서 살펴본 베버의 이윤추구양식 구분에 따르면, 정치적 자본주의에는 세 가지 하위유형이 있다. 약탈적인 정치적 이윤창출, 직접적인 폭력 또는 지배에 의한 지속적 이윤창출, 정치기관의 비(非)일상적 거래로 인한 이윤창출이다. 이 세 가지 하위유형이 북한의 '외화벌이' 활동에 골고루 나타나는 것으로 보인다.

---

130) 고영복 편(2000), p.421.

북한의 정치적 자본주의에는 크게 세 가지 주체를 상정해볼 수 있다. 이윤을 창출하는 기회를 부여하는 통치자와 그 기회를 부여받은 기득권 세력, 그리고 그 기회를 얻지 못한 비(非)기득권 세력이다.

먼저 통치자의 입장부터 살펴보자. 정치적 자본주의에서는 경제를 포괄적으로 규제하는 통치자가 상업적 활동에 대한 허가권과 독점권을 쥐고 있다.[131] 해당 국가는 이 허가권과 독점권을 정권유지라는 목적하에 편파적으로 배분한다. 상업적 이윤의 창출 기회는 정권유지라는 관점에서 통치자가 배분대상의 재정적 기여도를 평가한 결과에 따라 배분된다. 통치자는 상업 활동의 참여기회제공에 대한 반대급부로 정권의 재정을 확충할 물질적·정치적 지지를 이끌어낸다.

그런데 사유화 또는 재산권과 관련하여 정치적 자본주의의 두 가지 특징에 주목할 필요가 있다. 하나는 불확실성이고 다른 하나는 이에 대한 특혜 및 보호이다. 정치적 자본주의에는 관료제와 법치를 토대로 하는 예측가능성이 존재하지 않는다.[132] 상업적 이윤의 창출 기회가 통치자의 재량에 달려 있기 때문이다. 계약준수에 대한 보장이나 소유권이 불분명하며 조세나 정부의 규제를 예측할 수 없다. 이러한 불확실성은 통치자로부터 부여받은 특혜나 보호에 의해 상쇄될 수 있다.

하지만 그러한 특혜나 보호를 부여받지 못한 개인에게 이 불확실성은 고스란히 위험요인이 된다. 따라서 특권적 기회를 부여받지

---

131) 박형중, "북한에서 1990년대 정권 기관의 상업적 활동과 시장 확대", 『통일정책연구』 제2권 1호(2011), p.217.
132) 위의 글, p.218.

못한 개인 사업가는 사적 보호망을 구축해야 한다.[133] 사적 보호망을 위해 개인 사업가는 기득권 세력이 가지고 있는 특혜에 편승할 수밖에 없다.

정치권력을 향유하고 있는 기득권 세력은 이러한 불확실성을 이용한다. 불확실성에 대한 특혜 및 보호와 관련하여 이들에게 주어지는 지대는 이중적이다. 관료는 자신에게 주어진 지대 그 자체를 누릴 뿐 아니라 그 지대를 활용해 추가적으로 지대를 추구할 수도 있다. 우선은 정권 관료 그 자신이 계약준수, 소유권, 조세수준, 정부규제 등에 있어 우위를 점하고 있어 상업 활동에 유리하다. 또한 그러한 특혜를 얻지 못한 개인 사업가에게 자신의 특혜를 사적 보호망으로 제공함으로써 다시 한 번 지대추구를 할 수 있다. 불확실성이 허용하는 틈을 타고 관료는 자의적인 차별, 강탈, 몰수를 감행하거나 위협할 수도 있다.

제3절 분석틀 및 가설

이 연구는 시장을 매개로 한 사적 경제활동을 통해 북한의 사유화 현상을 규명하기로 한다. 앞서 사적 경제활동을 유형화한 개념틀을 토대로 사유화의 실태와 특징을 조사하고 사유화의 동학을 밝힐 것이다.

분석틀과 가설은 두 단계로 구성된다. 첫 번째 단계에서 사유화

---

133) Konstanin Sonin, "Why the Rich May Favor Poor Protection of Property Rights", *William Davidson Working Paper*, No.544(December 2002), p.3.

현상을 조사하고 기술하며, 두 번째 단계에서는 사유화 과정을 규명한다. 전자는 횡단적 접근에 후자는 종단적 접근에 해당한다.

첫째 단계에서는 왈더가 제시한 재산권 재할당 유형을 기준으로 북한의 사유화 현상을 조사한다.. 왈더는 대규모 사유화 없이도 집중적인 재산권 재할당을 통한 소유권 변경이 가능하다고 보았다.[134] 체제전환, 특히 대규모 사유화가 본격적으로 일어나지 않은 북한 체제의 소유권 변화를 설명하는 데 있어 왈더의 재산권 재할당은 유용한 개념틀이 될 것이다.

왈더가 제시한 재산권 재할당 유형[135] 중 사적 자본이 투입되는 형태는 파트너십 계약형, 공공자산 임차형, 사영기업이다. 파트너십 계약형은 사적 자본을 국영기업에 대부투자하는 형식을 말한다. 공공자산 임차형은 국영기업의 자산을 빌리는 임대 형식을 말한다. 기관의 명의를 빌려 상점, 식당을 개인이 운영하는 사례가 대표적이다. 마지막으로 사영기업은 사적 자본이 자유롭게 기업을 형성하는 것을 말한다. 이러한 기준으로 북한의 사유화 유형을 정리하면 아래 <그림 2-3>과 같다.

* 출처: Walder(1999), pp.6~10을 참고하여 저자 작성

<그림 2-3> 북한의 사유화 유형

---

134) Walder(1999), p.6.
135) 제2장 제2절 2. 1) '재산권 재할당' 유형 참고.

둘째 단계는 사적 자본 축적 과정에서 유추되는 사유화 특징을 검증함으로써 사유화의 성격을 규명하는 것이다. 사적 자본 축적 과정에서 나타나는 북한의 사유화 특징은 일탈적 자본 축적, 한시적 재산권 이행, 종속적 파트너십으로 가정했다.

국가자본의 전용을 기초로 하는 사적 자본의 형성은 일탈적이고 한시적이고 종속적인 성격을 띠게 된다. 일탈적이란 경제위기 이후 북한에서 사적 자본이 축적되는 과정이 일탈행위(deviant behavior)를 기본으로 한다는 뜻이다. 한시적이란 북한에서 사실상 사유재산을 향유하는 것이 한시적(temporary)이라는 뜻이다. 법·제도적 보호가 없는 상황에서 사유재산은 언제 어떻게 회수될지 모른다. 그렇기 때문에 한시적 재산권을 보다 안정적으로 향유하기 위해서는 잠정적으로나마 제도적 보호가 가능한 파트너를 찾을 수밖에 없다. 그 파트너는 검찰소 및 보안부와 같은 법·검열기관의 관계자이다. 권력관계상 이들에게 종속되는(subordinated) 파트너십을 구축할 때 사유재산을 비공식적으로 유지하는 것이 가능하다. 이러한 북한의 사유화 특징을 사적 자본 축적 과정의 노동, 자본, 재산권 측면에서 정리하면 다음 <표 2-10>과 같다.

<표 2-10> '사적 자본 축적'에서 유추되는 북한의 사유화 특징

구분	사적 자본 축적	북한의 사유화 특징
노동	자유로운 노동시장 형성 (자본주의적 고용관계 발생)	종속적 파트너십 형성
자본	사적 자본가 계급 형성 (국유재산의 사적 소유 이전)	일탈적 자본 축적
재산권	개인소유권 관련 법제 변화 (사적 이익 보호·자본 축적 촉진)	일시적 재산권 이행

* 출처: 사적 자본에 관한 내용은 최봉대(2008a), pp.157~158을 참고로 저자 작성

　북한에서 이러한 특징을 지닌 사유화가 일어나는 이유는 모호한 재산권[136] 개념을 통해 설명하는 것이 가능하다. 모호한 재산권은 명확한 재산권 하에서 경제활동을 하는 데 드는 거래비용이 크기 때문에 불확실한 시장환경하에 처한 경제주체들이 대응한 결과이다. 모호한 재산권 개념이 개발된 1990년대 중국의 환경에서 모호한 재산권 제도를 주도하고 이용하는 행위자는 기업가였다. 하지만 북한에서는 기업가 개인뿐 아니라 국가도 모호한 재산권 제도를 활용하고 있는 것으로 보인다. 즉 개인과 국가 양측의 협력에 의한 사유화가 진전되는 것이다.

　북한에서 개인은 불법 혹은 비합법적인 경제활동의 거래비용을 줄이기 위해 관료 등 다른 행위자와 재산권을 공유하고 있다. 해당 자산에 대해 국가에 속한 양도권, 담당 관료가 발휘할 수 있는 통제권은 차치하고라도 소득권만 있으면 사적 자본을 축적할 수 있기 때문이다. 예컨대 개인 명의로 등록할 수 없는 차량과 배, 기계설비 등을 기관(국가) 명의로 등록시키고 사업을 하는 것이 대표적

---

136) 제2장 제2절 2. 2) '모호한 재산권' 참고.

이다. 개인이 차량을 장만해서 기관에 등록하면 차량이라는 생산수단을 관리하는 해당 기관의 관료가 필요에 따라 차량을 사용하는 경우를 일정 부분 허용할 수밖에 없다. 개인의 입장에서 더 큰 위험 부담은 차량이 기관에 등록됨으로써 공식적인 양도권이 기관(국가)에 이전되는 것이다. 따라서 개인은 차량이 다른 곳에 양도되는 일이 발생하기 전에 기관의 관료와 통제권을 다투면서 최대한 소득을 창출하는 것이 최선이다. 이는 불완전한 시장 환경, 즉 사유재산권이 허락되지 않는 상태에서 모호한 재산권이라도 이용하여 수익을 창출하려는 개인의 전략이다.

한편 북한 당국은 계획경제를 온전히 운영하지 못하고 시장 거래에 의존해야 하는 상황이다. 이를 계획 부문의 관점에서 보면 계획에 따라 통제되지 않고 공급이 부족한 부분을 시장 메커니즘이 보완해준다는 점에서 긍정적이다. 하지만 시장 부문의 관점에서 보면, 계획체제 하의 관료적인 메커니즘은 자유로운 시장거래를 방해하는 걸림돌이 된다. 따라서 계획과 시장이 공존하는 거시 환경에서는 시장거래를 불완전하게 만드는 계획 부문 또는 관료적이고 통제적인 메커니즘이 거래비용으로 작용한다. 앞서 살펴본 바와 같이 거래비용이 '경제제도를 운영하는 비용'이라고 할 때, 국가 입장에서는 계획과 시장이 공존하는 경제체제를 보다 효율적으로 운영하기 위해 거래비용을 관리할 수밖에 없고, 이를 위해 국가의 재산권에 개인의 참여를 허용하는 것으로 보인다.

<그림 2-4>는 이상과 같은 논리에서 전개되는 북한의 사유화 현상을 나타낸 모형이다.

북한에서는 경제위기로 계획경제가 붕괴되면서 국가의 경제정책

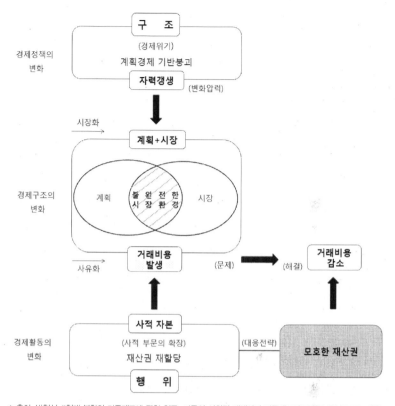

* 출처: 박현선, "현대 북한의 가족제도에 관한 연구: 가족의 사회적 재생산과 가족제도의 관계를 중심으로", (서울: 이화여자대학교 사회학과 박사학위논문, 1999), p.48의 분석모형을 응용하여 저자 작성

<그림 2-4> 북한의 사유화 현상 전개 모형

이 변화했다. 개별 경제주체에게 자력갱생을 요구하기 시작한 것이 다. 이러한 변화압력 속에 시장이 확산되면서 경제구조는 계획과 시장이 공존하는 형태로 바뀌었다.137) 이 중 시장과 계획이 중첩된

---

137) 북한 경제의 상황 변화가 정책 변화로, 이것이 제도 변화로 일어난 현상은 다음 글 참고. Jae-Cheon Lim, "Institutional Change in North Korean Economic Development Since 1984: The Competition Between Hegemonic and Non-hegemonic Rules and Norms", *Pacific Affairs*, Vol.82, No.1(2009).

부문138)에는 불완전한 시장 환경이 형성되었다. 불완전한 시장 환경에는 개별 경제주체 및 거시경제의 거래비용이 증가한다.

거래비용 증가 문제를 해결하고 불완전한 시장 환경 속에서 사적 경제활동을 영위하기 위해 개별 경제주체는 모호한 재산권을 통해 대응전략을 펼친다. 구체적으로는 대부투자, 명의대여, 개인기업의 형태로 재산권 재할당을 시도한다. 개별 경제주체는 대부분 일탈적인 방식으로 사적 자본을 축적하며 사적 자본에 대한 재산권은 한시적으로 이행된다. 이러한 불안정한 상황에서 거래비용을 감소시키고 경제활동을 원활히 하기 위해 관료 및 간부의 지위에 의존하는 종속적 파트너십을 형성한다.

종속적 파트너십에 의해 형성된 모호한 재산권 아래에서 개별 경제주체는 통제권, 소득권, 양도권을 국가와 공유한다. 대부투자 형태에서 개별주체는 국가에 귀속되어야 할 소득을 가져갈 수 있는 권리에 참여한다. 명의대여 형태에서는 생산수단에 대한 소득권뿐 아니라 통제권까지 국가와 개인이 공유한다. 생산수단에 대한 양도권은 기본적으로 개인에게 허용되지 않지만 명의를 빌린 기관과의 관계에 따라 허용될 수도 있다. 개인기업은 비공식적인 재산권만 가지고 있다. 이러한 사적 자본의 존재는 불법이어서 한시적이고 불완전하지만 통제권, 소득권, 양도권을 모두 갖는다.

마지막으로 이러한 모호한 재산권을 만들어낸 사유화의 동학을

---

138) 시장 부문 또는 시장과 계획이 중첩된 부문은 북한 경제를 보는 관점 및 근거 자료에 따라 달라진다. 김병연(2009)은 북한이탈주민 대상 설문조사에서 가계 소득·지출의 비공식 부문을 추정한 결과 그 크기가 70~75%에 이른다고 보았다. 한편 북한의 공식 식량분배통계를 이용해 분석한 결과, 20~30%의 특수계층을 위한 국가공급체계가 높은 비중을 차지하고 있으며, 계획 부문을 벗어나 있는 시장 규모는 18~35% 정도에 그칠 것이라는 연구결과도 있다. 이석,『북한의 시장: 규모 추정과 구조분석』(서울: KDI, 2009a), p.138.

살펴볼 필요가 있다. 사유화의 동학은 거래비용으로 집약되어 나타나는 경제적 요인 이면에서 작동하는 정치경제적 논리를 말한다. 이를 <그림 2-5>와 같이 사유화의 촉진요인과 제약요인, 추진동력으로 나누어 분석할 것이다.

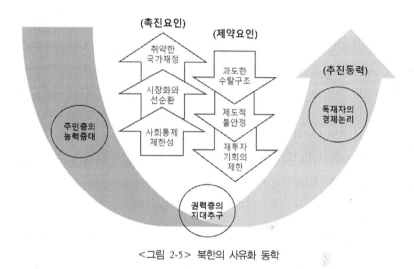

<그림 2-5> 북한의 사유화 동학

사유화의 추진요인은 국가재정의 취약성과 시장화와의 선순환, 사회통제의 제한성으로 설명하고자 한다. 경제위기 이후 북한 계획경제의 공백을 시장이 메우고 있으며 취약한 국가재정이 조달하지 못하는 투입물을 시장에서 형성된 사적 자본이 제공하고 있다. 시장화는 사적 자본의 축적을 가져오고, 축적된 자본은 시장화에 재투입되면서 선순환 고리를 만들고 있다. 이처럼 북한의 국가경제운영은 사적 경제활동과 불가분의 관계에 있어 현실적으로 국가는 물론 검열·감찰기관 관계자 스스로도 사적 경제활동을 일정부분 묵

인하게 된다. 이러한 사회통제의 제한도 사유화를 촉진하고 있다.

한편 북한의 사유화를 저해하는 요인은 제도적 측면에 기인한다. 이는 정치적 자본주의로 인한 재투자 기회의 제한이다. 생산성을 따라 활발하게 재투자가 일어나는 것이 아니라 특권적 분배에 의해 투자기회가 제한된다. 제도적 불안정성 또한 북한의 사유화를 제약하는 요인이다. 거시적으로는 대내외 정치적 조건이 성숙되지 못하고 경제개혁이 점진적으로 지그재그를 그리며 나아가는 것과 연결되어 있다.[139] 세습후계체제인 북한의 리더십은 그 정당성(legitimacy)의 근원인 아버지 시대의 정책노선을 거부하기 어렵다. 따라서 내부 치리를 위해 때로는 합리적이고 일관된 경제정책이 추진되지 못하는 경향이 있다. 이는 미시적으로 개별 경제주체에게도 영향을 미치는데, 대표적인 것이 '방침'의 가변성이다. 어떤 투

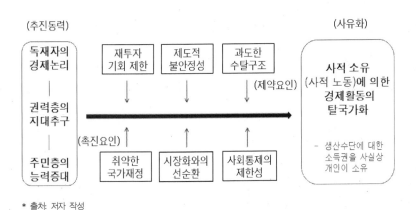

* 출처: 저자 작성

<그림 2-6> 북한의 사유화 동학 전개 모형

---

139) 양문수(2012), pp.27∼28.

자기회와 인허가권도 '지도자의 의도와 다르다'는 이유로 소멸되기 십상이다. 또한 과도한 수탈구조에 의한 수익기반 약화도 사유화를 제약한다. 현물동원이나 보호세 명목의 뇌물 등 준조세 성격의 세외부담은 사적 자본의 안정적 축적을 저해하는 측면이 있다.

그럼에도 불구하고 북한의 사유화는 독재자의 경제논리와 기득권의 지대추구에 의해 추동되고 있다. 북한의 통치자는 이윤 창출 기회를 제공함으로써 자신을 지지하는 집단에게 보상하고 있다. 이러한 독재자의 경제논리는 기득권의 지대추구와 직결된다. 지지집단에 대한 보상 정책 덕분에 시장화가 확산되면서 군부를 중심으로 한 외화벌이기관 관계자가 부를 축적했다. 이 기회를 틈타고 기득권의 사적 보호망을 제공받는 대신 뇌물을 공여하는 시장세력도 증가했다. 그 가운데 북한 주민층의 능력도 증대되고 있다. 북한 주민들은 사적 경제활동을 통해 시장에 적응하고 있다. 물질적으로는 개인 재산을 확보하고, 기술적으로는 시장을 통한 거래를 전문화시키고 있으며, 의식적으로는 국가에 의존하지 않는 사적 영역을 구축해가고 있다. <그림 2-6>은 이러한 북한 사유화 동학의 전개 모형이다.

북한의 사유화 현상에는 독재자의 경제논리와 권력층의 지대추구, 주민층의 능력증대가 동력으로 작용한다. 국가재정이 취약하고 시장화가 지속되며 사회통제가 제한되는 상황에서 사유화는 진전될 수밖에 없다. 그러나 정치적 자본주의에 의한 재투자 기회 제한과 제도적 불안정성, 과도한 수탈구조는 사유화를 제약, 굴절시키고 있다.

■■■ 제3장

북한의 사유화 배경

제1절 경제위기와 계획경제의 기반붕괴

북한에서는 1990년대의 경제위기를 기점으로 국가공급체계가 붕괴했다. 경제성장률로 보면 1990년 사회주의권 붕괴 이래 북한 경제는 9년 연속 마이너스 성장을 기록했다. 북한 당국은 1994년 김일성 사망 이후 자연재해 및 경제난 심화가 이어지자 1996년경부터를 '고난의 행군'이라고 칭해왔으며[1] 2000년에 그 종료를 선언한 바 있다.[2] 이 시기 중앙에서 기업소에 필요한 자재를 책임지는 공급제와 주민에게 식량과 소비재를 공급하는 배급제가 붕괴되었다.

특히 배급제는 1990년 초반부터 동요되기 시작했으며 1994년경 사실상 중단되었다. 1992~1993년경부터는 시·군이, 1995~1996년경부터는 공장·기업소가 식량을 자체적으로 해결하라는 지시가 내려왔다고 한다.[3] '대안의 사업체계'라는 경제관리형태,[4] 즉 '위

---

1) 1996년 신년 공동사설 "붉은기를 높이 들고 새해의 진군을 힘차게 다그쳐나가자", 『로동신문』, 『조선인민군』, 『로동청년』 1996년 1월 1일.

2) 『로동신문』 2000년 10월 3일.

3) 양문수(2010a), p.20.

4) 북한은 대안의 사업체계를 "공장·기업소들이 당위원회의 집체적 지도 밑에 모든 경영 활동을 진행하며, 정치사업을 앞세우고 생산자 대중을 발동하여 제기된 경제과업을 수행하며 위가 아래를 책임적으로 도와주는 경제관리체계"로 정의한다. 이는 당위원회의 집단지도체계, 통일적

가 아래를 책임적으로 도와주는 경제관리체계'가 무너진 것이다. 이렇게 국유기업과 가계에 대한 중앙차원의 공급은 경색되었지만 북한 당국은 국유기업과 가계가 자력갱생을 통해 국가에 대한 책임을 다할 것을 요구했다. 중앙에서 책임질 수 없게 된 지방과 기업에 대해 분권화를 취하되 중앙에 대한 의무를 우선시한 것이다.[5]

이를 국가경제[6] 순환구조를 통해 살펴보면 다음과 같다. <그림 3-1>은 1990년대 경제위기로 인해 북한 국가경제 순환구조에 나

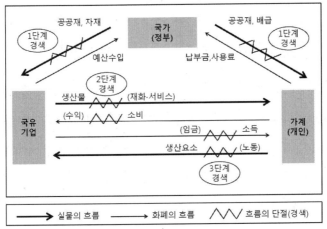

<그림 3-1> 경제위기로 인한 북한 국가경제 순환의 경색

* 출처: N. Gregory Mankiw, *Principles of Economics*, 4th ed.(Mason, OH: Thomson/South-Western, 2007), p.23; 조영기 외, 『경제학원론』(서울: 비즈프레스, 2012), p.315를 참고하여 저자 작성

이고 종합적인 생산지도체계, 기업소 및 주민에 대한 후방부서·기관의 후방공급체계 확립을 특징으로 한다.

5) 양문수(2010a), p.422, 436.

6) 자본주의 시장경제에서 말하는 '국민경제'를 북한에는 '국가경제'로 적용했다. 북한에서 국민경제라는 용어를 쓰지는 않지만 문헌에서 '국민소득'이라는 용어는 등장한다. 류경아, "국민소득통계균형표작성에 나서는 기본요구", 『경제연구』 2012년 제1호; 류경진, "사회주의강성국가건설에서 국민소득이 체계적인 장성이 가지는 의의", 『경제연구』 2012년 제3호; 오미향, "국민소득분배에서 사회를 위한 생산물과 자기를 위한 생산물의 합리적인 균형보장", 『경제연구』 2012년 제4호 참고.

타난 변화를 보여준다.

경제위기로 인해 북한에서는 국가-국유기업-가계 간 순환구조가 경색되었다. 국가는 이전처럼 국유기업에 자재를, 가계에 배급을 책임질 수 없다(1단계 경색). 이에 자재난을 겪는 국유기업은 재화와 서비스를 가계에 공급하지 못하고, 가계는 소비(상품대금을 지불)하지 않음으로써 기업의 수익이 줄어든다(2단계 경색). 기업이 상품대금을 회수하지 못해 보유자금이 바닥나고 가계에 임금을 지급하지 못함으로써 가계 소득이 줄어든다(3단계 경색). 가계는 식량을 찾아 직장을 이탈하면서 기업에 노동을 공급하지 못한다. 생산물 시장에서 재화·서비스, 생산요소 시장에서 노동의 공급 중단은 소비와 소득의 흐름을 경색시킨다.

실물과 화폐의 흐름이 경색되었다는 것은 재화공급과 노동공급이 완전히 끊어진 것은 아니지만 국가경제가 원활하게 돌아갈 수 없을 정도로 공급이 미약해졌음을 말한다. 1990년대 북한 주요 산업의 가동률은 20~30%에 그친 것으로 알려져 있다. 실질 국내총생산의 추이를 보면 1990년부터 2000년까지 제조업이 절반 가까이 감소했고 재정수입은 1994년부터 1997년 사이 절반으로 줄었던 것으로 추정된다.[7]

이렇게 북한 국가경제 순환구조에서 실물과 화폐의 흐름이 경색된 가운데 두 가지 화폐 흐름과 두 가지 실물 흐름이 주목된다. 화폐 및 실물 경제에서 나타나는 이 흐름은 기업과 가계에 자력갱생이 강요되었음을 여실히 드러낸다.

---

7) 양문수(2010a), pp.27~29.

먼저, 두 가지 화폐의 흐름이란 국유기업이 국가에 지불하는 예산수입과 가계가 국가에 지불하는 납부금·사용료이다. '북한에 세금이 없다'는 말은 개인에 대한 직접세가 부재하다는 의미가 보다 정확하다. 실제로 북한 재정수입체계에는 소득세가 없다. 하지만 북한에서는 조세 성격의 납부금이나 사용료를 주민에게 부과하고 있으며, 학생에게까지 인민군 지원, 토끼 사육, 교과서, 학교 지붕 수리 등에 드는 비용을 청구한다.[8] 국가가 제공하는 공공재, 자재, 배급이 중단되더라도 사실상 국유기업이 세금에 해당하는 예산수입을 납부하는 역할을 전면 중단할 수 있는 것은 아니며, 가계 역시 각종 명목의 납부금에서 자유로울 수 없다.

다음으로, 주목할 만한 두 가지 실물의 흐름은 상품과 노동의 공급이다. 국유기업은 자재와 배급이 없더라도 자력갱생을 통해 가계에 재화와 서비스를 제공하는 일을 지속해야 한다. 가계는 직장 출근에 대한 통제를 통해 국유기업에 노동을 제공하도록 요구받는다.

이처럼 국가공급체계가 붕괴하여 공급되는 것이 없는 상황에서 북한의 국유기업과 가계는 어떻게 생존하고 국가의 요구에 대응하는가? 이 질문에 대한 보편적인 대답은 시장 조정기제의 확산일 것이다. 국유기업은 그동안 불법의 영역에 있던 시장을 매개로 구매·판매를 시작했다. 이를 통해 가계에 재화와 서비스를 공급하고 국가에 예산수입을 납부해왔다. 자재와 자금은 물론 전력이 부족한 상황에서 공장·기업소의 가동률은 낮은 편이다. 하지만 여기서 말하는 국영기업은 명목상의 공장·기업소뿐 아니라 국가 산하에서

---

8) 고일동, 『북한의 재정위기와 재정안정화를 위한 과제』(서울: 한국개발연구원, 2004), p.15.

예산수입에 기여하는 일체의 기관·단체, 즉 군부대 및 그 산하의 사업소를 비롯해 각종 근로단체 및 그 산하의 사업소를 포괄한다. 한편, 가계 역시 기업에 제공할 노동력을 돌려 시장9)에 투입했다. 시장에서 벌어들인 소득으로 국가에는 납부금 등을, 기업에는 노동력을 유용한 데 대한 값(8·3입금10))을 지불했다. 시장을 매개로 하는 사적 경제활동이 전개되기 시작한 것이다.

시장을 매개로 한 사적 경제활동은 기업과 가계 간에 비공식경제의 순환구조를 만들어냈다. 국유기업에는 경제위기 이후 사적 자본이 대부투자, 명의대여 형태로 투입되기 시작했다. 또한 영세한 규모의 개인기업도 생겨나기 시작했다. 비공식경제의 순환구조에서 나온 소득은 가계가 정부에 지출하는 납부금과 사용료뿐 아니라 국유기업이 정부에 납부하는 예산수입에도 기여한다. 이를 반영하여 북한 국가경제 순환구조를 재구성하면 다음 <그림 3-2>와 같다.

---

9) '시장'으로 통칭되는 소비재시장의 개념은 다음과 같이 구분된다. 1958년부터 북한에는 농민들이 텃밭이나 개인부업으로 생산한 농축산물(식량은 제외)을 판매할 수 있는 10일장인 "농민시장"이 개설되었다. 경제상황이 나빠지면서 지정된 장소가 아닌 곳에서 식량이나 공산품까지 시시때때로 팔게 된 것이 "암시장"이다. 이를 북한 주민들은 "장마당"이라 불렀다. 북한 당국은 2003년 3월 암시장이 된 농민시장을 합법화했으며 이를 주로 한국에서 "종합시장"으로 부른다. 북한 문헌에서는 이를 "지역시장"으로 칭하고 있다. 양문수, "이중경제구조의 오늘과 내일", 박재규 편, 『북한의 딜레마와 미래』(서울: 법문사, 2011), p.242.

10) 노동자가 결근을 비공식적으로 용인받는 대신 기업소에 납부하는 금액이다. 해당 금액을 납부함으로써 출근을 인정받는다. 개인부업을 활성화시킨 8·3인민소비품생산운동에서 유래한 용어이다. 최봉대(2008a), p.187 참고.

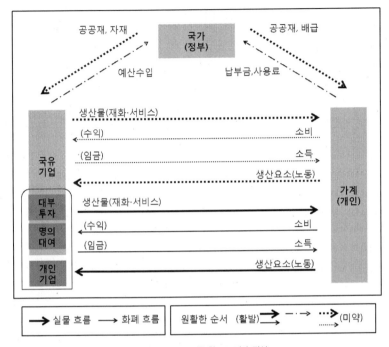

공공재, 자재   국가   공공재, 배급
(정부)

예산수입   납부금,사용료

생산물(재화·서비스)

(수익)   소비

국유 (임금)   소득
기업
생산요소(노동)

가계
(개인)

대부
투자   생산물(재화·서비스)

(수익)   소비
명의
대여   (임금)   소득

개인   생산요소(노동)
기업

⟶ 실물 흐름   ⟶ 화폐 흐름   원활한 순서 (활발) ⟶ - - ⟶ ⋯⟩ (미약)

* 출처: Mankiw(2007), p.23; 조영기 외(2012), p.315를 참고로 저자 작성

<그림 3-2> 경제위기 이후 북한 국가경제 순환구조의 변화[11]

이렇게 볼 때 경제위기로 인한 계획경제 붕괴는 북한의 탈국유
화, 사적 부문의 확장, 생산수단의 사적 이용을 가능하게 한 구조적
환경을 제공했다. 계획경제의 기반 붕괴는 국가경제 순환구조를 경
색시켰고 국가경제의 순환이 경색되면서 기업과 가계(개인)는 시장

---

11) 이 그림은 논의 전개를 명료화하기 위해 1990년대 경제위기 전후의 전반적인 경향을 나타낸
것이다. 사실상 공공재, 자재, 배급, 생산물·생산요소 및 그 대가의 흐름은 시기별, 지역별,
계층별로 상이할 것이다. 시기적으로는 2005년 이후 배급제 복구가 시도되면서 2000년대 중
반부터 국가 차원의 투자가 범위와 규모면에서 확대된 바 있다(이석기 외(2010), pp.130~
137). 지역별로는 평양과 지방의 사정이 다르고, 같은 지역 내에서도 계층별 상황에 차이가
있다. 또한 간헐적으로 배급이 재개될 경우에는 직업여부, 세대주(가장) 여부를 기준으로 유리
하게 배급된다는 분석이 있다(박현선(1999), p.122).

을 매개로 한 사적 경제활동에 의지하여 생존을 유지해왔다. 다음 절에서는 시장을 매개로 한 사적 경제활동이 본격화되면서 계획과 시장이 공존하게 된 경제 상황을 살펴볼 것이다.

제2절 자력갱생과 계획 − 시장의 공존

1. 자력갱생과 시장화 진전

계획경제 붕괴 이후 북한 당국의 자력갱생 지침 하에 외화벌이와 장사에 의한 시장화가 전개되었다. 외화벌이와 장사는 시장을 매개로 한 사적 경제활동의 구심점으로서 사적 자본이 축적·유통되는 무대를 제공했다.

북한에서 시장화가 본격화된 것은 김일성 사망 이후 고난의 행군이 시작된 1994년부터이다. 이 시기 공장 가동률은 보통 20%, 평양의 경우 40% 정도로 추정된다. 배급제와 공장 가동이 중단되었다는 것은 북한 주민들이 생계유지를 위해 자구책을 마련해야 했다는 뜻이다. 진정한 의미의 1세대 시장세력은 이때 배급제가 무너지자 '행방'이라는 이름으로 전국을 누비면서 국가 상품 분배망을 대신한 개인행상에서 비롯되었다.12)

장사를 하지 않고는 살 수 없게 된 시점이 함경북도는 1991～1992년, 함경북도 외 지방은 1993～1994년, 평양은 1998년경으로

---

12) 주성하, "사회주의는 무슨～우린 자본주의 다 됐습네다", 『자유마당』Vol.28, (2011년 11월), p.52.

알려진다.13) 함경남도 함흥의 경우 1993년부터 배급이 밀리기 시작하다가 1994년경 완전히 끊어졌고 1996년 가을경부터 대다수의 근로자들이 제대로 출근하지 않았다고 한다.14) 따라서 북한 주민의 장마당활동은 1993~1994년경 시작되어 1996~1997년 본격화되었다고 볼 수 있다.

당시만 해도 '장사에 나서는 일', 즉 상행위는 북한 사람들에게 백안시되었다.15) 장사는 개인적인 이익을 위한 행동으로서 공산주의적 인간형에 위배되기 때문이다. 하지만 식량 부족 앞에서 북한 사회는 큰 혼란을 경험했고 '개인주의'를 지향하는 사회적 흐름이 형성되었다. 사회적 규제와 주변의 비판을 덜 받는 노인계층부터 시작해 '얼굴 팔리는 것'을 싫어하던 젊은 층도 뒤쫓아 장사에 가담했다.

계획경제가 복구되지 않아 자력갱생을 요구할 수밖에 없는 상황에서 시장관리는 북한 당국의 고민으로 대두되었다.16) 초기에는 상행위에 대한 제재가 심해서 젊은 여성을 구타하거나 물건을 빼앗는 경우도 많았다고 한다. 하지만 시장 참여자가 급속히 늘어나면서 무조건 상행위를 통제하기보다는 일정 품목을 제한하는 등 규제를 완화한 것으로 보인다.

북한이탈주민 증언에 따르면 양강도 혜산 등 국경도시를 중심으로 1997년경부터 시장을 허용하는 정책이 시작된 것으로 보인다.17)

---

13) 이영훈, "제4장 농민시장", 세종연구소 북한연구센터 엮음, 『북한의 경제』(파주: 한울아카데미, 2005), p.168.

14) 이승훈·홍두승, 『북한의 사회경제적 변화: 비공식 부문의 대두와 계층구조의 변화』(서울: 서울대학교 출판부, 2007), pp.119~120.

15) 김보근, "북한 상인계층과 자본의 형성", 한반도, 전환기의 사색북한연구학회·통일연구원·고려대 북한학연구소 공동학술회의(서울: 고려대학교, 2008년 12월 4일), pp.36~38.

16) 위의 글, p.39.

국경지역은 자연 지리적으로 사람과 상품이 왕래하기 유리한 조건에 있다. 혜산은 북한에서 '장사의 고향'이라고 할 수 있다. 신의주, 청진, 혜산 출신 북한이탈주민 전언에 따르면 공장·기업소 차원에서 식량문제를 해결하라는 당 중앙위원회 명의의 지시문이 1995년부터 1997년에 걸쳐 각 지역과 기간에 하달되었다고 한다.[18] 1998년부터는 북한 경제가 최악의 위기상태에서 회복 기미로 돌아서고[19] 지방 단위가 시장경제원리에 따라 운영되기 시작한 것으로 보인다. 2000년 이후에는 평양에서도 구역마다 장마당이 생겨났다고 한다.[20] 지방에서 시작된 시장을 묵인하는 방침이 평양까지 확대된 것이다.

이 시기 급격히 늘어난 것 중의 하나는 외화벌이 회사들이다. 외화벌이 회사는 북한에서 무역 원천을 동원할 수 있도록 허가를 받은 기관을 말한다. 외화벌이 회사가 생겨난 것은 1990년대 초부터이지만 고난의 행군을 거치면서 당, 군부대, 행정기관까지 모두 외화벌이 사업에 나섰다.

1998년부터는 개인에 의해서도 식량을 포함한 소규모 상품이 북·중세관을 통과하기 시작했다.[21] 새로운 장사형태로서 무역의 개념이 현실화된 것이다.[22] 고난의 행군이 끝날 이 무렵 북한의 상인들

---

17) 조정아 외,『북한 주민의 일상생활』(서울: 통일연구원, 2008), p.206.

18) 양문수(2010a), p.420.

19) 한국은행이 발표한 북한의 경제성장률은 1994년에 -2.1%, 1995년에 -4.4%, 1996년에 -3.4%, 1997년에 -6.5%, 1998년에 -0.9%를 기록하고 1999년 6.1%로 돌아섰다. 한국은행 홈페이지 -> 조사·연구 -> 남북한의 주요경제지표 비교. http://www.bok.or.kr

20) 조정아 외(2008), p.207, 209.

21) 림근오, "<해설> 조선의 시장화와 비정상화, 주민생활 변화",『임진강』, 8호(2010b), p.44.

22) 림근오(2010a), pp.21~22.

은 중국에서 식량을 수입해 시장에 대량 공급하기 시작했다. 이때 등장한 '쌀실이'가 전국가적 식량공급형태로 발전하면서 이 틈새를 타고 개인기업이 생겨나기 시작했다. 쌀실이는 기관이 종업원의 식량공급량에 해당하는 식량 구매 대금과 지역 양정국의 식량공급 지도서를 가지고 대외경제 결제창구에서 전표를 뗀 다음, 트럭 등 수송수단과 하역노동력 등을 자체적으로 준비하는 방식이다. 전표가 지령한 무역항이나 국경지점에 가서 지령받은 식량을 받아 기지고 기관 소재지로 돌아와 종업원에게 식량을 공급한다. 이때 식량구매대금을 지불할 자금은 개인에게 융자를 하거나 기업재산을 처분해서 준비한다.

고난의 행군 시기 북한 주민들은 식량난 해결에 급급하여 생존형 경제활동에 치중했을 것이다. 그런데 1998년 이후 식량 위기가 안정화되면서 이윤 추구를 목적으로 하는 경제활동이 본격적으로 시작된 것으로 보인다. 고난의 행군 이후 1998년에 공식 출범한 김정일 국방위원장 체제는 '실리주의'를 정책적 기조로 내세웠다. 이는 전폭적인 대외관계 개선과 더불어 2001년의 신사고, 2002년의 7·1조치와 2003년의 종합시장 개설 등 일련의 개혁조치로 이어졌다. 이러한 제도적 변화와 개선 역시 사적 자본 축적과 운용의 여지를 만들어준 것으로 보인다.

종합시장 설치를 허용한 전후로 시장 활동에 이전과 다른 큰 변화가 일어난 것 같지는 않다.[23] 하지만 소수 통제물품을 제외하고 상품 판매가 공식적으로 허용되면서 도시 가구의 생계유지용 생산

---

23) 최봉대(2008a), pp.170~171.

수단의 사적 소유가 암묵적으로 인정되었다는 것은 분명하다. 시장 관리원, 보안원 등이 자의로 물건을 몰수하거나 장사를 금지하는 일도 상당히 감소했다고 한다. 또한 시장 신규진입이 상대적으로 수월해지면서 영세한 자영상인이 늘어난 것으로 보인다.

이와 관련하여 종합시장 개설, 국영상점의 수매상점 전환, 개인의 식당·서비스업 운영에 대한 사실상의 허용과 같은 개혁조치에 주목해야 할 것이다. 일련의 개혁조치 과정에서 자본을 운영하는 주체가 생겨났기 때문이다. 2000년대에는 이들이 생산수단을 사적으로 이용할 수 있는 제도적 공간이 발생했고 직장에 얼마간의 돈을 내고 사적 노동에 종사(8·3입금)하는 노동시장이 활성화되었다. 자본주의적 생산양식이 가능해지고 잉여가치가 자본으로 축적되면서 사유화가 진전된 것이다.

이처럼 1990년대 경제위기 이후 북한에서 시작된 시장화 전개는 자력갱생 지침하에 계획과 시장이 공존하는 새로운 경제구조를 만들어냈다. 시장 메커니즘이 지배적인 경제체제가 된 것은 아니지만 시장 부문이 계획 부문과 공존하면서 사유화가 진전될 수 있는 토대가 마련되었다.

2. 소유권 관련 법제 변화

사적 자본의 축적은 노동, 자본, 재산권 측면에서 일어나는 일련의 변화과정을 말한다. 노동 측면의 변화는 자본주의적 고용관계를 토대로 자유로운 임노동시장이 형성되는 것을 말한다. 자본 측면의 변화는 국가재산이 사적 소유로 이전되면서 사적 자본가 계급이 형성되는 것을 의미한다. 재산권 측면의 변화는 사적 이익을 보호받고 자본 축적을 촉진하기 위한 노력의 결과물로서, 궁극적으로는 법적 보호를 받을 수 있는 수준의 변화를 지향한다.

개인소유권에 관련된 법제 변화는 북한의 사유화에 있어 두 가지 의의를 갖는다. 첫 번째 의의는 현실적으로 진행되고 있는 사유화 현상이 법률과 정책에 반영된다는 점이나. 이는 '과거'로부터 이미 시작되어 온 사유화 현상을 '현재'의 제도로 수용하는 차원이다. 두 번째 의의는 제도적으로 허용된 틈을 비집고 앞으로 사유화가 진전될 여지가 생긴다는 데 있다. 이는 '현재'의 제도가 '미래'에 사유화를 진전시킬 제도적 공간을 확보한다는 뜻이다.

이런 의의를 고려할 때 개인소유권 관련 법제 변화에서 두 가지 부류에 주목할 필요가 있다. 하나는 소유권과 직결된 법제가 제정되거나 수정되는 변화이다. 개인소유권 관련 법제를 새로 만들거나 기존에 국가소유로 되어 있던 대상의 소유 주체를 확대하는 차원이다. 다른 하나는 사적 경제활동과 관련된 법제 변화이다. 이러한 변화는 '소유권'을 직접 언급하지 않더라도 사실상 개인소유권의 형성을 동반하는 경향이 있다. 개인의 경제활동 범위가 확대되면 거기에서 나오는 이윤이 개인재산으로 축적되기 때문이다.

따라서 이 항에서는 앞서 언급한 두 가지 의의를 중심으로 두 가지 부류의 법제 변화를 검토하기로 한다. 이를 통해 실질적인 사유화 현상을 제도적으로 수용해온 수위와 이것이 향후 사유화 진전에 미치는 영향을 조명해보기로 한다. 소유권과 관련하여 살펴볼 법령은 헌법, 민법, 상속법이다. 각각을 필요에 따라 살펴보면서

1990년대와 2000년대에 걸쳐 변화한 내용을 비교, 종합한다.

북한 헌법은 1948년에 제정된 이래 11차례 개정되었으나 연구시기에 포함되며 경제조항에 변화가 있었던 1992년의 헌법과 1998년의 헌법만 검토하기로 한다. '1992년 헌법'에 소유권 관련 조항의 변화는 없었다. 하지만 그렇기 때문에 고난의 행군 시기를 지난 후 '1998년 헌법'의 소유권 조항에서 사회상의 변화를 읽는 데 도움을 준다.

1992년의 헌법은 경제난 해소를 위해 경제질서의 주요 부분에 변화를 시도하는 조항을 신설하는 정도였다.[24] 첫째, 경제건설촉진을 위한 인민경제의 주체화·현대화·과학화와 농업공업화(제26조, 제27조, 제28조, 제50조, 제51조)를 강조했다. 둘째, 인민의 복지향상을 도모하는 식·의·주 조항 및 사회교육, 문화, 환경에 관한 조항(제25조, 제48조, 제53조, 제57조)을 보완했다. 셋째, 대외경제개방을 확대하고자 외국인의 권익보장과 합영·합작 장려 조항(제16조, 제37조)을 신설했다. 이러한 개정헌법의 근거하에 1992년에 외국인투자법, 합작법, 외국인기업법 등이 제정되었고 1993년에 외국인투자기업 및 외국인세금법, 외화관리법, 자유경제무역지대법 등이 입법되었다.

그런데 1998년의 개정헌법은 여기서 진일보하여 소유구조의 조정 및 개인소유의 범위를 확대하는 내용을 담고 있다.[25] 생산수단의 소유 주체는 확대하고 국가의 배타적 소유 대상은 축소했다. 또

---

24) 현천욱, "북한의 경제개방법제에 관한 연구", (서울: 국민대학교 법학과 박사학위논문, 2004), pp.12~15; 박일수, "'고난의 행군' 이후 개인소유권 변화에 관한 연구", (마산: 경남대 북한대학원 석사학위논문, 2006), pp.24~25.

25) 장명봉, "최근의 북한 사회주의헌법 개정('98.9.5)의 분석: 배경·내용·평가 및 정책전망", 『통일연구논총』 제7권 2호(1998), p.16.

한 개인소유의 주체와 대상을 확대했다.

1998년의 헌법은 생산수단의 소유 주체를 '국가와 협동단체'에서 '국가와 사회·협동단체'로 확대했다(제20조). 생산수단을 소유할 수 있는 주체에 사회단체가 추가된 것이다. 협동단체의 대표적인 형태는 협동농장이다. 사회단체는 정치·대외·사회·경제·체육·종교 부문을 망라하고 있다. 이는 조선로동당의 외곽단체로서 당과 대중을 연결시키는 안전대인 근로단체 및 사회적 조직들로 규정된다.[26] 주요 단체로는 직업총동맹(직총), 농업근로자동맹(농근맹), 김일성사회주의청년동맹[구(舊) 사회주의로동청년동맹(사로청)], 민주여성동맹(여맹), 소년단 등이 있다. 청년, 학생, 군인, 직장인, 농민, 여성, 노동자, 사무원 등 각 사회단체별 의무가입 대상이 있어 북한 주민은 어디든 한 곳에 소속되기 마련이다. 각 단체별로 행정단위가 중앙에서 말단까지 도와 시, 군에 이른다. 생산수단을 사실상 소유할 수 있는 주체가 기하급수적으로 늘어난 것이다. 이는 2000년대 들어 개인이 기관 명의를 대여하는 방식으로 사유화 현상이 급격화된 것과 무관하지 않다. 1998년 헌법을 통해 개인이 생산수단의 명의를 제공할 수 있는 기관의 범위가 확대되었기 때문이다.

또한 사회·협동단체소유의 해석범위가 확대되었다(제22조 1항). 사회·협동단체소유는 근로자들의 집단적 소유를 지칭한다. 1992년 헌법에는 "협동경리에 들어있는 근로자들의 집단적 소유"로 명시되어 있다. 협동경리는 "협동단체들이 생산수단을 함께 소유하면서 이를 경제적으로 경영하고 관리하는 활동"을 말한다. 그런데 1998

---

26) 사회과학원 언어학연구소, 『현대조선말사전』(평양: 과학백과사전출판사, 1981), p.1353.

년 헌법에는 생산수단을 공동으로 경영하는 의미의 '협동경리' 문구가 사라졌다. 그 대신 '해당단체에 들어 있는 근로자들의 집단적 소유'로 표현이 바뀌었다. 이는 해당단체에 소속되어 있는 생산수단의 경영과 관리에 따른 통제권과 소득권을 명시하고 있지 않다. 해당단체에 소속되어 있지만 공동으로 관리되지 않는 생산수단도 사회·협동단체소유로 명명할 수 있는 여지가 생긴 것으로 보인다.

한편 사회·협동단체소유의 대상도 확대되었다(제22조 2항). 생산수단의 대상이 토지, 농기계, 배, 중소공장, 기업소로 바뀌었다. 기존의 '농기구'가 '농기계'로, '고기배'가 '배'로 바뀌고 '부림짐승'과 '건물'은 삭제되었다. 이는 개인경작이 확대되면서 농기구와 부림짐승에 대한 개인소유가 가능해졌음을 시사한다. 한편 사회·협동단체의 경제활동은 농기계를 이용한 경작으로 확대되었음을 시사한다. 사회·협동단체는 어선뿐 아니라 화물선, 여객선 등 다른 종류의 선박도 소유할 수 있게 되었다.[27]

반면 건물에 대한 사회·협동단체의 소유 조항이 없어진 것은 이들 단체가 건물을 사용하지 못하는 현실을 반영했을 것으로 보인다.[28] 북한 당국은 국영상점마저도 무역회사에게 임대하는 등 경제활동을 할 수 있는 주체에게 남아도는 공간(생산수단)을 제공하고자 했기 때문이다.[29] 이는 무역회사 명의를 빌려 개인이 국영상점과 같은 건물을 사용하는 것을 가능하게 했다.

---

27) 장명봉(1998), p.17.

28) 건물관리와 관련된 조항이 있는 도시경영법은 1992년 제정된 후 1999년, 2000년, 2004년 개정을 거쳤다.

29) 종합시장 설치 지시문으로 알려진 내각결정 24호(2003.5.5.), <<위대한 영도자 김정일 동지께서 농민시장을 사회주의경제관리와 인민생활에 필요한 시장으로 잘 운영하도록 방향전환할 데 대하여 주신 방침을 철저히 관철할 데 대하여>>.

두 번째는 국가소유 대상이 축소된 것이다(제21조 3항). 국가만이 소유하는 대상 중 '교통운수' 부문이 '철도·항공운수'로 바뀌었다. 교통수단에는 도로, 철도, 해상, 항공 등이 있다. 이 중에서 철도와 항공에 대한 국가의 배타적 소유는 유지했다. 하지만 도로와 해상, 즉 차량과 선박에 대해 국가 외 주체가 소유할 여지를 남긴 것이다.

이 대목에서 1990년대 이후 장마당과 외화벌이 활성화에 화물차, 고깃배 등이 사용되었음을 주목할 필요가 있다. 고깃배는 수산자원을 외화벌이의 원천으로 동원하는 주요 수단이다. 화물차는 이러한 외화벌이 원천을 내륙으로 또는 지역 간에 이동시키는 교통수단으로 쓰인다. 또한 중국산 수입품을 전국으로 유통시키는 무역 관련 활동에도 화물차는 긴요하다. 지방·기업으로 경제활동 및 무역에 대한 분권화가 이루어지면서 국가 소유의 생산수단도 분배한 조치인 것으로 해석된다. 1998년 헌법은 이러한 현실을 반영하였을 뿐 아니라 이후의 화물차, 고깃배의 사유화에 제도적 공간을 제공한 것으로 보인다.

세 번째는 개인소유의 주체와 대상이 확대된 것이다(제24조 1항, 3항). 개인소유의 주체가 '근로자'에서 '공민'으로 바뀌었다. '근로자'는 "로동자, 농민, 근로인테리와 같이 자기의 로력으로 육체로동이나 정신로동을 하는 사람"을 말한다. 반면 '공민'은 "일정한 나라의 국적을 가지고 그 나라 헌법에 규정된 권리와 의무를 지닌 사람"으로 정의된다.[30] 이는 공민의 개념을 통해 개인소유의 주체를 국가구성원 전체로 확대한 것으로 보인다. 또 일반 주민도 '터밭경

---

30) 사회과학원 언어학연구소 『조선말대사전 1』(평양: 사회과학출판사, 1992), p.270, 379; 장명봉 (1998), p.17.

리' 및 '부업경리'의 개인소유권에 참여하게 되었다. 기존에 개인소유권은 "협동농장원들의 터밭경리를 비롯한 주민의 개인부업경리"로 한정되어 있었다. 1998년의 헌법은 협동농장원이라는 조건을 삭제함으로써 일반 주민의 터밭경리를 허용했다. 또한 "합법적인 경리활동", 즉 가내편의봉사 등 법적으로 허용된 범위에서의 경리활동을 통해 얻는 수입을 인정했다.[31]

"그 밖의 합법적인 경리활동을 통하여 얻은 수입"은 시장을 매개로 한 광범위한 사적 경제활동에서 나온 수입을 포함하는 것으로 해석된다.[32] 종합시장 등에서의 물물교환과 거래에 의한 사적 경제활동에서 획득한 이윤을 개인소유로 인정한다는 의미로 보인다. 이는 7·1조치 등을 통한 사적 영역의 확대 및 그에 따른 상품경제를 뒷받침하는 포괄적인 규범으로 작용한다.

민법은 개인소유의 인정범위를 보다 구체화하고 있다. 민법은 "공민이 샀거나 상속, 증여받은 재산, 그 밖의 법적근거에 의하여 생겨난 재산"까지 개인재산으로 포괄하고 살림집, 가정용품, 문화용품, 생활용품, 승용차 등의 기재를 명시하고 있다.

개인소유재산의 범위는 2002년 제정된 상속법에도 나타난다(제13조). 상속법은 1998년 헌법(제24조)과 1999년 민법(제63조)이 규정한 개인소유재산의 상속을 구체화하고 있다. 상속 대상에 화폐, 저금, 청구권과 채무 등이 구체화된 것이 돋보인다.

---

31) 『학습제강: 조선민주주의인민공화국 사회주의 헌법의 기본내용에 대하여(간부용)』(평양: 조선로동당 출판사, 1998), pp.9~10; 김연철, 『북한의 산업화와 경제정책』(서울: 역사비평사, 2001), p.396.

32) 송현욱, "북한 소유권 법제와 '비법적' 사경제의 특징", 『통일과 법률』 통권 제7호(2011년 8월), p.86.

1990년대 후반에서 2000년대 초반까지 헌법, 민법, 상속법 등에
반영된 개인소유권의 변화 범위를 정리하면 다음 <표 3-1>과 같다.

<표 3-1> 북한 헌법, 민법, 상속법이 인정하는 개인소유권의 범위

법령 (조항)	개인소유권의 기존 범위	개인소유권의 확대 범위
헌법 (24조)	(1992) ① 로동에 의한 사회주의분배 ② 국가와 사회의 추가적 혜택 ③ **협동농장원**들의 터밭경리를 비롯한 주민의 개인부업경리에서 나오는 생산물	(1998) ① 로동에 의한 사회주의분배 ② 국가와 사회의 추가적 혜택 ③ 터밭경리를 비롯한 개인부업경리에서 나오는 생산물 ④ **그 밖의 합법적인 경리활동을 통하여 얻은 수입**
민법 (58조·59조)	(1990/1993/1999) ① 로동에 의한 사회주의 분배 ② 국가 및 사회의 추가적 혜택 ③ 터밭경리를 비롯한 개인부업경리에서 나오는 생산물 ④ 공민이 샀거나 상속, 증여받은 재산 ⑤ 그 밖의 법적근거에 의하여 생겨난 재산 ⑥ 살림집과 가정생활에 필요한 여러 가지 가정용품, 문화용품, 그 밖의 생활용품과 승용차 같은 기재	
상속법 (13조)	(해당 없음)	(2002.3) ① 로동에 의한 분배에 의하여 이루어진 재산 ② 국가 또는 사회의 추가적 혜택에 의하여 이루어진 재산 ③ 개인부업경리에 의하여 이루어진 재산, 살림집, 도서, **화폐, 저금**, 가정용품, 문화용품, 생활용품과 승용차 같은 륜전기재 ④ 각종 재산상 **청구권과 채무** ⑤ 그 밖에 다른 공민으로부터 **증여받은 재산**

* 출처: 최종고, 『북한법』(서울: 박영사, 1993); 북한자료센터 홈페이지 -> 통일·북한 정보 -> 북한법령을 근거로
저자 작성. http://unibook.unikorea.go.kr

북한에서 개인소유권의 범위는 (1) 로동에 의한 사회주의분배,

(2) 국가 및 사회의 추가적 혜택, (3) 터밭경리를 비롯한 개인부업경리에서 나오는 생산물, (4) 그 밖의 합법적인 경리활동을 통하여 얻은 수입, (5) 공민이 샀거나 상속, 증여받은 재산, (6) 그 밖의 법적 근거에 의하여 생겨난 재산을 포괄한다. 이 중 (1)과 (2)는 국가의 독점적 공급체계에 의해 분배되는 영역으로, (3), (4), (5), (6)은 사적 경제활동에 의해 생겨나는 영역으로 대별된다.[33] 경제위기 이후 개인소유의 원천 중 (1)과 (2)는 형해화되고 (3)~(6)이 개인소유의 대부분을 차지하고 있다.

이상 1998년 헌법 개정을 중심으로 개인소유권에 관련된 법제 변화를 검토했다. 북한에서 법제적으로 생산수단의 사적 소유나 사유재산을 인정한 것은 아니다. 하지만 생산수단의 소유 주체를 확대하고 협동적 소유의 해석범위 및 대상을 확대했으며, 국가소유 대상을 축소하고 개인소유의 주체와 대상을 확대했다. 합법적인 경리활동에서 나온 수입 및 그 상속을 인정하는 것은 개인재산의 인정범위가 확대된 것으로 해석된다. 이러한 법제상의 변화는 자력갱생 지침 하의 시장화 진전으로 계획과 시장이 공존하고 있는 현실을 반영한다. 개인소유권에서 계획에 의한 사회주의적 분배가 차지하는 비중은 줄고 개인부업을 비롯해 합법적인 경리활동, 즉 시장 조정기제에 의한 분배가 늘어났다.

이와 같은 실질적인 사유화 현상의 제도적 수용은 향후 사유화 진전의 가능성을 열어 놓았다. 이는 북한 당국이 사유화를 인정하는 정책 개선 의지를 가지고 있어서라기보다 사적 경제활동 의지

---

33) 박일수(2006), p.40.

가 강한 개인이 제도적 틀과 틈을 이용하기 때문이다. 북한 당국의 경제정책 방향을 반영하는『경제연구』는 시장에 대해 타협적이고 유연한 태도를 보이기도 하지만 소유에 대해서는 단호하고 결연한 태도로 타협하지 않는 태도를 보인다.34) 다만 북한 당국의 자력갱생 지침은 국가안보나 사회질서를 위협하지 않는 한 개인의 경제활동을 일정부분 방임 또는 묵인할 것을 의미한다. 이런 의미에서 소유권 관련 법제 변화는 개인의 경제활동이 넘어서는 안 되는 선을 제시한다. 개인은 법제 변화에 의해 마련된 개인소유의 경계선에 최대한 밀착하여 이를 근거로 사적 경제활동을 전개해 나갈 것이다. 이런 의미에서 소유권 관련 법제 변화는 사적 이익을 추구하는 경제활동의 수위와 동기를 높여갈 것으로 보인다.

제3절 정치자본의 사적 자본 전환

사회주의체제에서는 정치자본이 다른 형태의 자본보다 우위에 있고 다른 형태의 자본을 내포하고 있다. 사유화 측면에서 정치자본은 경제자본으로 직접 교환되기도 하고 그 속에 내포된 관료자본으로 전환되었다가 경제자본과 교환되기도 한다. 전자는 재화와 상품의 직접적인 사적 전유로 나타나고 후자는 특권적 지위를 이용한 사적 경제활동으로 나타난다.

먼저 정치자본을 사적 자본으로 전환하는 사람들이 누구인지부

---

34) 양문수(2009), p.37.

터 살펴보기로 한다. 북한에서 상류층은 정치적 권력에 접근해 있는 핵심지배층과 군 실세 가문을 비롯해 대외사업, 외화벌이를 하는 사람들이다.[35] 구성원의 배경은 중앙당 간부, 시·도·당 책임비서, 군 간부, 외교부 대사·참사 등으로 다양하다. 이들의 공통점은 사적 경제활동의 먹이사슬 구조 최정점에 위치한다는 것이다. 과거 이들은 정치자본의 부산물로서 경제자본을 획득했지만 이를 재생산할 방법이 없었다.[36] 외화벌이는 이들이 경제자본을 확대 재생산할 투자기회를 제공했다.

그 아래는 정치권력과 협력관계를 유지하는 중간층이다.[37] 당·국가 체제의 틀 안에서 정치권력과 협력적 관계를 유지하고 있다. 중대형 공장·기업소 관리자, 초급당비서, 도·시·군당의 책임비서 등 중간간부들이다. 무역권을 가진 군대와 당·정 조직 및 사회단체에서 실질적인 행정 관리권을 가진 사무직 간부층이다.

맨 아래 하층민은 북한 주민 대부분으로 상업·편의서비스 부문 소상인 계층, 산업노동자, 농업노동자, 도시빈민을 비롯한 사회적 탈락자들까지 포함한다.[38] 사유화와 관련해 주목되는 계층은 상업·편의서비스 계층이다. 밀수, 주택매매, 고리대업, 외화벌이 원천 동원, 되거리 등 비사회주의적인 방법으로 자본을 만들어가는 신흥시장세력이기 때문이다.

이와 같은 북한 내 계층을 염두에 두고 상류층이 시장화 촉진 정

---

35) 우정, "[집중분석] 북한의 10대 사회계층으로의 분화와 특징", 『북한』 2010년 3월호, p.106.
36) 평남 O씨(만 50세 남), 2008년 탈북, 광산기사/건설기업소 지배인.
37) 우정(2010), pp.107~108.
38) 위의 글, pp.109~110.

책과 더불어 정치자본을 경제자본으로 전환한 방식을 살펴보기로 한다. 시장화 촉진 정책이란 2002년 7·1조치 및 후속·관련 조치를 말한다.[39] 2002년 신의주·금강산·개성에 대한 개방특구 지정, 2003년 종합시장 개설 및 일부 국영상점의 수매상점 전환, 개인의 식당·서비스업 허용, 집금소와 외화환전소 설치, 2004년 일부 협동농장의 포전담당제 시범실시와 기업개혁조치 등이다.

7·1조치는 제한적이나마 시장경제요소를 확대하고 한국 및 중국과의 교류 및 무역거래를 급증시켰다.[40] 7·1조치 이후 생산부문과 유통부문에 시장요소가 도입되고 무역이 활성화되었으며 화폐경제, 상품경제, 소상품생산제가 도입되었다.[41] 사유화 측면에서 볼 때 '장롱화폐', 즉 마땅한 투자처를 찾지 못해 사장되어 있던 자본에 투자기회를 제공한 것이다.[42]

이 시기 권력을 가진 계층일수록 통치자에게 부여받은 정치자본을 경제자본으로 만들기가 용이했다.[43] 정치자본은 그 소유자가 공공재화·서비스를 사적으로 전유하게 해준다.[44] 시장교환의 각 중요 지점을 통제·관리하는 권한이 정치자본을 통해 행사된다. 소유권의 관점에서 정치자본은 곧 생산수단에 대한 통제권과 소득권을 활용할 수 있는 권한이다.

예컨대 도(都)당 책임비서는 인사권을 통해 최종 결재권을 가지

---

39) 양문수(2010a), p.74.

40) 우정(2010), p.110.

41) 서재진, 『7·1조치 이후 북한의 체제 변화: 아래로부터의 시장사회주의화 개혁』(서울: 통일연구원, 2004), pp.43~74, 87~88.

42) 우정(2010), p.103.

43) 홍민(2006), pp.68~70.

44) Bourdieu(1998), p.16.

고 있다.[45] 따라서 이 권한을 이용해 자신을 지지해줄 인적기반을 형성하고 개인적으로 경제적 이득을 취한다. 지역 내 재력가들에게 특혜와 보호를 제공하는 대신 사적 경제 이득을 취하는 공생관계가 형성된다.

기본적으로 정치자본의 경제자본화는 부패 메커니즘을 통과한다. 북한에서는 정치자본을 가진 권력층 또는 지배엘리트들이 광범위하게 뇌물수수에 가담하고 있다.[46] 북한에서 간부의 부정부패가 만연하는 이유는 관직이 경제적 부를 얻는 유일한 통로인 점, 권력자의 재량권이 큰 점, 간부의 비리가 공개적으로 지적되지 않고 방치되는 경향, 집단주의하에서 오히려 개인이기주의가 발달한 점, 경제난 심화로 뇌물수수의 새로운 장이 개발된 점 등을 들 수 있다.

다음으로 권력층과 연계되어 사적 자본을 가지고 등장한 주체는 돈주 및 상인이다. 돈주는 사적 자본을 쥐고 있는 개인을 말한다. 상인은 이보다 더 넓은 의미에서 사적 자본을 이용한 경제활동에 몸담고 있는 하나의 계층을 지칭한다.

돈주 및 상인계층이 누구이며 어떤 배경을 통해 등장했는지 살펴보자.

북한에서 '돈주'의 사전적 의미는 두 가지이다. 첫 번째 정의는 돈의 규모 차원에서, 두 번째 정의는 돈의 사용 차원에서 돈주의 존재를 조명하고 있다. 이 연구에서는 두 가지 정의를 모두 충족시키는 차원의 돈주에 주목하고자 한다.

---

45) 박형중·이교덕·정창현·이기동, 『김정일 시대 북한의 정치체제: 통치이데올로기, 권력엘리트, 권력구조의 지속성과 변화』(서울: 통일연구원, 2004), p.213.
46) 서재진(2004), pp.27~29.

첫 번째 정의는 "돈의 주인"이라는 문자 그 자체의 해석이다.[47) 이 정의에 따르면 일반적으로 '돈주'로 불리는 존재의 의미는 돈의 규모가 결정할 것이다. 하지만 돈주는 부자와는 다른 개념이다. 돈의 규모를 막론하고 돈을 가지고 있기만 한다고 해서 누구든지 돈주로 불리는 것은 아니기 때문이다. 하지만 돈주를 규정하는 자산 규모를 단정하기는 어렵다. 대신 일상적인 표현과 경제적인 의미를 고려할 때 대략적인 추정은 가능하다.[48) 일상석으로 '돈주'라고 불리는 표현상 돈주의 자산은 일반 주민의 것과 차별화되어야 할 것이다. 그 차별화 정도는 경제적인 의미에서 확대재생산이 가능한 정도로 볼 수 있다.[49)

지역별 돈주의 자산규모는 아래와 같이 추정된다.[50) 돈주라고 하면 보통 5천 내지 1만 달러 이상을 소지하고 있는데 수십만 달러를 가진 경우도 적지 않다. 황해도 지방에서는 5천 달러 이상, 신의주에는 1만 달러 이상 소지해야 돈주라고 할 수 있다. 전국적으로 돈주가 가장 많은 곳에 속한다는 평안남도 평성시에는 평균 10만 달러 이상을 가진 돈주가 20~30명 정도라고 한다. 순천(인구 297,317명, 2008년 기준)에서 상류층은 3천 명, 유명한 돈주는 10

---

47) 1992년판 『조선말대사전』에는 '돈주'나 '거간군' 등 시장에 관계된 단어가 수록되어 있지 않았다. 그렇다고 돈주라는 말이 그 전에 없던 것은 아닌 것으로 보인다. 1980년대에는 만 달러, 1990년대에는 3만~5만 달러를 소유하면 돈주로 불렸다고 하는 북한이탈주민의 증언이 있기 때문이다. 사회과학원 언어학연구소, 『조선말대사전(증보판) 1』(평양, 사회과학출판사, 2006), p.1126; 이종겸, "북한의 신흥 상업자본가에 관한 연구", (서울: 동국대학교 북한학과 석사학위논문, 2009), pp.37~38.

48) 이종겸(2009), p.38.

49) 김보근(2008), p.50.

50) 좋은벗들, 『오늘의 북한소식』 창간준비 3호(2004.11); 좋은벗들, 『오늘의 북한, 북한의 내일』(서울: 정토출판, 2006), p.55; 주성하, "[北 7·1 경제개혁 3년 현장을 가다] <上>달라진 직업 풍속도기사", 『동아일보』 2005년 7월 4일자; 손혜민(2009), p.59; 김보근(2008), pp.50~51.

여 명으로 알려져 있다. 이들은 대개 석탄과 금 거래에 관련되어 있다. 하지만 돈주가 가장 많은 곳은 외국과의 소통이 많고 무역 등 제도적인 문제를 결정하는 사람들이 모여 있는 평양이다. 지역별 돈주의 자산규모에 대한 북한이탈주민의 증언을 취합하면 그 금액은 5천~2만 달러 선인 것으로 보인다.

사전에서 정의하는 '돈주'의 두 번째 의미는 "(여럿이 하는 장사에서) 돈을 틀어쥐고 있는 주되는 사람"이다.[51] '여럿이 하는 장사'는 고리대에서부터 상업 활동에 대한 투자, 더 나아가 계획 부문의 국영기업에 대한 투자, 식당 등 서비스업체 소유 등 다양한 방식이 존재한다. 이러한 사적 경제활동에서 돈주가 여느 주민과 다른 점은 상업자본과 고용관계일 것이다.[52]

돈주의 상업자본은 장사행위에 쓰이는 상인자본과 고리대에 쓰이는 화폐자본이 된다.[53] 자본을 외화로 축적한 돈주는 자본 시장을 형성하고 있다. 돈주의 자금은 농업, 수산업 등 1차 산업에도 흘러들어가고 있다.[54] 자본시장에서 활동하는 돈주는 고리대업을 위주로 하지만 권력과 결탁해 상업이나 무역업에 뛰어 들어 돈을 벌기도 한다. 큰 돈주는 주로 재일본조선인총연합회(조총련) 가족이나 해외공작원 가족, 최고지도자 최측근 자녀로서 한 손에는 돈을, 다른 한 손에는 권력을 쥐고 있다. 이들은 '돈이 돈을 벌게 해주는 선순환'의 연결고리를 찾아 자본주의 방식으로 돈을 벌고 있다. 제

---

51) 사회과학원 언어학연구소(2006), p.1126.

52) 이종겸(2009), p.38.

53) 위의 글, p.38.

54) 송홍근, "北, 화폐개혁 후 자본주의 시장경제 체제 가속화", 『자유마당』Vol.28(2011년 11월), p.57.

도권 금융기관이 유명무실한 북한에서 소매금융, 무역금융, 기업금융 등으로 실질적인 자본가의 위치를 굳혀가는 것이다.[55] 북한에서 건설기업소 지배인이었고 외화벌이 경험이 있는 O씨는 돈주의 상업자본에 대해 다음과 같이 언급했다.

평남 O씨(만 50세 남), 2008년 탈북, 광산기사/건설기업소 지배인
돈이 부족하면 한 놈 더 끌어들여요. 적어도 4배, 대한민국 여기는 몇 프로에 생사를 걸고 하죠. 주식은 영점 몇 프로. 북한에는 [2]배 아래 되는 장사[는] 하지도 않아요. 적어도 3배는 되어야 하지. 문건보자 하면 다 확실하잖아요. 자기 친척이 중앙당에 있어, 군부에도 있고. '아, 이 사람하고 하면 창 맞지 않겠구나' 하고 시작하는 거예요.

돈주의 유형에는 고리대금형과 달리 직접 사업을 수행하는 상인형과 권력결탁형이 있다.[56] 상인형 돈주는 장사 밑천을 가지고 중국에서 물건을 사온 뒤 중간 상인에게 비싸게 넘겨 큰돈을 번다. 중간상인을 고용하거나 가공주를 거느리기도 한다. 권력결탁형 돈주는 국가기관에 자금을 투자하는 대신 국가기관 소속 직함을 얻은 뒤에 개인장사를 한다. 명목상으로는 국가가 소유한 외화벌이 회사의 실제 주인이 되기도 한다.

정치자본, 그리고 거기서 파생되는 관료자본을 활용해 경제자본으로 전환하는 사적 자본 축적의 대표적인 과정은 외화벌이 구조에서 나타난다.[57] 북한 거주 당시 외화벌이에 종사했던 S씨는 외화

---

55) "북한 돈주가 처벌받지 못하는 이유", 『뉴포커스』 2012년 9월 1일.

56) 주성하, "[北 7·1 경제개혁 3년 현장을 가다] <上>달라진 직업 풍속도기사", 『동아일보』 2005년 7월 4일.

57) 대외무역을 비롯한 다른 사례는 장용석, "북한의 국가계급 균열과 갈등구조: 1990년대 경제위기 이후 변화를 중심으로", (서울: 성균관대 정치외교학과 박사학위논문, 2009), pp.168~170 참고.

벌이 일꾼이 자본을 축적하는 방법에 대해 다음과 같이 증언한다.

해주 S씨(만 49세 남), 2008년 탈북, 외화벌이/국가기관 관리직
위에서 지표가 떨어지거든요. 황해도 지부에서 잣 2톤 [외화벌이]
원천동원을 하라고 하면서 가격을 찍어줘요. 꼭대기 회사가 잣의
1키로 그램당 가격을 찍어줘요. 그 가격대로 사서 올리면 난 먹을
게 없잖아요. 그러니까 의례히 현장에서 살 때 가격조절을 많이 하
면 할수록 많이 떨어져요. 이런 방식으로 돈을 떨궈요. …… 10톤
하라 하면 5톤만 해요. 일부러. '상환하라' 하면 돈 써서 없다 아
니면 사기 맞았다 해요. 빚을 져도 고소가 안 되니까 돈을 빌려
준 사람이 굽실거리게 돼 있어요. 상부조직은 하부조직에서 빚을
지면 메꿔야 하니까 일을 또 시켜요. 넌 안 되겠다 자르는 게 아
니고 …… 뭐 다른 상황, 활동력이라든가 그런 것도 보죠. '아, 이
놈은 일을 할 놈이다' 하면 계속 일을 시켜요. 일을 해서 메꾸라고
돈을 또 줘요. 진짜 뱃심이 든든하면 계속 깔아요. 돈을 만 불이고
이만 불이고 …… 빚을 져요. 빚이 어마어마하게 많아지면 오히려
이 사람을 살려둬요. 돈을 받기 위해서 …… 이게 함정이거든요.
돈을 많이 깔아놓고 감옥에 가요. 나오면 자기 돈이죠. 이런 작전
을 쓰는 놈이 생겼고. 고난의 행군 시작 후에 외화벌이 생겨나면
서 이런 사람이 많았고 지금도 있어요. …… 뻔히 알면서도 어쩔
수가 없는 거예요. 저는 싸게 살수록 이윤이 떨어지는데 위에서도
현장상황을 다 잘 알고 있기 때문에 많이 뜯어 먹을 수는 없어요.
제일 죽어나가는 거는, 착취를 당하는 거는 현지에서 생산하는 주
민들 …… 외화벌이 구조가 그래요.

봉건제 사회에서 자본주의 사회가 형성될 당시의 원시적 축적은
생산자와 생산수단이 분리되는 과정이었다. 이를 북한의 경우에 비
추어 보면 경제위기 이후 직장이탈과 비공식적인 상품생산·유통
체제의 발달과 유사하다. 경제위기로 계획경제가 붕괴되고 공장가
동률이 중단되면서 북한의 노동자들이 생계유지를 위해 직장을 이
탈하기 시작했다.

경제위기 이후 북한의 공장 가동률이 20∼30%라면 이론상 70∼ 80%의 노동자는 공장 밖에서 생계를 유지해야 한다.[58] 스스로 장사나 사업을 운영하기도 하지만 상당수는 자본가라기보다 임금 노동자와 다름없는 경제활동을 할 것이다. 직장에서 일거리와 월급·배급을 제공받지 못하는 이들은 사적 노동 외에 다른 생계 방편을 찾기 어렵다.[59] 정치자본을 통해 사적 자본 축적이 가능한 사람은 자본가로, 그렇지 않은 사람은 임금 노동자로 선락할 가능성이 존재한다고 하겠다.

제4절 소결: 자력갱생에 의한 자발적 사유화

1990년대의 경제위기로 인해 계획경제가 붕괴되면서 시장화가 사유화의 배경을 제공했다. 북한 당국은 개별 경제주체에게 자력갱생을 요구했다. 자력갱생은 곧 시장 활동을 의미했다. 초기에는 시장에서의 상행위를 가차 없이 처벌하고자 했으나 계획경제 복구가 여의치 않자 점차 실리주의를 내세워 시장 부문을 관리하는 쪽으로 정책기조가 바뀌었다. 7·1조치로 대표되는 경제개혁은 계획과 시장의 공존을 수용한 조치라고 하겠다. 시장을 매개로 하는 사적 경제활동에서 비합법 또는 합법적인 활동의 영역 확장은 곧 화폐자산의 축적을 가져왔다.

---

58) 박형중, "화폐교환조치의 파장과 전망: 정치경제학적 분석", 『KINU현안분석』 온라인시리즈 CO 09-48(2009b), p.3.

59) 최봉대(2008a), pp.186∼189; 한영진, "北 춘궁기 극심한 식량난 봉착, 도처에 아사자 발생", 『북한』 2008년 6월호, p.145.

한편 사회주의경제에서는 경제자본이 정치자본에 종속되는 경향이 있다. 정치자본을 점유한 사람은 재화와 서비스를 사적으로 전유할 수 있을 뿐만 아니라 특권적 지위를 이용해 사적 경제활동을 원활하게 추구할 수 있다. 또 정치자본 및 거기에서 파생되는 관료자본을 가지고 사적 경제활동의 후견인으로서 부를 축적할 수도 있다. 이들 자신이 혹은 이들의 협조에 힘입은 돈주와 상인계층이 형성된 것이다.

북한의 사유화는 계획하거나 예정하지 않은 상태에서 이루어졌다는 점에서 헝가리의 자발적 사유화와 유사한 배경을 가지고 있다. 국가가 개별경제주체에게 공공재를 비롯해 사회주의경제에서 예정된 자재와 자금을 제공하지 못하는 방임적 시장화 역시 자발적 사유화의 일면을 구성한다.[60] 자력갱생 차원에서 기업과 가계 말단의 시장경제활동을 통해 사적 자본이 축적되고 있기 때문이다.

그러나 북한의 자발적인 사유화는 경제위기라는 환경적 영향을 배경으로 한다는 점에서 제한적이다. 헝가리에서는 외부의 직접적인 영향력보다는 국가경제 내부의 필요성에 의해 경제개혁을 도입했다. 이후 공식적으로 체제전환을 시작하기까지 20여 년에 걸쳐 사실상의 사유화가 진전되었다. 반면 북한은 1980년대부터 이미 경제난을 겪고 있었지만 경제위기로 계획경제가 붕괴될 때까지 시장 혹은 시장 메커니즘의 본격적인 도입을 미루었다. 북한의 사유화는 경제위기라는 외부의 구조적 요인을 배경으로 한다는 점에서 헝가리의 자발적 사유화와는 구분된다.

---

60) 양문수·김갑식, "북한 도시에서의 재화시장의 형성과 발전", 최완규 엮음, 『북한 '도시정치'의 발전과 체제 변화: 2000년대 청진, 신의주, 혜산』(파주: 한울아카데미, 2007), pp.117~118.

■■■ 제4장

북한의 사유화 유형별 실태

북한의 경우 공식적으로 개혁·개방을 선언하지 않고 계획경제의 틀을 유지하려고 하기 때문에 사유화나 민영화라는 용어를 쓰기는 이르다. 하지만 법·제도 측면보다 실질적인 측면을 보면 비공식경제가 확대되면서 경제적 가치에 대한 권리행사가 소유권과 일치하지 않는 상황이 발생하고 있다.[1] 북한에도 혼합적 재산권 형태를 비롯한 사유화가 일어나고 있는 것이다. 구체적인 형태는 국영기업에 대한 대부투자, 국가기관의 명의대여, 사적 부문의 개인기업이다.

제1형태는 국영기업에 대한 대부투자 활동을 하는 유형(제조업, 서비스업, 자재조달, 임가공 등)이다. 이 경우 개인은 자신이 투자한 몫에 대한 수익금을 회수함으로써 소득권에 참여할 수 있다. 북한의 공장·기업소, 무역회사, 상점, 식당에는 해당 관계자와의 개인적 관계를 통해 사적 자본이 투자되는 경우가 있는 것으로 보인다.

제2형태는 국영기업의 자산을 임차하거나 명의를 대여받아 일체의 경영활동을 하는 유형(무역업, 서비스업, 제조업, 수산업, 광업 등)이다. 주로 자체적인 운영이 어려운 소규모 공장이나 기업소, 식

---

1) 임강택·김성철(2003), p.2, 6.

당이나 상점을 개인이 인수하여 자본을 투자하고 운영하면서 사용료와 수익금을 납부하는 형태이다. 핵심은 개인에게 허용되지 않는 사업허가(무역회사의 경우 와크[2])를 양도받는 것이다. 명의를 빌린 기관에 개인이 구입한 생산수단을 등록하기도 하고 해당 기관이 이미 소유하고 있던 생산수단을 개인이 임대받기도 한다. 전자는 개인 자본으로 버스나 트럭을 구입해서 기관 명의로 등록을 하는 경우다. 후자는 명의를 빌려주는 기관이 소유한 차량이나 선물을 산업 활동에 사용할 수 있도록 빌려주는 경우이다. 겉보기에는 국영기업으로 소속되어 있지만 본질은 사영기업에 가깝다. 특히 상점과 식당 부문에 그 비율이 매우 높은 것으로 알려진다.

제3형태는 신규업종에서 독자적인 기업 활동을 하는 유형(개인영농, 가내수공업, 상행위)이다. 생산수단에 대한 의존도가 낮은 경공업을 중심으로 발달하고 있으며, 국영기업과 경쟁 또는 협력 관계에 있다. 사회주의경제 내 지하공장이 진화한 형태라고 볼 수 있다. 생산수단에 대한 통제권, 소득권, 양도권을 불완전하나마 불법적으로 개인이 가지고 있다. 개인수공업이라는 형태로 존재하며, 담배, 신발, 옷 가공을 하는 개인기업이 대표적이다.

---

2) 북한에서 대일본 수산물 교역 부문에서 외화벌이가 활성화되었음을 고려할 때, '몫', '배당량', '할당량'을 의미하며 쿼터(quota)에 해당하는 일본어 わく(枠: 틀이나 테두리, 제한범위나 제약)에서 유래한 것으로 보인다. 와크 또는 와쿠로 불린다.

제1절 파트너십 계약형: 대부투자

1. 농수산업

1) 농업

북한에서 농업은 공업과 함께 "인민경제 2대 부문의 하나"로서 중요한 의의를 가진다.[3] 농업은 주부식물 공급 및 경공업의 원료 생산 측면에서 국가경제의 중요부분을 차지하기 때문이다. 특히 북한이 추구하는 자립적인 경제구조 상 농산물은 공업 원료의 수요를 보장한다는 점이 강조된다. 또 토지를 기본생산수단으로 한다는 점, 농산물이 주로 소비적 목적에 이용된다는 점은 북한에서 농업이 다른 산업과 구분되는 점이다.

이처럼 중요한 의의가 있는 농업 부문의 생산량을 증대시키기 위한 협동농장의 인센티브제도는 1960년대로 거슬러 올라간다. 1960년의 작업반 우대제 및 1966년의 분조관리제는 작업반 또는 분조의 실적에 따라 생산량을 분배하는 인센티브를 제공했다. 하지만 소유권과 관련하여 농업 부문에서 의미 있는 변화는 경제위기 이후에 시작되었다. 1996년의 신(新)분조관리제는 분조원을 축소하고 계획초과분에 대한 (잔여)소득권을 허용했다. 계획초과분에 대한 분배량을 국가가 결정하지 않고 분조에게 위임한 것이다.[4]

---

3) 조선백과사전편찬위원회, 『광명성백과사전-18. 농업·산림업·수산업』(평양: 백과사전출판사, 2009), p.16.
4) 정진상, 『북한경제, 어디까지 왔나?: 사회주의경제체제 전환국 경험을 중심으로』(서울: 통일부 통일연구원, 2005), p.131.

7·1조치 이후에는 농업개혁 조치의 심도와 속도가 차별화된다.[5] 개인토지(뙈기밭)를 허용했으며 공장·기업소에 협동농장의 땅을 배정, 생산물의 일부를 토지세 및 비료값 명목으로 협동농장에 지급하게 했다. 2003~2004년에는 일부 지역에서 개인경작제를 도입해 땅을 배분하고 근로일수의 3분의 1일은 개인경작을 하도록 허용했다. 개인경작 시범실시를 통한 '가족영농제'와 협농동장 토지의 개인임대를 통한 '가족청부제'를 시도한 것으로 해석된다.[6]

그러나 이상의 인센티브제도는 생산성 향상으로 이어지지 못한 것으로 보인다. 사실 북한 농업의 근본적인 문제는 인프라 및 투자 부족과 주체농업 등의 정책적 폐해도 있지만 농업의 집단화 구조에 기인한다.[7]

농민의 생산의욕을 고취시키기 위해서는 근본적인 소유형태의 개혁이 이루어져야 한다.[8] 사회주의체제에서 농업부문의 사유화는 개인에게 생산물에 대한 처분권을 확대하고 주요 생산수단의 소유권을 인정하는 것을 의미한다. 가족청부제를 시행하고 농지, 가축, 농기계 등에 대한 장기 사용권과 임대권이 보장된다면 이는 내용 면에서 실질적인 사유화를 뜻한다.

북한에는 경제위기 이후 사적 경작이 늘어나면서 농지, 가축 등에 대한 비공식 임대가 발생하고 있는 것으로 보인다. 집단영농 체제에서 소나 농기계는 국가 관리로 되어 있어 사적으로 전유(專有)

---

5) 위의 책, pp.132~133.

6) 최수영, 『7·1조치 이후 북한의 농업개혁과 과제』(서울: 통일연구원, 2006), pp.11~13.

7) 위의 책, p.72; 임수호, 『계획과 시장의 공존』(서울: 삼성경제연구소, 2008), p.66.

8) 최수영(2006), p.67, 73.

하기가 어렵다. 다만 기관·기업소에 등록된 소를 관리해준다는 명목으로 개인 경작지에 잠깐씩 사용하는 현상이 나타나고 있다.[9]

따라서 농업부문의 사유화는 생산수단을 사적으로 이용하는 통제권보다 생산물을 임의 처분할 수 있는 소득권에서 관찰하기가 용이하다. 아래 <표 4-1>은 협동농장의 작업반에 돈을 빌려주고 농산물을 팔아 번 돈을 나누어 가지는 사람이 주위에 얼마나 있었는가에 대한 설문조사결과이다.

<표 4-1> 농장 작업반에 대부투자를 하는 사람

(단위: 명, %)

구분	응답자 수	유효 퍼센트	누적 퍼센트
매우 많았다	19	13.8	13.8
어느 정도 있었다	71	51.4	65.2
그저 그랬다	16	11.6	76.8
별로 없었다	11	8	84.8
전혀 없었다	4	2.9	87.7
들어본 적 없다	17	12.3	100
계	138	100	-

'어느 정도 있었다'는 응답이 51.4%이고 '매우 많았다'가 13.8%로 전체 응답자 중 65.2%가 긍정적인 대답을 했다. 반면 '별로 없었다'가 8.0%, '전혀 없었다'가 2.9%로 전체 응답자 중 10.9%가 농장 작업반에 대한 대부투자에 부정적인 대답을 했다. 8%는 중립적인 대답을 하였고 12.3%는 들어본 적이 없다고 응답했다. 사적 경작에서 나온 생산물은 모두 개인 소유이며 개인이 임의대로 처분할 권

---

9) 좋은벗들, 『오늘의 북한소식』 7호(2005.6).

리를 갖고 있다는 점에서 사유화 진전에 중요한 의미가 있다.[10]

2) 수산업

북한에서 수산업은 국가경제 및 주민생활에서 중요한 부분을 차지하고 있다.[11] 수산업은 어업, 양어양식업, 수산물가공업으로 구성되는데 다음 세 가지 측면에서 중요한 의의를 가진다. 첫째, 부식물 공급을 통한 식량문제 해결이다. 둘째, 식료공업, 화학공입, 제약공업의 원료를 보장하는 것이다. 셋째, 축산업 발전에 필요한 먹이 제공이다.

경제위기 이전 북한의 수산업 관리체계 및 기구는 다음과 같다.[12] 수산업의 기본생산단위는 국영수산사업소와 수산협동조합이며 그 비율은 1980년대 초 기준으로 7:3 정도인 것으로 알려진다. 국영수산사업소는 1990년 기준으로 88개, 수산협동조합은 284개로 다른 지역에 비해 함경남도와 함경북도에 각각 2배 정도 많이 분포되어 있었다.

북한 경제의 물적 토대가 흔들리기 시작하던 1980년대 말부터 북한의 지도자들은 수산업 분야에 주목하고 경제정책을 지도해온 것으로 보인다. 김일성의 지도하에서는 1980년대 말과 1990년대 초 변화된 수산업의 실태에 맞게 수산부문 기업 관리를 통해 수산물생산을 늘이기 위한 노력이 있었다.[13] 이는 수산사업소 및 수산협동조합의

---

10) 임수호(2008), p.109.

11) 조선백과사전편찬위원회(2009), p.736.

12) 홍성걸·임경희, 『북한 수산업 실태와 남북협력사업 발전방안』(서울: 한국해양수산개발원, 2002), p.6, 9.

13) 조선백과사전편찬위원회(2009), p.748.

명의를 대여한 개인고깃배 허용조치를 포함하는 것으로 보인다.14)

1990년대 후반에는 양어사업에서 비약적인 발전이 이루어졌는데 이는 김정일의 지도였음을 시사하고 있다. 2005년 기준으로 1995년 대비 양어장 면적이 5배 이상, 양어물고기생산은 7배 이상 성장했으며 어업과 양어양식이 함께 발전하고 수산물 생산과 가공 사이가 밀착되는 등 수산업이 다면화되었다고 한다.15) 이 시기 수산자원이 외화벌이 원천동원으로 활용되었음을 반영한다고 하겠다.

선군정치가 전면에 등장하면서는 군부 산하 외화벌이 전용 무역회사들이 바다 양식에 투입되었다.16) 그러나 양식장비 설치나 양식과정의 기술적 재원, 자금난 등으로 사실상 이렇다 할 만한 성과가 없었다고 한다. 1999년에 본격적으로 시작되었던 바다 양식이 2000년 중반에 거의 무용지물이 되었다는 것이다. 이 시기 자금난을 겪는 군부 산하 외화벌이 기지의 요청으로 돈 있는 개인들이 투자를 시작했다.17)

사적 자본을 국가기관에 빌려주는 대부투자는 재산권 변화 형태에서 파트너십 계약형에 해당한다. 파트너십 계약형은 국가와 개인이 사업의 보상과 위험을 공유하면서 개인이 자기 재산을 축적할 수 있다.

그런데 북한의 경제구조상 개인이 국가기관에 대부투자를 할 경우 보상은 국가와 개인이 공유하면서 위험은 개인이 부담할 가능성이 높다. 예컨대 개인이 조개양식 사업에 참여할 때 가장 큰 위

---

14) 신의주 U씨(만 64세 남), 2001년 탈북, 기계기사; 신의주 T씨(만 25세 남), 2010년 탈북, 개인
   상업(과일, 공업품)/아버지가 1990년대 선주.

15) 조선백과사전편찬위원회(2009), p.748.

16) "김정은 바다자원복구지시 하달, 양식이 우선? – 김정은 1월 1일 방침지시로 북한 해안 전역
   에서 어로작업 전면 중단", 『북한전략정보서비스센터』 2012년 3월 19일.

17) 해주 S씨(만 49세 남), 2008년 탈북, 외화벌이/국가기관 관리직.

험은 자연재해를 만나는 것이다. 대부투자 형식의 또 다른 위험은 사기를 당하는 것이다. 투자자 개인이 사업을 직접 수행하는 것이 아니기 때문에 사업을 수행하는 기관에 소속된 사람과의 친분이나 이해관계가 없으면 손해를 보기 십상이다. 보상과 위험을 공유하기로 계약을 하더라도 사실상 개인이 모든 위험을 감수한다.

자연재해가 아니라 다른 사람의 것을 도둑질하는 범죄가 연루되어도 개인은 재산권을 행사하기 어렵다. 국가재산을 이용해 개인이 대부투자를 하는 것부터가 문제시될 수 있기 때문에 그 과정에서 일어난 일을 법적으로 해결하기 어렵다. 사업에서 이윤이 나면 개인은 원금과 이자를 받아 수익을 낼 수 있다. 반면 이윤이 발생하지 않으면 개인은 국영기업 측이 빌려간 돈을 상환하게 만들 강제력이 없다. 혹은 이윤이 발생하더라도 기업 측이 다른 핑계를 대면서 돈을 돌려주지 않을 수도 있다.[18] 대부투자가 공식적으로 허용되지 않는 상황에서 개인은 빌려준 돈을 돌려받지 못할 위험을 고스란히 져야 한다. 북한에서 조개양식 투자로 손해를 본 적이 있는 S씨는 이 부분에 대해 다음과 같이 증언했다.

해주 S씨(만 49세 남), 2008년 탈북, 외화벌이/국가기관 관리직
[조개를] 몇 번 캐고 캐고 해도 그렇게 밖에 안 나와서 [외화벌이 기지] 기지장한테 '어떡할래. 같이 [손해를] 안자' 해서 둘이 변상하는 걸로 돈 내놔라 …… [수익이] 나오면 절반 먹기로 했으니까 안 나오면 절반 물어야 되잖아요. 그 기지장도 [말은] 갚을 게요 하지만 '갚을 게요' 자체가 안 갚겠단 소리예요.

---

18) 서류상 거래가 없어 개인기업가가 공장 측으로부터 돈을 돌려받지 못한 사례는 손혜민, "<해설> 몽당장사의 등에 업힌 세멘트련합기업", 『임진강』 15호(2012) 참고.

하지만 돈을 빌려준 개인이 돈을 상환하게 만들 강제력 혹은 영향력을 가진 경우라면 상황은 달라진다. 기업소 지배인이나 외화벌이기관, 검열기관 관계자 등 권력을 가지고 있거나 인맥을 통해 권력을 발휘할 수 있는 사람은 투자금은 물론 수익을 보장받는다. 검열기관 관계자가 외화벌이 수산기지에 투자할 경우 자연재해가 아닌 이상 대부투자에 대한 수익금을 거의 확실히 보장받을 수 있다.

검열기관에 종사하면서 조개양식에 투자한 경험이 있는 F씨(해주(만 40세 남), 2007년 탈북)는 "일반 사람들이 하면 사기당하기 일쑤"지만 "우리한테는 사기 못 친다"고 증언한다. 경제감찰과에 있는 F씨는 S씨와 같은 일을 당할 리도 없지만 만약 그런 일이 발생한다면 직위를 이용해 변상을 받을 수 있을지 모른다. F씨에 따르면 경제감찰은 "국가의 재산을 떼먹는 자들에 대한 법적 처벌, 감시강화"를 말한다. 하지만 그 권한은 '자신의 재산을 떼먹는 자들에 대한 법적 처벌, 감시강화'에도 사용될 수 있다. F씨는 정치자본에서 파생된 관료자본을 가지고 경제자본을 강화하는 것이다.

2. 공업

다음 <표 4-2>는 공업부문에 대한 설문조사결과를 정리한 것이다. 공장·기업소에 대부투자를 하는 사람에 대해서는 '어느 정도 있었다'가 56.6%, '매우 많았다'가 16.6%로 응답자 중 73.1%가 긍정적인 대답을 했다. 반면 '별로 없었다'가 6.9%, '전혀 없었다'가 3.4%로 전체 응답자의 10.3%는 공장·기업소에 대한 대부투자가 일어나고 있지 않은 편이라고 응답했다.

<표 4-2> 공장·기업소에 대부투자를 하는 사람

(단위: 명, %)

구분	응답자 수	유효 퍼센트	누적 퍼센트
매우 많았다	24	16.6	16.6
어느 정도 있었다	82	56.6	73.1
그저 그랬다	11	7.6	80.7
별로 없었다	10	6.9	87.6
전혀 없었다	5	3.4	91
들어본 적 없다	13	9	100
계	145	100	-

북한에서 대부투자 활동에 투입되는 자원의 형태는 자금 또는 자재이다. 농장에 대부투자를 할 경우 비료를 제공하고 나중에 곡식을 돌려받는 방식이 가능하다. 마찬가지로 제조업의 경우에도 대부투자나 원리금 및 수익금의 분배가 현물로 이루어질 수도 있다. 화폐화가 상당 정도로 진전된 자본주의 경제에서 투자는 주로 자금의 형태로 일어난다. 반면 사회주의경제인 북한에서는 아직 화폐화의 진전도가 상대적으로 낮은 편이다. 또한 아직까지 시장메커니즘보다는 국가계획분에 따른 분배가 공식적인 우위에 있다. 따라서 시장화·화폐화된 자금뿐 아니라 국가계획분과 연계된 자재의 형태로 자원이 투입되는 경향이 있는 것으로 보인다. 이는 적극적으로 해석하면 임가공 위탁에 해당한다.[19]

다음 <표 4-3>은 '돈주가 공장에 돈을 주면서 물건을 만들어 달라고도 하는지'에 대한 응답을 정리한 것이다. '매우 그렇다'가 10.3%, '그런 편이다'가 39.7%로, 전체 응답자의 50%가 긍정적으로 응답했다.

---

19) 이석기 외(2010), pp.204~205.

<표 4-3> 대부투자 시 임가공 위탁하는 경향

(단위: 명, %)

구분	응답자 수	유효 퍼센트	누적 퍼센트
매우 그렇다	14	10.3	10.3
그런 편이다	54	39.7	50
그저 그렇다	34	25	75
그렇지 않은 편이다	17	12.5	87.5
전혀 그렇지 않다	11	8.1	95.6
잘 모른다	6	4.4	100
계	136	100	-

국영기업에 돈을 빌려주고 원금을 회수하는 데 대해서는 북한이 탈주민의 증언이 엇갈린다. 이는 해당 국영기업 또는 그곳 책임자의 운영능력에 따라 다르며 지역 차가 있는 것으로 보인다. 하나는 국영기업의 자금력이나 운영 상태가 현저히 떨어져 투자의 가치가 없다는 의견이다.[20] 그 돈으로 차라리 다른 장사나 사업을 하는 편이 낫다고 보는 것이다. 이는 가동률이 낮고 원금회수를 담보하기 어려운 지방공장의 사정인 것으로 보인다. 반면 평양 등 국영기업의 안정적인 운영이 담보되는 곳의 사정은 다르다. 국영기업이 도산하지 않는 한 국영기업에 돈을 빌려주었다가 돌려받지 못할 걱정은 없다는 것이다.[21]

<표 4-4>에서 보는 바와 같이 공장이나 기업소에 빌려준 돈을 받지 못했을 때는 공장 책임자의 개인재산에서 받아 내거나(30.2%) 돈이 될 만한 기계를 가져간다(31%)고 응답한 사람이 많았다. 신소

---

20) 함흥 C씨(만 54세 여), 2007년 탈북, 개인상업(달리기).

21) 평남 O씨(만 50세 남), 2008년 탈북, 광산기사/건설기업소 지배인; 신의주 T씨(만 25세 남), 2010년 탈북, 개인상업(과일, 공업품).

를 통해 책임자를 압박(14.7%)하거나 공장에서 생산한 물건으로 상
환(11.6%)한다는 응답도 있었다. 줄 때까지 기다리다가 결국 포기
한다는 응답은 10.9%에 달했다. 이러한 대처 방법을 보면 공장이
나 기업소에 돈을 투자한다고 하더라도 사실상 공장 및 기업소 책
임자와 거래를 한다는 의미인 것으로 보인다.

<표 4-4> 공장·기업소에 빌려준 돈을 돌려받지 못할 때 대처방법

(단위: 명, %)

구분	응답자 수	유효 퍼센트
돈이 될 만한 기계라도 상환 요구	40	31
공장 책임자의 개인재산에서 상황 요구	39	30.2
공장에서 생산한 물건으로 상환 요구	15	11.6
줄 때까지 기다리다가 포기	14	10.9
신소를 통해 책임자의 문제 해결 강요	19	14.7
기타	2	1.6
계	129	100

* 복수 응답 허용

　공식경제로부터의 생산물이나 자재를 절취한 것을 바탕으로 가
내수공업이나 지하공장이 운영되는 현상은 헝가리 사유화의 기초
가 되었던 공장 내 사적 파트너십과 유사한 측면이 있다.[22] 하지만
헝가리의 경우에는 '개인이 자기가 소속되어 근무하는' 공장의 기
계설비, 자재를 이용해 사적 파트너십의 경리활동을 한 것이었다.
북한의 대부투자는 이와 달리 개인이 자기가 소속되지 않은 사업
장에도 자본을 투자하는 현상이 일어나고 있다.[23]

---

22) 임수호(2008), p.148; Rona-Tas(1995), p.62, 68.

23) 이영훈(2005), p.177.

2002년 7·1조치 이후 개인투자는 고리대를 통한 사채업에 이르고 있으며 그 분야는 유통, 부동산, 교통운수까지 포괄한다.[24] 공장, 기업소들이 자율적 경제관리형으로 전환되면서 개인투자자는 이들 기관과 연계하여 생산 활동에 참여한다.

특히 대성무역회사, 금강무역회사, 승리무역회사 등 북한 외화벌이 회사들은 국가재정이 아닌 개인자금으로 운영된다고 한다.[25] 평양 내 회사의 경우 한 사람이 투자하는 금액이 적게는 1만 달러에서 많게는 100만 달러에 이른다. 회사마다 개인투자로 들어오는 인원은 2~3명에 이른다. 이들은 개인장사로 부를 확보한 사람들이다. 이들이 무역회사에 투자형 취업을 하는 것은 개인장사에 비해 자유롭고 합법적인 방식으로 돈을 벌 수 있기 때문이다. 개인자금으로 추가 수익을 내면 그 분배는 세금, 투자자의 몫, 기타 일꾼들의 임금으로 분배된다. 투자형태로 취업한 사람이 퇴사할 경우에는 처음 투자 금액을 되돌려 받을 수도 있다.

제2절 공공자산 임차형: 명의대여

공공자산 임차형은 양도권이 국가에 귀속된 채 통제권과 소득권이 개인에게 임대되는 것을 말한다. 정치개혁을 선언하지 않고 경제개혁에 들어간 사회주의체제에서 지배적인 재산권 형태인 것으

---

24) 한영진, "[기획3] 북한 경제의 보이지 않는 손 '돈주'", 『NK Vision』 8호(2008년 8월호).

25) "북한 국영무역회사 대부분 국가 재정 없어 개인 투자 돈으로 운영돼", 『열린북한방송』, 2011년 1월 28일.

로 보인다. 명의대여 유형은 자본을 가진 사람이 국가기관의 명의를 빌려서 사실상 개인이 운영하는 사업형태를 말한다. 대부투자와 비교할 때 개인이 비교적 독립적으로 사업을 운영하는 대신 국가기관에 일정한 수익을 보장해주어야 한다. 개인명의의 사업운영이 허용되지 않는 북한에서 그나마 사적 자본이 안정적으로 재투자될 수 있는 기회로 보인다.

북한을 오가면서 사업을 하는 조선족 사업가 V-2씨(30대 조선족 남자, 중국 ○○시 무역회사 부경리, 무산에서 임가공)는 자신과 사업을 하는 "여러 파트너들도 화물차, 고깃배, 개인 승용차 등을 회사 이름을 걸고 사용하고" 있으며 그 파트너들은 사업을 하는 자신보다 잘 산다고 증언했다.

명의대여는 북한 당국이 사적 자본을 국가경제로 흡수하는 데 유용한 방법이기도 하다. 정비례하는 것은 아니지만 투입되는 사적 자본의 크기가 클수록 국가납부금의 규모도 커지기 때문이다. 기관 명의를 필요로 하는 수산업, 광업, 수공업, 상업 부문의 사례를 통해 명의대여 유형을 살펴보기로 한다.

1. 수산업

수산업 부문의 대표적인 생산수단인 어선은 개인명의가 허락되지 않기 때문에 기관의 명의를 대여하는 것이 필수적이다. 북한에서 모든 선박은 도별, 종류별, 소속부서별, 소유기관별로 번호와 약자가 부여된다.26) 자동차와 마찬가지로 고유번호를 통해 소속 기관이 식별되는 것이다. 조업은 수산위원회 산하 수산관리국에서 선장에게 지급하는 어업허가증이 있어야 가능하다.

수산사업소나 수산협동조합이 개인에게 대여하는 공공자산은 명의가 될 수도 있고 생산수단이 될 수도 있다. 전자는 개인이 기관의 명의만 빌리고 선박, 어장, 어업 도구 등 생산수단을 자체적으로 마련한다. 후자는 수산사업소가 일체의 생산수단까지 빌려주고 돈을 받는다.

다음 <표 4-5>는 수산사업소의 고깃배를 대여하는 사람에 대한 조사결과이다. '어느 정도 있었다'가 38.5%, '매우 많았다'가 19.3%로 전체 응답자의 57.8%가 긍정적으로 응답했다.

<표 4-5> 수산사업소 고깃배를 대여하는 사람

(단위: 명, %)

구분	응답자 수	유효 퍼센트	누적 퍼센트
매우 많았다	26	19.3	19.3
어느 정도 있었다	52	38.5	57.8
그저 그랬다	18	13.3	71.1
별로 없었다	14	10.4	81.5
전혀 없었다	3	2.2	83.7
들어본 적 없다	22	16.3	100
계	135	100	-

고깃배를 직접 구해서 수산사업소의 명의만 빌리는 사람에 대해서는 아래 <표 4-6>에 나타난 바와 같이 '어느 정도 있었다'가 32.1%, '매우 많았다'가 26.9%로 응답자의 59%가 긍정적으로 대답했다.

---

26) 홍성걸·임경희(2002), p.21.

<표 4-6> 수산사업소에 고깃배를 등록하는 사람

(단위: 명, %)

구분	응답자 수	유효 퍼센트	누적 퍼센트
매우 많았다	36	26.9	26.9
어느 정도 있었다	43	32.1	59
그저 그랬다	12	9	67.9
별로 없었다	11	8.2	76.1
전혀 없었다	7	5.2	81.3
들어본 적 없다	25	18.7	100
계	134	100	-

고깃배 대여나 명의 대여는 방식의 차이일 뿐 고깃배라는 생산 수단을 사적으로 이용한다는 점은 동일하다. 이런 경우를 '들어본 적 없다'는 응답은 각각 16.3%, 18.7%로 나왔다. 수산업의 특성상 바다가 없는 지역 출신의 대상자는 이런 현상을 간접적으로도 경험하지 못했을 것이다.

고깃배는 공장에 의뢰해서 제작하는 방법, 국영기업 재산을 인수하는 방법, 중국에서 수입하는 방법으로 마련된다. 공장에 주문을 하는 경우는 자금과 자재가 부족한 기업이 운영비 확충을 위해 사적 자본을 받아들이기 때문에 가능하다.[27] 국영기업 재산을 인수하는 경우는 개인이 돈을 주고 수산사업소 등 기관의 중고배를 인도받는 것이다.[28] 배 운영에 필요한 기름값을 대지 못하고 방치하는 기관의 입장에서는 자산을 처분해 운영비를 마련할 수 있다. 흔한 경우는 아니지만 해상무역을 통해 중국 측에서 중고배를 사오는 것도 가능하다.[29] 북한 측은 해마다 3월 중순에서 12월 중순까지

---

27) 황해남도에서 수산업을 하는 사람이 P시 소재 화학건설연합기업소의 군수일용직장에 의뢰해 12톤짜리 잠수배 두 척을 만들어갔다는 증언이 있다. 이석기 외(2010), p.208.

28) 청진 B씨(만 52세 남), 2010년 탈북, 개인선박(부업선) 선장.

수은도와 초도 등 서해에 위치한 섬 1곳을 지정해 중국 선박들이 무역을 할 수 있도록 개방한다.[30]

제도적으로 인정되는 것은 아니지만 개인소유의 배에 대한 인식과 규범도 자리 잡고 있다. 개인이 구입한 배의 명의이전 및 양도가 가능하기 때문이다. 개인은 배를 소유한 채로 소속기관을 옮겨 공식적인 명의를 이전할 수 있다. 또 개인이 배의 소유권을 다른 사람에게 양도하여 사실상의 주인이 바뀌는 경우도 있다.

먼저, 개인은 배의 소유권을 유지하면서 소속 기관을 옮길 수 있다.[31] A기관에 배를 등록시켜놓았던 소유주가 B기관으로 소속을 옮기고 싶다고 하면 개인이 나서서 재산권을 행사하기는 어렵지만 B기관이 나서서 A기관에게 배를 인수하겠다고 요구할 수 있다. A기관 입장에서도 또 다른 배를 등록받을 수 있기 때문에 굳이 거부하지 않는다.

이렇게 볼 때 생산수단에 속하는 배의 재산권 이행은 북한의 사유화에 다음과 같은 점을 시사한다. 배의 소유주 입장에서는 다른 기관으로 적을 옮기는 것이 어렵지 않다. 특정 기관에 한 번 소속되었다고 해서 해당 기관 소유의 자산으로 종속되지 않는다. 단순히 배를 이용한 소득권만 인정되는 것이 아니라 양도권에 가까운 권리를 행사할 수 있는 것이다. 기관의 입장에서 해당 배를 다른 기관에 선뜻 넘겨준다는 것은 그 자리에 등록할 다른 배를 구하기가 어렵지 않다는 것을 전제한다. 이는 그만큼 배에 대한 사적 소유가 상당 부분 진전되어 있다고 하겠다.

---

29) 신의주 T씨(만 25세 남), 2010년 탈북, 개인상업(과일, 공업품)/부친이 1990년대 선주.

30) "北 - 中 해상무역 기지개", 『연합뉴스』 2007년 4월 12일.

31) 신의주 T씨(만 25세 남), 2010년 탈북, 개인상업(과일, 공업품)/부친이 1990년대 선주.

한편 기관 명의로 등록되어 있는 개인소유의 배를 다른 사람에게 양도하는 것도 가능하다.[32] 국영농장 부업선의 경우 초급당비서에게 승인을 받으면 배를 다른 사람에게 양도할 수 있다. 고깃배는 처분도 가능한데 중고이면 중고대로 값을 치르고 다른 사람에게 넘길 수 있다.

수산업에는 사적 노동도 진전되어 있다. 선장 또는 선주 입장에서는 '삯발이'로 불리는 일용지 노동자를 구하기가 어렵지 않다.[33] 선원은 보통 남자이지만 여자 중에 '배를 타기' 원하는 사람이 있을 정도이다. 이는 7월에서 11월까지 오징어(북한에서는 '낙지'로 불림)잡이 한철 노동으로 1년치 생활비가 마련되기 때문이다. 설문조사에 따르면 이처럼 고깃배에 사적으로 고용된 사람에 대해 32.6%가 '어느 정도 있었다'고 응답했고 34.7%는 '매우 많았다'고 응답하여 전체 응답자의 67.4%가 긍정적으로 응답했다. 반면 '들어본 적 없다'는 응답은 13.9%로 나왔다. 구체적인 내용은 아래 <표 4-7>과 같다.

<표 4-7> 개인이 운영하는 고깃배에 고용되는 사람

(단위: 명, %)

구분	응답자 수	유효 퍼센트	누적 퍼센트
매우 많았다	50	34.7	34.7
어느 정도 있었다	47	32.6	67.4
그저 그랬다	13	9.0	76.4
별로 없었다	8	5.6	81.9
전혀 없었다	6	4.2	86.1
들어본 적 없다	20	13.9	100.0
계	144	100.0	-

---

32) 청진 B씨(만 52세 남), 2010년 탈북, 개인선박(부업선) 선장.

33) 청진 B씨(만 52세 남), 2010년 탈북, 개인선박(부업선) 선장.

2. 광공업

1) 광업

광업은 북한에서 채취공업에 속한다. 채취공업은 자연부원을 대상으로 시초원료와 연료를 생산하는 공업부문으로서 채굴공업, 임업, 수산업을 포함한다.[34] 북한에서는 지하자원을 캐내고 처리하는 채취공업의 일부를 채굴공업으로 칭하고 있다. 채굴공업은 철광석을 비롯한 금속 및 비금속광물자원, 석탄·원유·가스 등의 연료자원, 대리석·화강석 등의 석재자원을 대상으로 한다.

북한에서는 광물자원의 자급자족을 중시하여 대부분을 국내 산업에 소비해왔다.[35] 김일성의 교시를 따라 지하자원을 남김없이 개발 이용하여 원료, 연료, 동력문제를 해결하는 주요방편으로 삼았다.[36] 하지만 1990년대 후반부터 광물자원은 외화벌이의 중요한 원천이 되어 수출에 차지하는 비중이 점차 늘어나고 있다.[37]

2006년 말에 북한 내각은 '중소탄광 개발 및 운영 규정'을 채택한 바 있다. 이 규정은 규모와 업종을 불문하고 모든 기업, 기관, 단체가 국가의 허가를 받고 자체적으로 탄광을 개발하고 운영할 수 있도록 법적으로 보장한 것이다. 이 조치는 당시 기관, 기업소의 독립채산제와 경영권 강화 등 시장경제요소를 담은 7·1조치에서 진일보한 조치로 평가되었다. 문제는 대규모 기업소가 아닌 소규모의 기

---

34) 조선백과사전편찬위원회, 『광명성백과사전-16.채굴·금속·기계·전기·전자공업』(평양: 백과사전출판사, 2006), p.14.

35) 이태옥 편, 『북한의 경제』(서울: 을유문화사, 1990), p.165.

36) 조선백과사전편찬위원회(2009), p.79.

37) 통일연구원, 『북한 광물자원 개발 전망과 정책방안』(서울: 통일연구원, 2005), pp.72~73.

관, 단체가 탄광을 개발하고 운영하기 위해서는 자금과 인력 마련이 결코 쉽지 않다는 것이다. 따라서 여러 기관, 기업소, 단체가 공동으로 탄광을 개발, 운영하는 방식이 도입될 것으로 예상되었다.[38]

그러나 실제로는 여러 기관의 공동개발방식은 물론 사적 자본에 의해 자금과 인력이 마련된 것으로 보인다. 순천, 개천, 덕천 등지의 큰 광산은 국가가 다 소유하고 있지만 미처 손대지 못하는 작은 광산에는 개인들이 들어가기 시작했다.[39] 개인탄광은 중앙과 지방 정부 산하 탄광에서 운영하다가 폐갱으로 처리한 곳을 개인이 운영하는 것을 말한다. 수 명에서 수십 명의 탄부를 거느린 책임자는 '기지장(사장)'이라고 불린다.

탄광 분야는 외형상 국가소유라도 속성으로 볼 때는 개인들이 참여하는 비율이 60~70%에 이른다는 증언이 있다.[40] 가장 빠른 시일 내에 채굴해서 수출할 수 있는 것이 석탄이기 때문에 탄광에 대한 개인투자가 많다는 것이다.[41] 또한 국가가 허락한 공장, 기업소의 중소탄광보다 외화벌이기관이 많은 것으로 보인다.

아래 <표 4-8>에 나타난 바와 같이 기관이나 단체의 명의를 빌려 개인이 운영하는 광산에 대해서는 '어느 정도 있었다'가 19.6%, '매우 많았다'가 13%로 전체 응답자의 32.6%가 긍정적으로 응답했다. '전혀 없었다'와 '매우 많았다'고 응답한 비율은 각각 13%이고 '들어본 적 없다'는 응답은 25.4%에 가깝다. 기관 명의를 빌리는 다

---

38) "<北, 모든 기관·단체에 중소탄광 개발·운영권 부여>(종합)", 『연합뉴스』2006년 12월 11일.
39) 손혜민(2009), p.65.
40) 평남 O씨(만 50세 남), 2008년 탈북, 광산기사/건설기업소 지배인.
41) 2003년 경 순천시의 탄광 기지장이 백 수십 명에 달했다고 한다. 손혜민(2009), p.65.

른 업종에 비해 개인광산에 대한 사유화 인식 정도는 낮다. 광산 자체가 일반 사람들에게 많이 노출되는 업종은 아니기 때문일 것이다.

<표 4-8> 기관·단체 명의를 빌린 개인광산

(단위: 명, %)

구분	응답자 수	유효 퍼센트	누적 퍼센트
매우 많았다	18	13	13
어느 정도 있었다	27	19.6	32.6
그저 그랬다	29	21	53.6
별로 없었다	11	8	61.6
전혀 없었다	18	13	74.6
들어본 적 없다	35	25.4	100
계	138	100	-

개인광산의 운영 실태에 대해 알기 위해서는 두 가지 조건이 필요하다. 첫째, 거주지 인근에 광산이 있어야 할 것이고 둘째, 그 광산이 대규모 국영광산이 아니라 국가가 미처 개발하지 못하는 중소규모 광산이어야 한다. 근처에 광산이 있더라도 대규모 국영광산은 국가가 유지하고 있기 때문에 사유화 비율이 낮다. 따라서 이러한 조건이 맞는 지역에 살지 않으면 개인광산에 대해 들어보지 못한 사람이 많을 것이다.

개인광산은 자본만으로 운영할 수 없고 기관 명의를 빌려야 안정적으로 운영할 수 있다. 돈 있는 개인이 광산 책임자를 찾아가 '이윤의 일정 부분을 납부하겠으니 갱 몇 개를 달라'고 요구하는 방식으로 설립된다. 개인이 광산 하나를 통째로 살 만한 여력이 없으므로 광산의 갱 일부를 인수받는 것이다. 예컨대 금을 발견하면

광산책임자에게 돈(약 5천~1만 달러)을 주고 갱을 산 후 국가에 개발제의서 등을 제출한다.[42) 외국(중국) 자본을 유치할 수 있으면 합영회사형태가 되는데 당국에서는 이런 방식을 환영한다. 개인광산이 기관 명의로 되어 있기 때문에 기관 간 거래도 가능하다.[43)

개인광산에 고용되는 인원은 군부대, 노농적위대, 협동농장 등을 통해 쉽게 구할 수 있다.[44) 개인적으로 고용하는 것보다 해당 기관을 통하면 행정처리 및 눈가림이 용이하나. 기관은 일종의 인력파견업체처럼 노동력을 일사분란하게 보내줄 수 있으며 밖으로 소문이 날 가능성이 적다. 특히 군부대와 거래할 경우 노동 효율 측면에서 군인이 민간인보다 나은 점도 있다. 노동 대가의 형태와 지불방식은 정하기 나름이다. 현금이 될 수도 있고 농산물, 광물 등의 현물이 될 수도 있다. 보통은 인력을 파견한 기관이 노동 대가를 일괄 지불받아 기관 운영비로 사용한다.

광물을 캐는 외화벌이 회사가 많기 때문에 기술자 채용 수요도 많다고 한다.[45) 한 달 급여는 북한 돈으로 10~20만 원 정도로 비공식 가격이 설정되어 있다. 기술자는 수소문을 통해 대학이나 전문대 교원 출신을 찾는다. 광산 부문에 종사하고 있던 기술자는 기술을 활용한 공식·비공식 직장생활을 통해 이미 경제활동을 하고 있을 것이다. 하지만 배급이 원활하게 나오지 않는 상황에서 다른 경제 활동을 마음대로 할 수 없는 교원은 경제적 어려움을 겪는다.

---

42) 해주 A씨(만 40세 남), 2009년 탈북, 개인광산(외화벌이).

43) 평남 O씨(만 50세 남), 2008년 탈북, 광산기사/건설기업소 지배인.

44) 해주 A씨(만 40세 남), 2009년 탈북, 개인광산(외화벌이); 신의주 T씨(만 25세 남), 2010년 탈북, 개인상업(과일, 공업품)/의무병으로 군복무 당시 광산에서 일하다가 부상당한 군인 치료차 광산에 자주 방문; 단천 M씨(만 37세 남), 2012년 탈북, 사굴 관리자, 건설노동자/농장원.

45) 해주 A씨(만 40세 남), 2009년 탈북, 개인광산(외화벌이).

따라서 교원은 가진 지식과 기술을 가지고 다른 직장생활을 할 경제적 유인을 갖는다. 몸이 아프다는 핑계를 대거나 뇌물을 주는 대신 사직을 하고 비공식적인 직업이동이 가능한 것으로 보인다.

2) 수공업

북한에서 수공업은 개인수공업과 가내수공업으로 나눌 수 있다.[46] 이 둘의 차이는 생산수단이 기관의 재산으로 등록된 여부, 즉 공식 서류상의 차이로 볼 수 있다. 개인수공업은 개인이 보유한 생산수단을 기관에 등록하지 않고 산업 활동을 하는 것이다. 반면 가내수공업은 개인의 생산수단을 기관의 재산으로 등록하고 산업 활동을 하는 형태를 말한다. 후자는 서류상으로 국가의 생산수단이지만 실질적으로 개인이 점유·이용(통제권)하면서 소득에 대한 처분권(소득권)을 갖고 있다.

사실상의 소유권 측면에서 양자의 차이는 크지 않다. 북한에서는 개인의 생산수단 소유를 법적으로 허락하지 않는다. 따라서 실제 소유자의 소유권이 법적으로 인정되지 않는다는 점에서는 양자 간에 차이가 없다. 사실상 자재조달, 제품생산, 가격결정, 판매 등 사업방식에서도 유사하다.

그럼에도 불구하고 개인수공업과 가내수공업이 나뉘는 이유는 다음과 같은 차이에서 발견된다. 첫째, 개인수공업과 가내수공업은 참여대상에서 차이가 난다. 개인수공업에 참여하는 사람들은 주로 전문기술을 습득하고 유사직종에서 종사한 경험이 있는 경우이다.

---

46) 한국정책금융공사(2010), p.56.

개인수공업을 하기 위해서는 자체 생산을 위한 기술이 필요하기 때문이다.[47] 생산에 참여할 노동시간을 고려한다면 원칙적으로는 출근을 하지 않아도 되는 전업주부와 연로자 등 피부양자가 주로 참여한다. 하지만 공장이 제대로 돌아가지 않아 일감이 없고 8·3 입금 등을 통해 출근을 하지 않는 방법이 생겨나면서 직장에 소속된 사람도 참여하고 있다. 따라서 기관, 기업소, 협동조합 등 행정조직에 등록된 여부는 큰 문제가 아닌 것으로 보인다.

반면 가내수공업에 참여할 수 있는 대상은 공장·기업소 소속 기본 노동자와 가내작업반·가내생산협동조합의 부대노동자이다.[48] 8·3입금이 늘어나면서 공장에 출근하는 대신 가내수공업활동을 하는 사람이 늘어나고 있다. 이들은 본인이 마련한 생산도구를 기관에 등록시키거나 본인의 노동을 제공하는 기관의 구성원으로 소속되어 있다.

둘째, 수익비율에서 개인수공업과 가내수공업 간에 차이가 있다. 북한에는 내각지시 제24호를 통해 "시장 밖이나 집에서 공업상품을 가공하여 넘기거나 상품을 판매하는 대상들이 소득규모에 따라 국가납부금을 바치도록" 되어 있다. 그러나 개인수공업은 생산수단을 국가에 등록시키지 않고 있기 때문에 국가납부금을 얼마든지 피해갈 방법이 있다.

셋째, 생산수단을 국가에 등록시키지 않는다는 점에서 개인수공업과 가내수공업은 규모 및 설비의 차이가 있다. 개인수공업은 생산수단을 국가에 등록시키지 않을 정도의 규모 선에서만 이루어지

---

47) 위의 책, p.59.
48) 위의 책, p.61.

는 것이다. 대표적인 것이 옷, 담배, 신발이다. 반면 설비가 전기를 필요로 할 경우 국가 부문의 명의를 대여할 수밖에 없다.

국수와 인고고기[49] 생산은 기계설비라는 생산수단과 소규모 고용을 필요로 하는 대표적인 품목이다. 명의를 대여하지 않고 개인이 집에서 운영하기 어려운 이유는 전기 사정 때문이다.[50] 북한에는 1호선(최고지도자 관련 청사, 특각, 행사장 전용선), 공업선, 군수선, 주민선으로 전력공급을 조절하여 공급하고 있다.[51] 공업선으로는 10시간, 주민선으로는 4시간 정도 공급되기 때문에 기계를 돌리려면 공장 근처에서 공업용 전기를 사용해야 한다. 집에서도 몰래 운영할 수 있지만 꾸준하게 영업을 하려면 명의를 대여하는 것이 편리하다. 해당 공장이나 기관 간부와의 인맥을 바탕으로 제도적 안전 및 안정이 보장된다.

아래 <표 4-9>에서 보는 바와 같이 개인이 운영하는 국수 생산기지의 존재에 대해서는 '어느 정도 있었다'는 응답이 34.1%, '매우 많았다'는 응답이 47.7%로 전체 응답자의 81.8%가 긍정적으로 응답했다.

---

49) 콩기름을 짜고 난 찌꺼기인 콩깻묵(북한어로 "콩또래")을 원료로 만든 부식물. 콩깻묵은 돼지먹이용으로 헐값에 넘겨졌던 것이나 1990년대 식량난을 거치면서 "콩으로 만든 고기", 인조고기로 변모했다. 채순, "<소개> 인조고기밥 - 민중이 만들어내고 즐겨먹는 조선의 대중음식 -", 『임진강』 10호(2010b), pp.125~126.

50) 신의주 U씨(만 64세 남), 2001년 탈북, 기계기사; 함흥/회령 N씨(만 47세), 2009년 탈북, 개인 상업(외화벌이, 밀무역).

51) 김민지, "[북한이야기] 겨울철 전기와 주민생활", 『북녘마을』 제9호(2011년 2월).

<표 4-9> 개인이 운영하는 국수 생산기지

(단위: 명, %)

구분	응답자 수	유효 퍼센트	누적 퍼센트
매우 많았다	63	47.7	47.7
어느 정도 있었다	45	34.1	81.8
그저 그랬다	11	8.3	90.2
별로 없었다	3	2.3	92.4
전혀 없었다	5	3.8	96.2
들어본 적 없다	5	3.8	100
계	132	100	-

인조고기 생산기지는 개인이 운영하는 곳이 '어느 정도 있었다'는
응답이 34.4%, '매우 많았다'는 응답이 45%로 전체응답자의 79.4%
가 긍정적으로 답했다. 이를 정리하면 다음 <표 4-10>과 같다.

<표 4-10> 개인이 운영하는 인조고기 생산기지

(단위: 명, %)

구분	응답자 수	유효 퍼센트	누적 퍼센트
매우 많았다	59	45	45
어느 정도 있었다	45	34.4	79.4
그저 그랬다	9	6.9	86.3
별로 없었다	3	2.3	88.5
전혀 없었다	8	6.1	94.7
들어본 적 없다	7	5.3	100
계	131	100	-

아래 <표 4-11>에서 보는 바와 같이 국수 생산기지에 고용되는
사람에 대해서는 34.1%가 '어느 정도 있었다'로, 44.2%가 '매우 많
았다'로 응답하여 전체 응답자 중 78.3%가 긍정적으로 응답했다.

<표 4-11> 국수 생산기지에 고용되는 사람

(단위: 명, %)

구분	응답자 수	유효 퍼센트	누적 퍼센트
매우 많았다	57	44.2	44.2
어느 정도 있었다	44	34.1	78.3
그저 그랬다	7	5.4	83.7
별로 없었다	7	5.4	89.1
전혀 없었다	5	3.9	93
들어본 적 없다	9	7	100
계	129	100	-

인조고기 생산기지는 38.9%가 '어느 정도 있었다'로, 35.7%가 '매우 많았다'로 응답하여 전체 응답자 중 74.6%가 긍정적으로 응답했다. 이를 정리하면 다음 <표 4-12>와 같다.

<표 4-12> 인조고기 생산기지에 고용되는 사람

(단위: 명, %)

구분	응답자 수	유효 퍼센트	누적 퍼센트
매우 많았다	45	35.7	35.7
어느 정도 있었다	49	38.9	74.6
그저 그랬다	12	9.5	84.1
별로 없었다	6	4.8	88.9
전혀 없었다	5	4	92.9
들어본 적 없다	9	7.1	100
계	126	100	-

인조고기가 북한에서 대중음식이 된 만큼 인조고기 제조·유통·판매업도 발달해 있는 것으로 보인다.[52] 인조고기 제조업자는 평성

---

52) 채순(2010b), p.124, 128.

이나 평양 등의 상인형 돈주에게도 연계되어 있다고 한다. 상인형 돈주들은 계약을 맺고 대량으로 인조고기를 사 간다. 그렇기 때문에 소량을 사 가는 영세한 인조고기밥 가게는 남은 물량을 조금이라도 더 차지하기 위해 경쟁에 놓인다. 주민 20만 명인 도시를 기준으로 10명 이하를 고용하는 규모의 인조고기 생산기지는 7~8개 정도라고 한다.[53] 평성시, 신안주시, 개천시, 순천시와 같은 대도시 종합시장에서 인조고기를 파는 상인은 큰 시장의 경우 50명 이상, 작은 시장의 경우 20명 이상이다.

가내수공업 형태의 개인기업은 '더벌이'와 연계된다. 더벌이란 2002년 7·1조치의 후속조치로 공장, 기업소, 단체가 합법적으로 시장 활동에 참여하게 되면서 생겨난 이름이다.[54] 북한에서는 개인이 무역기관 명의로 활동하면 '외화벌이'로, 기타 기관, 기업소, 사회단체의 명의로 활동하면 '더벌이'로 불린다. 국가에서 자재, 자금, 상품 공급 등이 어려운 상황에서 각 기관들은 자체적으로 예산을 확보하기 위해 개인의 자본을 끌어들여 개인기업과 협력, 합작하고 있다. 기관은 명의를, 개인은 자금 혹은 생산 능력을 제공함으로써 공생하는 것이다.

3. 상업 및 서비스·운수업

북한에서 상업이란 "상품을 팔고 사는 활동이 전문적으로 수행

---

53) 회령(2008년 기준 인구 15만 명)에 인조고기 생산기지가 7~10개라는 증언과 일치한다. 함흥/회령 N씨(만 47세), 2009년 탈북, 개인상업(외화벌이, 밀무역).

54) 림근오(2010b), p.48.

되는 경제분야 또는 그러한 경제활동"으로 정의된다.[55] 사회주의 상업법(2004년 개정)에 따르면 사회주의상업 부문은 상품공급, 수매, 사회급양, 편의봉사, 상품보관관리로 나뉜다.

각 부문에 대한 내용은 다음과 같다.[56] 상품공급은 국가계획기관, 중앙상업지도기관, 지방정권기관의 지도하에 상품생산 기관-도매 상업기관-소매 상업기관 간 주문제에 의한 공급을 말한다. 수매는 농산물이나 부업경리에서 생산되는 생산물(소비품)을 국가기관이 주민이나 협동경리로부터 사들이는 것을 말한다. 사회급양은 음식물을 생산하여 인민들에게 공급하는 사회주의상업의 일부분이다. 편의봉사는 주민에게 생활상 편의를 보장해주기 위한 것으로 옷 가공, 이발, 목욕, 세탁, 미용, 각종 소비품의 수리, 숙박, 짐나르기 등을 비롯한 여러 가지 봉사를 말한다. 마지막으로 상품보관관리는 상품을 검수선별하고 정확히 보관하기 위해 필요한 창고를 갖추고 상품을 그 특성에 맞게 보관·관리하는 것을 말한다.

이상에서 살펴본 바에 따르면 북한에서 상업은 도매업, 소매업, 수매업, 숙박업, 음식점업, 서비스업, 창고업, 운수업을 포괄하는 개념이다. 여기서는 도소매업을 상업으로, 숙박·음식점업을 서비스업으로, 창고·운수업을 운수업으로 대별하여 살펴보고자 한다.

1) 상업

사유화가 가장 진전된 상업 부문은 상점과 식당이다. 설문조사에 따르면, 기관 명의를 빌려 사실상 개인이 운영하는 수매상점이 '어

---

55) 사회과학원 언어학연구소, 『조선말사전』(평양: 과학백과사전출판사, 2004), p.775.
56) 위의 책, p.743, 829, 1267.

느 정도 있었다'가 44.6%, '매우 많았다'가 26.6%로 전체 응답자의 71.2%가 긍정적으로 응답했다. 세부적인 결과는 다음 <표 4-13>과 같다.

<표 4-13> 기관 명의로 개인이 운영하는 수매상점

(단위: 명, %)

구분	응답자 수	유효 퍼센트	누적 퍼센트
매우 많았다	37	26.6	26.6
어느 정도 있었다	62	44.6	71.2
그저 그랬다	22	15.8	87.1
별로 없었다	8	5.8	92.8
전혀 없었다	2	1.4	94.2
들어본 적 없다	8	5.8	100
계	139	100	-

한편 수매상점의 명의를 빌리는 형태 중 하나로 종업원이 임의로 물건을 들여와서 파는 경우에 대해서는 '어느 정도 있다'가 51.6%, '매우 많았다'가 14.8%로 전체의 66.4%가 긍정적으로 답했다. 상점 명의를 빌리는 것뿐 아니라 종업원으로서 일부 이익을 취하는 형태도 가능한 것으로 보인다. 세부적인 응답 내용은 아래 <표 4-14>과 같다.

<표 4-14> 수매상점에 물건을 직접 들여와 파는 종업원

(단위: 명, %)

구분	응답자 수	유효 퍼센트	누적 퍼센트
매우 많았다	18	14.8	14.8
어느 정도 있었다	63	51.6	66.4
그저 그랬다	21	17.2	83.6
별로 없었다	9	7.4	91
전혀 없었다	2	1.6	92.6
들어본 적 없다	9	7.4	100
계	122	100	-

 명의를 대여한 식당은 급양관리소에 소속되어 국가건물을 이용해 비교적 규모 있게 운영하는 경우57)와 상업관리소 등에 적을 걸어 두고 집에서 작게 운영하는 경우58)를 구분할 필요가 있다. 우선 전자의 경우 단순히 명의를 빌리는 것이 아니라 건물이라는 생산수단까지 빌린다. 또 급양관리소 소속 국가기관의 자격으로 여러 편의를 제공받을 수 있다.

 설문조사 결과, 급양관리소 명의를 빌려 개인이 하는 식당이 '어느 정도 있었다'가 51.7%, '매우 많았다'가 25.7%로 전체 응답자의 79.2%가 긍정적으로 응답했다. 상업관리소에 적을 걸고 집에서 하는 식당은 '어느 정도 있었다'가 59.7%, '매우 많았다'가 20.2%로 전체 응답자의 79.8%가 긍정적으로 응답했다. 부정적인 응답이나 '들어본 적 없다'는 응답은 상대적으로 낮아 상점과 식당의 사유화 진전도가 높은 것으로 해석된다. 구체적인 결과는 아래 <표 4-15>, <표 4-16>에 정리했다.

---

57) 회령 E씨(만 55세 남), 2009년 탈북, 개인식당(급양관리소)/밀무역.

58) 무산 I씨(만 50세 여), 2005년 탈북, 개인상업(술·음식, 밀무역)/공장노동자; 신의주 T씨(만 25세 남), 2010년 탈북, 개인상업(과일, 공업품).

<표 4-15> 급양관리소 명의로 개인이 운영하는 식당

(단위: 명, %)

구분	응답자 수	유효 퍼센트	누적 퍼센트
매우 많았다	41	27.5	27.5
어느 정도 있었다	77	51.7	79.2
그저 그랬다	8	5.4	84.6
별로 없었다	11	7.4	91.9
전혀 없었다	6	4	96
들어본 적 없다	6	4	100
계	149	100	-

<표 4-16> 상업관리소에 적을 걸고 집에서 운영하는 식당

(단위: 명, %)

구분	응답자 수	유효 퍼센트	누적 퍼센트
매우 많았다	25	20.2	20.2
어느 정도 있었다	74	59.7	79.8
그저 그랬다	10	8.1	87.9
별로 없었다	5	4	91.9
전혀 없었다	5	4	96
들어본 적 없다	5	4	100
계	124	100	-

한편 북한 거주 당시 해당 지역의 수매상점과 식당의 사실상 개인운영 비중을 구체적인 수치로 물은 결과, 수매상점의 개인운영 비율은 31.19%, 식당의 개인운영 비율은 38.33%로 나타났다.[59]

아래 <표 4-17>과 같이 상업관리소에 적을 걸고 집에서 식당을 운영하는 경우 가족 외 고용된 종업원에 대해서는 51.7%가 '어느

---

[59] 2005년과 2009년 북한이탈주민 대상으로 실시한 설문조사에서는 사실상 개인 운영 비중의 평균치가 식당은 54.4%(2005)와 58.5%(2009), (국영)상점은 40.1%(2005)와 51.3%(2009), 서비스업체는 41.5%(2005)와 46.7%(2009)로 나타난 연구결과도 있다. 김병연·양문수, 『북한 경제에서의 시장과 정부』(서울: 서울대학교출판문화원, 2012), pp.123~125.

정도 있었다'로 19.6%가 '매우 많았다'고 응답하여 전체 응답자의
71.3%가 긍정적으로 응답했다.

<표 4-17> 상업관리소에 적을 걸고 있는 식당의 종업원(가족 외)

(단위: 명, %)

구분	응답자 수	유효 퍼센트	누적 퍼센트
매우 많았다	28	19.6	19.6
어느 정도 있었다	74	51.7	71.3
그저 그랬다	14	9.8	81.1
별로 없었다	12	8.4	89.5
전혀 없었다	5	3.5	93.0
들어본 적 없다	10	7.0	100.0
계	143	100.0	-

식당은 북한에서 명의대여가 가장 많이 일어나는 형태로 추정된
다. 이는 비교적 위험 부담 없이 수익을 보장받을 수 있어 오래전
부터 확산된 것으로 보인다. 1984년 합영법이 나오면서 재일교포
들이 개인 식당과 상점을 운영하기 시작했다.[60] 북한 주민들이 사
적 자본을 투입하는 개인운영방식의 식당이 본격적으로 나타난 것
은 1996년 이후로 보인다.[61] 국가가 물자를 공급하지 못하게 되자
자체적으로 물자를 조달하여 운영하는 대신 일정 금액을 국가에
입금하고 나머지를 식당 운영자들이 분배하도록 허용했다.

2) 서비스업

북한에서 서비스업에 해당하는 용어는 편의봉사업이다. 북한에

---

60) 해주 S씨(만 49세 남), 2008년 탈북, 외화벌이/국가기관 관리직.
61) 이영훈(2005), p.177.

서는 "인민들의 문화후생적 수요를 충족시키는 사회적 봉사"를 편의봉사로 정의한다.62) 여기에는 이발, 목욕, 미용, 빨래, 옷가공에서 소비품의 수리수선 등에 이르는 형태가 속한다. 폐기폐설물, 유휴자재, 농토산물로 일용품과 부식물을 만들어 공급하는 가공편의업과 일용필수품을 수리하는 수리수선편의업, 미용과 빨래를 해주는 것 같은 위생편의업으로 구분된다. 북한 전역에 국영편의망이 분포되어 있지만 협동단체기업소 형태인 편의협동조합과 개인부업경리의 한 형태인 가내편의봉사업에 의해서도 서비스가 제공된다.

북한에서는 가내편의봉사업을 자본주의 하에서의 개인사업과 구분해왔다.63) 첫째, 자본주의 하에서 수공업이나 봉사업을 하는 것은 돈벌이를 위한 주업이지만 사회주의 하에서는 가내부업이라는 것이다. 둘째, 자본주의하에서는 개인사업의 활동범위에 제한이 없는 반면 사회주의하에서는 극히 제한된 범위에서 진행된다는 것이다. 셋째, 자본주의하에서 개인사업은 자본주의적 관계를 낳지만 사회주의하에서는 국가의 지도 밑에 진행되면서 자본주의를 발생시키지 않는다는 것이다.

편의봉사에는 별다른 생산수단 없이 개인적인 손재주 혹은 기술과 도구를 가지고 시작할 수 있는 업종이 많다. 이는 주로 설비 규모가 작은 업종으로 사진관, 숙박소, 미용실 등이다. 설비 규모가 큰 업종은 오락실, 당구장, 노래방 등이다. 다음 <표 4-18>에 나타난 바와 같이 후자(10% 안팎)보다는 전자(20% 이상)의 업종에 개인이 많이 참여한다.64)

---

62) 사회과학원 주체경제학연구소(1985b), pp.552~553.
63) 사회과학원 주체경제학연구소(1985a), p.50.

<표 4-18> 개인이 운영하는 편의봉사 실태

(단위: 명, %)

구분	응답자 수	유효 퍼센트
미용실	73	25
사진관	71	24.3
오락실	32	11
당구장	27	9.2
노래방	22	7.5
숙박소	67	22.9
계	292	100

* 복수응답 허용

아래 <표 4-19>에서 보는 바와 같이 개인이 운영하는 편의봉사시
설에 고용되는 사람에 대해서는 55.6%가 '어느 정도 있었다'로 16.2%
는 '매우 많았다'로 응답하여 전체 응답자의 71.8%가 긍정적으로 응답
했다.

<표 4-19> 개인이 운영하는 편의봉사시설에 고용되는 사람

(단위: 명, %)

구분	응답자 수	유효 퍼센트	누적 퍼센트
매우 많았다	23	16.2	16.2
어느 정도 있었다	79	55.6	71.8
그저 그랬다	14	9.9	81.7
별로 없었다	11	7.7	89.4
전혀 없었다	9	6.3	95.8
들어본 적 없다	6	4.2	100
계	142	100	-

---

64) 이 문항에는 "관리소에 적을 걸고" 한다는 수식어가 붙어 있었다. 따라서 일부 응답자는 '적
을 걸지 않고' 개인적으로 몰래 하는 편의봉사는 배제했을 것이다. '대기집'이라고 불리는 숙
박소는 당국에 등록하지 않고 운영하기 때문에 이 질문에 해당하지 않는다고 보는 응답자가
있었다. 하지만 응답자 다수는 적을 걸고 있는 유무를 떠나 사실상 개인이 운영하는 실태에
대해 응답한 것으로 보인다.

미용실, 사진관, 오락실 등은 주민들에 대한 편의제공 차원에서 묵인되지만 당구장, 노래방, 숙박소는 자본주의적 생활방식을 조장한다는 이유로 단속되고 있다. 특히 숙박소는 매음, 밀매와 같은 비사회주의적 행위로 인해 사회주의 제도를 약화시킬 수 있을 뿐 아니라 잠복한 간첩 등 적에게 은밀한 거처를 제공할 수 있다는 점에서 나라의 안전에 위험을 조성한다는 이유로 금지되고 있다.[65]

3) 운수업

북한에서 사적 경제활동이 가장 활발한 상업 부문에서 필수적인 생산수단의 하나는 자동차, 특히 화물차이다. 화물차의 이용방법은 고깃배와 비슷하다. 기관·단체의 자동차를 사적 목적을 위해 대여할 수도 있고 개인이 구입한 화물차를 기관의 명의로 등록할 수도 있다. 아래 <표 4-20>에서 보는 바와 같이 기관 명의로 된 화물차를 빌려 쓰는 사람에 대해서는 '어느 정도 있었다'가 47.1%, '매우 많았다'가 32.6%로 전체 응답자의 79.7%가 긍정적으로 응답했다.

---

65) 강철환, "북한, 매춘까지 하는 '개인숙박업소' 수천 개 성행", 『조선일보』 2005년 10월 7일자.

<표 4-20> 기관·단체의 화물차를 빌려 쓰는 사람

(단위: 명, %)

구분	응답자 수	유효 퍼센트	누적 퍼센트
매우 많았다	45	32.6	32.6
어느 정도 있었다	65	47.1	79.7
그저 그랬다	14	10.1	89.9
별로 없었다	3	2.2	92
전혀 없었다	4	2.9	94.9
들어본 적 없다	7	5.1	100
계	138	100	-

아래 <표 4-21>은 개인이 구입한 화물차를 기관 명의로 등록하는 사람에 대한 응답결과다. '어느 정도 있었다'는 응답이 42.1%, '매우 많았다'가 37.1%로 전체 응답자의 73.8%가 긍정적으로 응답했다. 사적 자본을 이용해 화물차를 이용하는 현상에 대해 들어본 적 없다는 응답은 3%대에 불과하다. 상거래를 비롯해 일상생활에 써비차를 이용하면서 이 부분에 많이 노출됐기 때문일 것이다.

<표 4-21> 기관·단체에 화물차를 등록하는 사람

(단위: 명, %)

구분	응답자 수	유효 퍼센트	누적 퍼센트
매우 많았다	46	31.7	31.7
어느 정도 있었다	61	42.1	73.8
그저 그랬다	11	7.6	81.4
별로 없었다	10	6.9	88.3
전혀 없었다	5	3.4	91.7
들어본 적 없다	12	8.3	100
계	145	100	-

운수업 부문의 사적 경제활동이 활발해지면서 물량이 늘어나자 사적 노동도 일어나고 있다. 품앗이 수준으로 일을 도와주는 차원이 아니라 노동 대가를 받고 일하는 임시노동시장이 형성되는 것으로 보인다.

<표 4-22> 화물차에 짐을 날라주는 데 고용되는 사람

(단위: 명, %)

구분	응답자 수	유효 퍼센트	누적 퍼센트
매우 많았다	59	39.9	39.9
어느 정도 있었다	76	51.4	91.2
그저 그랬다	7	4.7	95.9
별로 없었다	3	2	98
전혀 없었다	-	-	98
들어본 적 없다	3	2	100
계	148	100	-

위의 <표 4-22>에서 보는 바와 같이 화물차에 짐을 날라주는 일에 고용되는 사람에 대해서는 '어느 정도 있었다'가 51.4%, '매우 많았다'가 39.9%로 전체 응답자의 91.2%가 긍정적으로 응답했다.

제3절 사영기업: 개인기업

마지막으로 살펴볼 부문은 북한 공식경제에서 형체가 드러나지 않는 개인기업이다. 대부투자 및 명의대여와 달리 국가기관과의 연결고리가 없거나 약하다. 사업 과정에서 필요한 요소가 있으면 부분적으로 국가기관 혹은 공식경제와 접촉점이 발생할 뿐이다. 생산수단과 노동력을 필요로 하면서 기관의 명의를 빌리지 않고 개인이 운영할 수 있는 부문은 농업과 지극히 영세한 규모의 비공식 광업(사굴: 私窟)이다. 그 밖에 상업과 수공업에서도 개인기업이 나타나고 있다.[66]

1. 농업

사적 경작의 규모가 커지면 초보적인 수준에서나마 자본과 노동이 투입된다. 뙈기밭 경작과 같은 개인농사에 대부투자를 하는 사람이 '어느 정도 있었다'는 응답이 54%, '매우 많았다'가 11.3%로 전체 응답자의 65.3%가 긍정적으로 응답했다. 구체적인 결과는 아래 <표 4-23>과 같다.

<표 4-23> 개인농사에 대부투자를 하는 사람

(단위: 명, %)

구분	응답자 수	유효 퍼센트	누적 퍼센트
매우 많았다	14	11.3	11.3
어느 정도 있었다	67	54	65.3
그저 그랬다	15	12.1	77.4
별로 없었다	9	7.3	84.7
전혀 없었다	5	4	88.7
들어본 적 없다	14	11.3	100
계	124	100	-

---

66) 소상공업 혹은 개인(가내)수공업도 자본과 노동의 동원을 전제한다. 소상공업이나 개인수공업의 품목은 매우 다양한데 이중질문(double-barreled question)을 피해야 하는 설문조사의 특성상 효율적으로 설문문항을 작성하기 어려운 점 때문에 설문에서는 구체적인 질문을 하지 않았다. 옷, 신발, 비누, 치약 등 각각의 품목을 두고 질문해야 하지 '옷 또는 신발'을 하나의 문항에서 질문할 수 없기 때문이다.

개인경작지에 고용되어 돈을 받고 일하는 사람에 대해서는 '어느 정도 있었다'가 50.3%, '매우 많았다'가 13.4%로 전체 응답자의 63.8%가 긍정적으로 답했다. 구체적인 결과는 아래 <표 4-24>와 같다.

<표 4-24> 개인경작지에 고용되는 사람

(단위: 명, %)

구분	응답자 수	유효 퍼센트	누적 퍼센트
매우 많았다	20	13.4	13.4
어느 정도 있었다	75	50.3	63.8
그저 그랬다	13	8.7	72.5
별로 없었다	12	8.1	80.5
전혀 없었다	11	7.4	87.9
들어본 적 없다	18	12.1	100
계	149	100	-

텃밭, 뙈기밭, 부업밭 등은 합법적인 사적 경제활동이다.[67] 텃밭은 가구당 30~50평, 군인 가족은 100평까지 허용되고, 뙈기밭은 100~1,000평에 이르는 경작되지 않은 땅을 개인이 개간하는 형태이며, 부업밭은 1,000~2,000평 규모로 조직이나 집단에게 척박한 땅을 주어 개간하게 하는 형태이다. 부업밭은 해당 기관에 소속된 개별노동자들에게 50평, 120평, 300평씩 땅을 배분하기도 한다.

이때 땅을 배분한다는 의미는 땅에 대한 양도권이 아니라 소득권과 통제권을 나누어준다는 뜻이다. 북한에서는 토지법(1977년 4월 공포) 제9조(제2문)에 의해 "나라의 모든 토지는 인민의 공동소유

---

67) 텃밭, 부업밭과 달리 뙈기밭은 개인이 화전 등을 일궈 불법적으로 경작하는 것이었으나 7·1조치 이후에는 토지사용료를 납부하게 만들면서 합법화했다. 박일수(2006), pp.57~59; 이승훈·홍두승(2007), pp.123~125; 임수호(2008), pp.105~110.

로서 그것을 누구도 팔고 사거나 개인의 것으로 만들 수 없다"고 명시하고 있다. 상속법(2002년 3월 채택) 제1장 제13조는 "개인부업경리에 의한 재산"을 상속할 수 있도록 허용하고 있다. 이는 생존기간 동안 개인텃밭에서 번 재산을 의미하는 것이지 텃밭 자체에 대한 처분권을 말하는 것은 아니다.

그런데 소토지를 개인끼리 사고파는 일이 생겨나고 있다. 공식적으로 토지대장이 있는 것은 아니지만 비공식적, 암묵적으로 해당 토지가 누구의 소유인지 알려져 있다. 북한에서 부업선 선장이었던 B씨(청진(만 52세 남), 2010년 탈북)는 처가 부모의 소토지를 상속받았다고 증언한다. 또한 이 밭을 300만 원에 팔아 배를 구입했다고 한다. 물론 이러한 거래는 불법이다. 양도권이 주어졌다기보다는 소토지에 대한 소득권을 사고판 것으로 해석된다. 북한에는 7·1조치 이후 토지사용료가 도입되었다. 이에 토지 크기를 재어 토지사용료를 부과하는 집금원이 돌아다니고 있다. 그럼에도 불구하고 토지 거래가 저지되지 않는다는 점은 주목할 만하다.

2. 광공업

1) 광업

명의대여식 개인광산과 규모를 비교할 바는 아니지만 광산 근처에 사는 사람들이 사굴(私窟)을 운영하는 경우가 있다. 보안기관은 사굴의 실태를 알지만 일정한 납부금을 받아 기관 유지 및 국가과제 수행에 이용한다.[68] 범죄 행위가 아닌 이상 기관 운영, 더 나아가 체제를 유지하기 위해 허용된 방법이라고 하겠다.

사굴에 대한 재산권은 비공식적이나마 통제권, 소득권, 양도권에 이른다. 명의를 대여한 개인광산과 달리 갱 자체를 다른 사람에게 넘길 수 있다. 북한에서 금을 캐는 사굴의 현장감독으로 일한 경험이 있는 M씨는 사굴의 양도권에 대해 다음과 같이 증언한다.

> **단천 M씨(만 37세 남), 2012년 탈북, 사굴 관리자, 건설노동자/농장원**
> 갱도 팔아요. 가격 측정이 여러 가지란 말입니다. 한 달에 10그람 [g] 나[오]는데 그거 주고 현찰을 가지라 아니면 6개월이면 6개월 동안 절반씩 나누고 그다음은 너 다 가져가라 계약조건이 다 다르단 말입니다. 국가 것이지만 노력비, 공사비 나갔으니까 결국 제 거지요.

기관의 명의를 빌리지 않고 몰래 광물을 캐는 사굴에 대해서는 '어느 정도 있었다'가 14.8%, '매우 많았다'가 16.4%로 전체 응답자의 31.1%가 긍정적으로 답했다. 또 사굴에 고용된 사람에 대해서는 '어느 정도 있었다'가 15.2%, '매우 많았다'가 22.1%로 전체 응답자의 37.2%가 긍정적으로 응답했다. 이를 정리하면 다음 <표 4-25>, <표 4-26>과 같다.[69]

---

68) 단천 M씨(만 37세 남), 2012년 탈북, 사굴 관리자, 건설노동자/농장원.

69) 사적 경작에 대한 투자나 고용에 대해 '들어본 적 없다'는 응답이 각각 13.7%와 10.3%인 반면 사굴의 운영과 고용에 대해 '들어본 적 없다'는 응답은 각각 28.2%와 23.4%가 나왔다. 응답자들이 광산부문 사유화에 노출되지 못한 이유는 앞서 기관명의를 대여한 개인광산에서 설명한 것을 참고.

<표 4-25> 명의대여 없이 광물을 캐는 사굴

(단위: 명, %)

구분	응답자 수	유효 퍼센트	누적 퍼센트
매우 많았다	20	16.4	16.4
어느 정도 있었다	18	14.8	31.1
그저 그랬다	24	19.7	50.8
별로 없었다	9	7.4	58.2
전혀 없었다	16	13.1	71.3
들어본 적 없다	35	28.7	100
계	122	100	-

<표 4-26> 사굴에 고용되는 사람

(단위: 명, %)

구분	응답자 수	유효 퍼센트	누적 퍼센트
매우 많았다	22	15.2	15.2
어느 정도 있었다	32	22.1	37.2
그저 그랬다	24	16.6	53.8
별로 없었다	13	9	62.8
전혀 없었다	17	11.7	74.5
들어본 적 없다	37	25.5	100
계	145	100	-

2) 수공업

마지막으로 와크 수수료 같은 것도 없이 오직 검열만 피하면 되는 개인수공업을 살펴보기로 한다. 이런 개인기업의 규모는 영세한 편이다. 하지만 사회주의사회에서 권력과 제도를 의지하지 않고 개인이 경제활동을 조직한다는 점이 사유화 측면에서 의의를 갖는다.

사적 생산의 맹아는 가내작업반과 부업반에서 찾을 수 있다. 가내작업반과 부업반은 1984년 8월 3일 김정일이 발기한 '8·3인민소비품생산운동'으로 활성화되었다. 경제난이 본격화되기 전인 1993년에 이미 가내작업과 부업반은 47,000여 개에 달했다. 3명이 모이면 가내작업반이나 부업반으로 등록할 수 있다는 점을 감안할 때 반원수를 평균 5명으로 잡아도 당시 사적 생산에 종사하는 사람 수는 약 25만 명으로 추정된다.[70]

가내수공업의 형태는 여러 가지이다.[71] 개인 1명도 가내수공업이 가능하다. 공장·기업소의 8·3반, 철제공장의 생필반, 상업관리소나 급양관리소 등의 부업반, 인민반의 가내반 등에 직장 등록을 해놓고 집에서 물건을 제조, 판매하는 경우도 있다. 혹은 3~5명이 단체로 모여 '○○가내반'이라는 명칭으로 허가를 받고 생필품을 제조하여 판매하기도 한다.

가내수공업에서 한발 더 나아간 지하공장은 자본과 노동의 동원을 전제한다. 자본을 가지고 자재를 구입하고 기술을 가진 노동력을 고용하기 때문이다. 시장 활동이 확대되면서 축적된 사적 자본이 동원된다. 자재는 생산재를 생산하는 기업을 통해 유출되는 물자를 사용한다. 화학, 강철 공장 주변에는 공장에서 예비로 떼어 놓은 물자가 흘러나와 돈을 주고 구입할 수 있다. 생산재를 생산하는 기업 중에서도 규모가 큰 경우는 현금거래용으로 생산물의 일부를 떼놓고 있다고 한다.[72]

기업 간 현금거래가 확산되면서 이렇게 떼어놓은 생산물은 주로 다른 공장이나 기업소로 가게 될 것이다. 하지만 민간에서도 자본

---

70) 조선중앙통신사, 『조선중앙년감 1995』(평양: 평양종합인쇄공장, 1996), p.158; 임수호(2008), pp.77~78.

71) 이영훈(2005), pp.172~173.

72) 임수호(2008), pp.77~78, pp.142~143.

과 의지만 있다면 자재를 얼마든지 구입할 기회가 있다. 생산물을 판매하는 기업 입장에서는 다른 공장·기업소에 팔든 개인업자에게 팔든 현금 수입을 창출한다는 데 있어서는 차이가 없다. 생산물을 판매하는 기업 내 담당자가 사회주의 계획경제의 운영원리나 북한 당국의 방침을 철저하게 따르려는 이념가가 아니라면 개인업자에게 자재를 팔지 않을 이유가 없는 것이다.

기술을 가진 노동력의 경우도 마찬가지이다. 노동자는 공장·기업소가 충분히 돌아가지 않아 월급과 배급을 받지 못하는 상황에서 수입을 올릴 다른 일자리를 마다할 이유가 없다. 따라서 사실상 사적 자본이 축적되어 있고 생산활동을 통해 이윤을 추구할 의지만 있다면 민간에서 기업활동을 할 수 있는 조건이 형성되어 있는 것으로 보인다.

생산에 필요한 도구나 기계를 만드는 방법은 다양하다. 공장과 합의해서 빌려 쓸 수도 있고 공장에 자재를 주고 만들어달라고 주문할 수도 있다. 기술이 있다면 공장에서 생산한 부품을 빼다가 집에서 조립하는 방법으로 간단한 기계를 만드는 경우도 있다. 공장에서 지인이 몰래 떼어낸 설비를 얻거나 돈을 주고 살 수도 있고 시장에 가서 전문장사꾼을 통해 살 수도 있다. 북한에서 구하기 어려운 설비인 경우 중국의 밀매업자나 친척방문자를 통해 마련하는 방법도 있다.[73]

개인수공업에서 대표적인 품목은 의류이다. 고난의 행군 초기 사과 장사부터 시작해서 재봉사 8명, 판매원 20명, 재단사 3명을 고

---

73) 한국정책금융공사(2010), p.59; 임수호(2008), p.148.

용하는 큰 규모의 제조업체를 일으킨 사례도 있다.[74] 이렇게 정규
적으로 고용한 인원 이외에 '일당제'로 사람을 고용하기도 한다.
개인수공업 품목 중 기계는 필요하지 않지만 비교적 여러 공정을
거치는 것은 신발이다. 보통은 신발공장 경험자가 집에서 모든 공
정을 처리할 수 있지만 분업화가 일어나고 있는 것으로 보인다.[75]
옷이나 신발의 생산 규모를 정확히 알 수는 없지만 옷이나 신발 디
자인을 사고판다는 것은 이 부문에서 기업적 현상이 상당히 진전
된 것으로 보인다.[76]

자본과 노동이 결합되는 또 다른 개인기업 형태는 담배생산이
다.[77] 담배생산에 필요한 기술, 솜씨 좋은 노동력을 유인할 자금,
판로를 개척할 능력, 추가적인 경쟁회피에 이르는 기업적 활동이
총동원된다.[78]

3. 상업 및 서비스업

시장과 연계된 기업 중 사적 자본이 가장 활발하게 유통되는 부
문은 '되거리'로 불리는 중개상이다. 평양에서 무역업과 유통업에
종사하는 상인의 평균 수입은 1만 달러 이상이며 외화보유액은 평
균 10만 달러라고 한다.[79] 평양과 달리 북·중 국경지역에서 주로

---

74) 김보근(2008), p.58.

75) 위의 글, p.59.

76) 평남 O씨(만 50세 남), 2008년 탈북, 광산기사/건설기업소 지배인.

77) 평안남도 강서군에서 하루 품삯으로 4,000원씩 주고 15명의 노동자를 고용해 모조 담배를 생
산해오다 검거된 사례가 있다. 『오늘의 북한소식』 202호(2008. 9. 2).

78) 회령 J씨(만 66세 남), 2007년 탈북, 개인수공업(담배, 공예품), 공장기계공; 회령 P씨(만 32세
여), 2008년 탈북, 개인수공업(담배).

거래되는 화폐는 위안화인데 이 지역 상인들은 5만에서 500만 위안 정도의 외화를 보유하고 있다고 한다.[80)]

상업이 발달하면서 상품과 대금이 오가는 방식은 초보적인 자본주의 형태로 나타나고 있다. 최근 되거리 상인들은 자기 물건이 아니라 택배처럼 다른 사람의 물건을 넘겨주는 심부름 역할까지 하고 있다.[81)] 대금지불방식은 마치 은행을 통한 계좌이체처럼 돈이 실물로 왔다 갔다 하는 것이 아니라 현장에서 다른 사람을 통해 이체하는 방법이 등장했다.[82)]

개인기업의 경제활동은 제품판매와 노동고용을 통해 가계와 직접 관계될 뿐 아니라 다른 기업과 공급 사슬(supply chain)을 형성한다는 데 의의가 있다. 예컨대 사진업의 공급 사슬은 사진 출력과 관련하여 달력시장과 출판사들에 연결된다. 출판업자는 사진업자로부터 주문받은 달력을 계약된 수량과 기한에 맞추어 납품하여 임가공 수입을 올린다. 때로는 사진업자가 직접 자재와 자금을 출판사에 투자해 달력을 생산, 판매한 후 이윤을 배당하기도 한다.[83)]

---

79) "평양 통일거리시장 매일 10만 명 이용", 『통일뉴스』 2005년 1월 19일.

80) "북한 국영무역회사 대부분 국가 재정 없어 개인 투자 돈으로 운영돼", 『열린북한방송』 2011년 1월 28일.

81) 신의주 T씨(만 25세 남), 2010년 탈북, 개인상업(과일, 공업품). T씨는 신의주에 사는 친척에게 부탁해서 물건을 산 다음 기차를 이용해 '달리기' 하는 사람들을 거쳐 물건을 넘겨받았다. 생년월일 같은 비밀번호를 설정해 해당 물건의 주인여부를 확인받은 다음 운송비를 지불하고 물건을 찾는다.

82) 혜산 D씨(만 38세 여), 2010년 탈북, 개인상업(원단전문 차판장사). D씨 증언에 따르면 혜산에서 평성으로 나가는 물건이 있는가 하면 평성에서는 금이나 약초가 혜산으로 들어온다. 그러면 평성 사람이 혜산에서 대금을 받아야 하는데 그 사이를 연결해주는 사람들이 있다. 주로 돈데꼬(환전상인)들이다. 수수료는 1% 정도에 불과하지만 그렇게 거래하는 장사꾼이 많기 때문에 수익이 난다. 개인이 금고가 되어 "혜산 어느 집에 가서 돈을 받아라"고 하면 그 집을 찾아가 결제하는 방식으로 돈의 유통이 활발해졌다.

83) 손혜민, "<취재보고> 사진업 시장으로 열리는 개인기록 시대", 『임진강』 8호(2010a), pp.66~67.

제4절 소결: 명의대여 중심의 유기적 사유화

이 장에서는 설문·면담조사 결과를 바탕으로 북한의 사유화 양태를 분석했다. 파트너십 계약형에서는 농장 및 공장·기업소에 대한 대부투자 현황을 살펴보았다. 공공자산 임차형에서는 선박 등 어로장비, 화물차 등 운송수단, 건물 등의 생산수단이 명의대여를 통해 영리행위에 사용되는 실태를 검토했다. 사영기업에서는 농업, 광업, 수공업, 상업 부문에 발전하고 있는 개인기업의 운영 실상을 알아보았다.

설문조사 결과에 따르면 응답자들은 상기 유형으로 개인에게 재산권이 일부 이행되는 현상을 직간접적으로 경험하고 있었다. 농장 및 공장·기업소에 대한 대부투자는 약 65~73%, 명의대여에 대해서는 수산업에서 약 57~59%, 광산업에서 약 32%, 음식가공업에서 약 80%, 상점에서 약 71%, 식당에서 약 80%, 운수업(화물차)에서 약 73~79% 정도가 개인에 의한 재산권 행사를 인지하고 있었다. 개인기업 유형의 재산권 형태에 대해서는 사적 경작의 경우 65%, 명의 없는 사굴의 경우 31% 정도가 긍정적인 응답을 했다.

경제난과 정치적 경직성이 결합되어 있는 북한에서는 개인이 투자한 돈의 실질적인 회수를 담보하기 어렵다. 이는 힘없는 개인으로서는 거의 불가능하고 수익금에 대한 약속불이행 시 보복조치가 가능한 권력이 수반되어야 한다. 따라서 북한에는 사적 자본을 대부투자와 같은 기업적 현상으로 발현시킬 수 있는 주체가 한정되어 있다.

개인기업이 적은 이유 역시 북한의 정치적 경직성에서 찾을 수 있다. 사유재산이 허락되지 않아 사적 자본이 운용될 수 있는 입지가 좁다. 따라서 사영기업으로 발전할 수 있는 사적 자본도 투자 기회를 찾지 못하면 국영기업의 명의를 대여하는 형태가 많을 것이다.

이러한 형태의 재산권 이행은 사적 부문의 확산을 통해 시장화를 넘어 사유화가 진행되고 있음을 뒷받침한다. 북한이 동유럽식 체제전환을 시작한 것은 아니지만 중국의 유기적 사유화 과정과 일면 유사하다고 하겠다. 중국에서는 농촌 지역의 향진기업을 통해 사적 부문이 대중적으로 확산된 다음 동유럽식 탈국유화로 이어지는 체제전환을 겪고 있다. 중국의 사유화는 정책적으로 사유 부문이 공유 부문을 보완하는 특징이 있다.

그러나 현상적인 모습만 보고 북한이 중국과 유사한 방식의 체제 이행을 할 것이라고 예단하기는 어렵다. 유기적 사유화는 점진적이고 자연스럽게 재산권 이행이 진행되면서 기존의 공유제와 새로운 사유제가 필수적으로 상호 보완하는 관계를 형성한다. 북한의 경우 사실상 점진적인 재산권 이행이 일어나고 있는 것으로 보인다. 하지만 사적 부문이 기존의 공유제를 보완하는 관계인지는 추가적인 검토를 요한다. 겉으로 보기에 유기적 사유화를 닮았지만 그 과정의 이면에 중국과 다른 북한식 사유화의 특징이 있을 것으로 보인다. 다음 장에서는 이러한 북한의 사유화 특징을 검토하기로 한다.

■■■ 제5장

북한 사유화 과정의 특징

제1절 일탈적 자본 축적

1. 사적 자본

북한의 사유화를 사적 부문의 확산, 특히 사적 자본에 의한 기업 운영(체)의 등장으로 간주하려면 사적 자본의 출발점을 살펴볼 필요가 있다. 북한에서 자본의 축적 단계는 북한 주민들이 장사나 사업에 쓰일 밑돈을 마련한 과정으로 해석된다.[1]

북한에서 장사나 사업에 쓰이는 밑돈의 출처는 크게 국내와 해외로 나뉜다.[2] 출처가 국내이든 해외이든 스스로 마련하는 방법과 다른 사람의 협조를 얻는 방법이 있다. 국내에서 스스로 마련하는 방법은 물물교환을 비롯한 장사, 국가재산탈취, 뇌물수수 등이 있다. 국내에서 다른 사람의 협조를 얻는 방법은 소극적으로는 지인에게 돈을 빌리는 것이고 적극적으로는 부모 등으로부터 재산을 상속받는 것이다. 사적 자본의 출처가 해외인 경우는 해외파견으로

---

1) 김보근(2008), p.45.

2) 위의 글, p.47.

스스로 돈을 버는 방법과 북한 밖에 거주하는 친인척의 도움을 받는 방법이 있다. 해외 친인척의 도움은 해외교포 친인척이 돈을 보내주거나 생산수단(재봉틀 같은 기계) 혹은 중고옷과 같은 상품을 보내주는 경우, 밀수밀매의 거래처 접선을 도우면서 장사에 동업을 하는 경우, 탈북하여 중국 혹은 한국에 거주하는 친인척이 송금을 하는 것 등이 있다.[3]

아래 <표 5-1>에 정리한 설문조사 결괴에 따르면 이 중에서 '스스로 북한에서 번 돈'이 28.8%로 가장 많다. 다음은 '다른 사람에게 빌린 돈'이 22.8%, '탈북 후 한국에 정착한 친인척이 보낸 돈'이 19.3%, '해외교포 친인척이 보낸 돈'이 18.5% 순이다.

<표 5-1> 장사나 사업에 쓰는 밑돈의 출처

(단위: 명, %)

구분	응답자 수	유효 퍼센트
해외교포 친인척이 보낸 돈	70	18.5
탈북 후 한국에 정착한 친인척이 보낸 돈	73	19.3
스스로 해외에서 번 돈	35	9.3
스스로 북한에서 번 돈	109	28.8
다른 사람에게 빌린 돈	86	22.8
기타(가전제품을 팔아, 부모에게 상속을 받아)	5	1.3
계	378	100

* 복수응답 허용

초기 자본을 스스로 벌었다는 사람이 가장 많다는 점에는 의문의 여지가 있다. 하지만 여기서 '스스로 벌었다'는 것은 장사와 같

---

3) 신의주 U씨(만 64세 남), 2001년 탈북, 기계기사. U씨는 탈북한 친인척이 송금한 돈을 장사 밑천으로 쓰기는 조심스럽다고 증언한다. 갑자기 자금이 생기거나 소비수준이 달라질 경우 주변 사람들이 의심하기 때문이다.

은 일반적인 경제활동만을 의미하지 않는다. 개성에서 도굴한 유물[4]을 비롯해 공장의 기계 및 부속품, 철·동(구리), 휘발유(연유) 등 국가재산을 밀수·밀매하는 행위[5]도 포함된다. 간부의 경우에는 이러한 범죄행위를 직접 실행할 수도 있지만 그 과정에 참여함으로써 챙기는 뇌물로도 사적 자본 축적이 가능하다.

특히 1990년대 북한 경제의 최대 특징은 국가자산에 대한 전면적 절취 현상이다.[6] 지배인 이하 전 종업원이 항시적으로 기업소 재산을 절도하는 문화가 형성되었다. 도난과 약탈에 의해 기업소 설비가 파괴되고 재고가 손실되었다. 이를 가능하게 하는 것은 기업소는 물론 당, 행정, 사법 관료의 부정부패이다. 기업소 간부는 직접 물자 절취를 하는 것은 물론 종업원의 절취 행위를 눈감아주었다. 중앙과 지방의 행정 관료들은 이러한 절취 행위 및 유통 과정의 뒷거래에 편의를 봐주기도 했다. 중앙에서 파견된 검열소조마저 현지의 부패 토착관료에게 매수당하거나 뇌물을 요구하고 상부에는 허위보고를 하는 일이 상습적으로 일어났다.

사적 자본 축적에서 또 하나 주목할 부분은 횡령이다. 관료들이 쌀을 비롯해 소비재는 물론 생산재까지 장마당에 내다팔기 시작한 것이다.[7] 이들은 장마당에서 높은 가격에 상품을 판매하여 그 차익을 가지고 개인축재를 시작했다. 장마당에서의 자재 거래는 계획경

---

4) 북한 주민들은 "골동품"이라고 부른다. 회령 E씨(만 55세 남), 2009년 탈북, 개인식당(급양관리소)/밀무역; 무산 I씨(만 50세 여), 2005년 탈북, 개인상업(술·음식, 밀무역)/공장노동자; 무산 L씨(만 41세 여), 2006년 탈북, 개인상업(돈장사, 밀무역).

5) 연사 Q씨(만 48세 여), 2007년 탈북, 개인수공업/개인상업.

6) 박형중, "북한에서 권력과 재부의 분배구조와 동태성", 『통일문제연구』제21권 1호(통권 제51호)(2009c), pp.122~123..

7) 류경원, "[특집2] 조선경제관료 극비 인터뷰: 우리나라의 경제형편(중)", 『임진강』2호(2008), p.71; 위의 글, p.123.

제 붕괴로 인한 자재구입을 명분으로 활성화되었다.

생산수단의 사용에 대한 제도적 이완을 이용한 부패와 개인축재도 사적 자본을 형성시켰다. 경제위기 전후로 생산수단을 관리하는 비용을 중앙에서 공급하지 못하자 개인에게 생산수단을 대여하는 관행이 나타났다. 선박, 차량 등의 생산수단을 가동하는 데 필요한 일체의 비용을 개인이 부담하는 대신 국가에 얼마간의 수익금을 납부하게 했다. 북한 당국 입장에서는 주민생활유지와 재정수입증대라는 두 가지 측면에서 유익했다. 하지만 이러한 관행을 집행하는 현장의 관료들은 국가수입의 일부를 개인축재로 가로채기 시작했다. 예컨대 기관 명의를 빌려 조업을 하는 대가로 기관에 납부해야 할 금액의 얼마를 할인받는 대신 그 일부를 담당 간부에게 뇌물로 줌으로써 서로 이익을 챙기는 것이다.[8]

밑돈의 출처 중 두 번째로 많이 응답한 항목은 "다른 사람에게 빌린 돈"이다. 사적 자본이 축적됨에 따라 돈을 빌리거나 빌려주는 일종의 자본시장도 초보적으로 형성되고 있는 것으로 보인다. 아직까지 자본시장을 구성하는 실체는 사채이며 고리대업에 가깝다. 그렇기 때문에 장사나 사업을 생각하는 북한 주민들은 어떻게든 스스로 장사 밑천을 마련하는 방법을 선호하는 것으로 보인다.

북한이탈주민의 증언에 따르면 일반적으로는 북한에서 개인이 많은 돈을 빌리거나 갚기가 쉽지 않다고 한다.[9] 다른 사람에게 돈을 빌려주는 대부투자보다는 돈을 가진 사람이 명의를 대여해서 직접 사업을 하는 방식이 선호된다. 개인이 공장, 기업소에 돈을 빌려주고

---

8) 신의주 T씨(만 25세 남), 2010년 탈북, 개인상업(과일, 공업품)/부친이 1990년대 선주.

9) 함흥/회령 N씨(만 47세), 2009년 탈북, 개인상업(외화벌이, 밀무역).

이자를 받는 것은 고난의 행군 시기에 공장, 기업소 가동률이 떨어지면서 거간 상인을 통해 원자재를 확보하는 과정에서 성행했다고 한다. 공장, 기업소는 거간꾼을 통해 확보한 원자재를 가지고 제품을 생산한 뒤, 상품을 판 수익금으로 원자재 값을 지불하기도 했다.

북한에서는 사적 소유권 및 재산권 보호에 대한 법적 강제력이 부재하다. 돈을 갚지 못할 경우 채무관계를 해결할 수 있는 법·제도적 보호 장치가 마련되어 있지 않다. 따라서 개인이 빚을 졌다가 그 부채를 감당할 수 없을 경우 책임을 회피하고 도주할 가능성이 있다. 그러나 아이러니하게도 북한에는 거주 이전(직장 배치 등)의 자유에 제약이 있고 생활총화 등의 사회통제가 있기 때문에 개인이 일정한 생활 반경을 떠나기 어렵다. 이러한 제약은 오히려 타인과의 경제관계에 책임을 지는 강제력으로 작용할 수 있을 것이다. 특히 공식 제도적으로 개인의 사적 경제 활동이 뒷받침되지 않는 상태에서는 인적 네트워크나 사회적 연결망이 중요하다. 따라서 장기적으로 경제활동을 유지하는 차원에서 오히려 신용거래가 발달하는 측면이 있는 것으로 보인다.

문제는 법적 보호 장치가 없는 상황에서 채무를 변제하지 못할 때 심각해진다. 돈을 빌려주는 자본시장 자체가 불법인 상황에서는 국가 공권력이 어느 편도 들지 못하는 제도적 모순의 공간이 발생한다. 돈을 빌려주는 행위 자체가 불법이기 때문에 그 불법 행위를 보호하는 차원의 제도적 제재는 사실상 불가능하다.

그렇기 때문에 채무 문제로 인한 싸움도 종종 목격된다고 한다. 개인 간에 폭력이 오가도 법적으로 취급할 여지가 없다. 법적으로 보면 한쪽에는 "빌려간 돈을 왜 갚지 않느냐"고 책임을 물을 수 있고 다른 한쪽에는 "왜 법으로 금지하는데 개인에게 돈 장사를 하느냐"고 추궁할 수 있다. 그러다 보면 돈을 빌려준 사람도 채무 상환을 강경하게 요구하지는 못하고 돈이 될 만한 물건을 가져간다고 한다.10) 빌린 돈을 갚지 못해 개인재산을 빼앗기더라도 보안서는 이를 못 본 척하거나 피하기도 한다.11)

아래 <표 5-2>에 정리한 설문조사 결과는 개인에게 빌려준 돈을 돌려받지 못할 때 대응하는 방법이 주로 이 두 가지라는 것을 보여준다. 집이나 물건을 압류하는 경우가 59.6%이고 싸움과 신체적 상해는 34.4%라고 응답했다.

<표 5-2> 개인에게 빌려준 돈을 돌려받지 못할 때 대응방법

(단위: 명, %)

구분	응답자 수	유효 퍼센트
집이나 물건 압류	109	59.6
싸움과 신체적 상해	63	34.4
노동으로 대신 상환	11	6
계	183	100

시간이 지남에 따라 제도적 공백 속에 주민끼리의 갈등해결방법도 발전하고 있다. 채권자의 입장에서는 채무자가 돈을 갚지 못하면 가재도구를 빼앗아 가는 등 감정적인 대응을 했지만 이제는 어떻게든 원금을 회수하려고 노력한다고 한다. 돈을 빌려간 사람의 사업능력이 인정되면, 수익을 내서 빌린 돈을 갚을 수 있는 방향으로 협조를 한다는 것이다. 그런가 하면 채무자의 입장에서도 채권

10) 회령 J씨(만 66세 남), 2007년 탈북, 개인수공업(담배, 공예품)/공장기계공.
11) 청진 B씨(만 52세 남), 2010년 탈북, 개인선박(부업선) 선장.

자에게 무작정 시달릴 것이 아니라 어떻게든 대응하고자 한다. 예
컨대 채권자가 돈을 돌려받지 못해 텔레비전을 가져가면 '당의 목
소리'를 들어야 하는데 듣지 못하게 되었다는 이유로 신소를 넣는
다. 신소가 들어가면 피차 피곤하고 곤란한 상황이 발생하기 때문
에 채권자가 가재도구를 가져가는 일이 줄고 있다고 한다.12)

2. 사적 노동

자본시장의 발달은 노동시장의 형성을 유도한다. 축적된 자본이
확대재생산을 하는 과정에서 노동이 필요하기 때문이다. 또 공장·
기업소가 제대로 가동되지 않는 상태에서는 유휴노동력이 많고 노
동시장에 실제로 공급되는 노동력 규모가 상당할 것으로 보인다.13)

농업 부문에서는 개인이 경작을 하는 토지에 다른 사람을 채용하는
경우가 있다. 낮은 수준의 지주 - 소작 관계라고 할 수 있다. 제조업에
서는 가공주가 등장, 자본 - 임노동 관계가 발생했다. 개인수공업자인
가공주는 생산수단과 생산물을 사적으로 소유하고 임노동자를 채용한
다. 가공주에게 급여를 받는 임노동자는 기업소에 납부금을 내는 대
신 출근을 면제받는 '8·3노동자'이다. 큰 가공주가 작은 가공주에게
일감을 나누어 주는 도급 - 분업 관계도 나타나고 있다고 한다. 유통
업에서는 돈주가 중간상인을 채용하고 중간상인은 일용직 노동자를
채용해 물건을 운반하는 방식의 고용 - 재고용 관계가 등장했다.14)

---

12) 신의주 T씨(만 25세 남), 2010년 탈북, 개인상업(과일, 공업품).

13) 임시노동시장 형성에 대해서는 다음 글을 참고. 최봉대(2008a), pp.184~191.

14) 송홍근, "北, 화폐개혁 후 자본주의 시장경제 체제 가속화", 『자유마당』 Vol.28(2011년 11월),
   pp.50~57.

사적 자본이 노동력을 동원하는 일이 많아지면서 미약하나마 노동시장에도 교섭력이 생겨나기 시작하고 있다. 노동자들은 노동시장의 수요를 판단하여 더 높은 임금을 제공하는 곳으로 갈 수 있는 기회가 생겼다. 노동 기술과 능력에 따라 임금이 차등 지급되거나 선발되는 경우도 발생하고 있다.15) 유사직종별로 연결되어 있는 인맥은 노동시장의 동원력으로 이용되기도 한다. 예컨대 건설사업 책임자는 목공작업, 지붕직업, 실내직업 등 각 집단의 책임자들에게 연락을 한다.16) 인력을 요구하는 곳이 많고 각처에서 제시하는 일당이 서로 다르면 각 집단은 일당을 올릴 수 있는 협상력을 갖는다. 일을 잘 하든지 못 하든지 간에 기본적으로 지급하는 임금(기본급에 해당)은 같지만 일을 잘 하는 경우 보너스를 받을 수도 있다고 한다.

노동시장의 형성을 뒷받침하는 증거는 이와 같은 직접적인 사례뿐 아니라 북한 당국의 대응에서도 발견된다. 2006년 3월 15일 김정일 국방위원장이 내린 경제 관련 방침 중에는 노동자 개인고용 금지 조치가 있었다고 한다.17) 이 조치는 개인이 다른 개인을 고용하는 것을 위법행위로 간주해 처리하도록 했다. 기술 및 기능직 노동자들이 직장에 출근하지 않고 더 많은 돈을 주는 개인사업자에게 고용되어 돈을 버는 행위가 증가했기 때문이다. 사경제 활동이 1인 경제 형태에서 더욱 발전, 분업 활동이 활발해지고 있음을 방증한다고 하겠다.

---

15) 회령 P씨(만 32세 여), 2008년 탈북, 개인수공업(담배).

16) 자강도/단천 M씨(만 37세 남), 2012년 탈북, 사굴 관리자/건설노동자, 농장원.

17) 좋은벗들, 『오늘의 북한소식』 제16호(2006.4).

제2절 한시적 재산권 이행

북한에서는 7·1조치에 이어 공장·기업소 운영의 자율권을 확대하고 행정 간부들이 돈주를 투자자로 영입하여 소규모 생산 설비 등을 가동하는 방식을 내부적으로 인정했다.[18] 이 절에서는 이러한 방식의 사적 경제활동과 관련하여 재산권이 어떻게 이행되고 있는지를 검토하기로 한다.

아래 <표 5-3>은 북한 거주 당시 법적으로 인정받은 재산 유형에 관해 북한이탈주민(2000년 이후 탈북) 70명을 대상으로 2010년에 실시된 설문조사 결과이다.[19] 대상자 수가 적기는 하지만 그 결과는 시사적이다. 주택은 기존에도 북한에서 개인소유로 인정되었다. 그런데 주택 다음으로 법적 인정을 받았다는 재산 유형이 장사·사업 허가권으로 나타났다.

<표 5-3> 북한 거주 당시 법적으로 인정받은 재산 유형

구분	집	장사·사업 허가권	토지	자동차	기타	합계
빈도(명)	32	14	9	0	14	69

* 자료: 정은미, "북한사회의 개방화 실태와 분절적 구조: 설문조사 데이터 분석을 중심으로", 『북한연구학회보』 제16권 제1호(2012년 여름), p.139

---

18) 구갑우·최봉대, "제3장 북한의 도시 장마당 활성화의 동학", 최완규 엮음, 『북한 도시의 위기와 변화: 1990년대 청진, 신의주, 혜산』(파주: 한울아카데미, 2006), p.135.

19) 정은미, "북한사회의 개방화 실태와 분절적 구조: 설문조사 데이터 분석을 중심으로", 『북한연구학회보』 제16권 제1호(2012년 여름), p.139.

장사·사업 허가권에서 대표적인 재산권 이행은 무역 부문에서 나타난다. 무역 부문에서 대표적인 재산권은 와크이다. 특정 품목에 대한 와크를 확보하고 있는 기업에 돈을 지불하면 필요에 따라 수출입 와크를 대여할 수 있다.[20] 예컨대 생산활동에 강철이 필요한 기업은 강철 수입와크를 가지고 있는 기업으로부터 강철 수입와크를 빌려올 수 있다. 또 강철을 수출하는 기업의 생산량이 강철 수출와크분을 초과하면 생산량 미달로 수출할 물량이 없는 기업의 수출와크를 받아와서 대신 수출할 수도 있다. 대여 형태라고 하지만 재산권 구분으로 보면 와크에 대한 통제권, 소득권, 양도권까지 집행되는 것이다. 강철과 같이 개인수공업자가 접근하기 어려운 생산재뿐만 아니라 의류에 쓰이는 원단이나 수산물 등도 마찬가지이다. 해당 품목을 수출입하는 무역·중개업자나 외화벌이 종사자는 와크 거래를 통해 자본을 증식할 수 있는 기회를 갖고 있다.

하지만 공식적으로 제도적 환경이 갖추어지지 않았기 때문에 사적 경제활동을 하는 사람들은 재산권 행사와 보호에 추가적인 노력을 기울여야 한다. 우선, 이들은 시장의 경쟁은 기본이고 북한의 정책에 따른 부침과 각종 감찰기관의 감시, 이웃의 시기를 견뎌내야 한다.[21] 북한에서 건설기업소 및 외화벌이에 종사한 O씨와 담배생산에 종사한 P씨는 이 부분에 대해 다음과 같이 설명한다.

---

20) 양문수(2010a), pp.146~149.
21) 조정아 외(2008), p.217.

평남 O씨(만 50세 남), 2008년 탈북, 광산기사/건설기업소 지배인

그 사회에는 상하좌우란 게 있어요. '상(上)'이란 게 노동당, 검찰소, 안전부, 보위부 끼고 있어야 되고, '하(下)'라는 거[는] 자기 직원들 반발하지 않게 돈 줄만한 거 줘요. '좌우(左右)'라는 건 엄청 돈 좀 있는 거 같고 외화벌이 하는 거 같으면 검열 들어와요. 그걸 뭘 줘서 다 소화시켜야 돼요. 미리 [검열] 어떻게 나오고 하는 거 정보를 받는 네트워크가 다 되어 있고.

회령 P씨(만 32세 여), 2008년 탈북, 개인수공업(담배)

'저 여자는 직장도 안 나가는 것 같던데 인민반 생활도 안 하고 돈만 번다'고 말하는 사람들이 있어요. 그러면 인민반장이 와서 [직장] 출근을 하는지 물어보는데 …… [이때는] 출근하고 이제 막 들어와서 담배를 만다고 [거짓말을] 해요. 인민반장에게 조금씩 [돈을] 쥐어줘요.

다음으로, 사적 경제활동 종사자들이 어려움을 겪는 또 다른 측면은 국가정책의 잦은 변동에 기인한다. 북한에서는 정치 제도나 국가 정책에 변동이 많다. 소위 '방침'이 바뀌는 것인데 방침의 유효기간이 보통 1달 정도에 불과하다는 증언도 있다.[22) 방침 변경을 통해 국가가 개인에게 잠정적으로 허용했던 권한을 회수해가는 경우가 많다.

방침 변경이나 권한 회수 측면에서 무역업은 특히 불안정한 사업에 속한다.[23) 수출에 관한 허가가 잘 나지 않아 경쟁이 심하다 보니 권력자와의 인맥이 필요하고 경제적으로 많은 투자를 해야한다. 문제는 아무리 치밀하게 계산해서 사업을 구상하더라도 상부에서 방침이 바뀌면 소용이 없다는 것이다. 일례로 무역 와크는 금

---

22) 평남 O씨(만 50세 남), 2008년 탈북, 광산기사/건설기업소 지배인.
23) 손혜민(2009), p.57.

방 취소를 당하는 경우가 많다. 이 경우 해당 기관에서 내세우는 명분은 그 사업이 '장군님의 의도와 다르다'는 것이다.[24]

김정은 정권 출범 후에도 상황은 마찬가지이다. 예컨대 2012년 초 김정은은 바다자원복구를 지시한 바 있다. 북한의 해안 전역에 어로작업을 중단하고 어류보호를 위한 양어·양식 사업을 지시하고 어류수출금지령을 내렸다. 급작스러운 당국의 방침으로 인해 수산물 수출로 외화벌이를 하던 일부 개인과 무역회사가 혼란을 겪었다고 한다.[25] 속을 들여다보면 시장경제원리가 적용되고 있는 것 같다가도 국가정책이나 제도에 부딪히면 개인의 재산권은 보호받지 못한다.

부유층 세대는 부정수입을 은폐하고 소득규모에 대한 명분을 세우고자 다른 사업을 하는 것처럼 위장하기도 한다. 예컨대 이윤을 목적으로 하지 않으면서 집에서 돼지를 기르는 것이다. 이런 돼지는 북한에서 '저금돼지'라고 불린다.[26] 명의를 대여해서 수산업을 하더라도 그것이 주업이 아니라 더 큰 규모로 다른 사업을 하기 위한 가림막인 경우도 있고, 돈주가 화교 자본을 앞세워 그 뒤에 숨어서 상점을 운영하는 전략적인 경우도 있다.[27] 뚜렷한 활동이나 '외화벌이 기지장' 같은 직함이 없는, 보이지 않는 돈주도 많다. 무역으로 컨테이너 규모의 물량을 수송해오는 돈주가 공식적으로는 여느 기업소의 노동자 신분일 수 있다. 기지장 같은 직책을 가지고

---

24) 혜산 D씨(만 38세 여), 2010년 탈북, 개인상업(원단전문 차판장사).

25) "김정은 바다자원복구지시 하달, 양식이 우선?-김정은 1월 1일 방침지시로 북한 해안 전역에서 어로작업 전면 중단", 『북한전략정보서비스센터』 2012년 3월 19일.

26) 손혜민, "<취재기사> 생계업에서 개인기업으로 발전한 돼지 축산업", 『임진강』 8호(2010b), p.80.

27) 함흥/회령 N씨(만 47세), 2009년 탈북, 개인상업(외화벌이, 밀무역).

있으면 주변의 감시와 단속 대상이 되기 때문이다.[28]

특히 금을 거래하는 사람은 위장을 하는 경우가 많다고 한다. 큰 규모로 장사를 하는 사람들은 대체로 재산을 2~3만 달러 정도 보유하고 있고 금도 2~3kg씩 가지고 있는 편이다.[29] 이런 사람일수록 집도 꾸미지 않고 부유한 티를 내지 않는다. 사회적으로 부(富)가 드러나면 위험하기 때문에 신발공장 노동자와 같은 수수한 직업을 가지고 있다는 것이다.[30] 공식 직업과 신분이 노동자라면 주변 사람들이 어느 정도 의심을 하더라도 결정적인 증거를 잡기가 어렵다. 공장 관계자, 보안원이나 보위부 담당자는 그 사람의 실체를 알겠지만 뇌물을 받고 눈을 감아주며 상부상조한다.

상황이 이렇다 보니 '어떻게 하면 국가 눈치를 보지 않고 돈을 벌 수 있을지' 생각하는 사람들을 겨냥한 청부업자도 있다고 한다.[31] 대표적인 것이 아파트 건설업이다. 부동산 청부업자는 거간꾼과 마찬가지로 자금력이 없어도 인맥과 능력으로 사업을 구상할 수 있다. 자재가격과 인건비가 저렴하기 때문에 인맥을 통해 건설허가와 부지 승인을 받으면 초기자본을 약간만 투자해도 나중에 아파트를 분양해서 목돈을 벌 수 있다.[32]

그런데 이런 방식의 사업을 하다 보면 한순간에 수용소를 가든지 재산을 몰수당하는 경우가 발생한다.[33] 따라서 법·제도적 보

---

28) 평남 O씨(만 50세 남), 2008년 탈북, 광산기사/건설기업소 지배인.

29) 혜산 D씨(만 38세 여), 2010년 탈북, 개인상업(원단전문 차판장사).

30) 해주 S씨(만 49세 남), 2008년 탈북, 외화벌이/국가기관 관리직.

31) 김보근(2008), p.53.

32) 해주 S씨(만 49세 남), 2008년 탈북, 외화벌이/국가기관 관리직.

33) 혜산 D씨(만 38세 여), 2010년 탈북, 개인상업(원단전문 차판장사).

호를 대신해 줄 '제도화된 권력'이 활개를 친다. 시장은 개설했지만 상업적인 제도장치가 미숙하고 불비하여 공정한 분쟁처리 수단이 거의 없고 분쟁이 권력의 수탈 공간으로 악용되는 상황을 말한다.[34] 검열과 구속이 반복되기 때문에 외화벌이 종사자들은 국가통제를 의식하여 스스로 '자기 검열'을 하는 경향도 있다.[35] 일정 범위를 넘어서는 재산을 가지고 있으면 신변이 위험하다는 것을 본인은 물론 주변노 의식하고 있다.[36]

특히 각종 비리가 없이는 사업이 진행되지 않기 때문에 이러한 권한을 쥐고 있는 공식지위의 유지기간이 보통 3년이라고 한다.[37] 특히 외화벌이 사장, 기지장의 지위가 그러한데, 3년 이상 유지하려고 하다가는 각종 사찰 등으로 곤란을 겪을 수 있다. 국가가 외화벌이 사업에 관한 양도권을 쥐고서 개인에게 소득권과 통제권을 허용하고 있지만 이는 한시적이다.

한시적으로 허락되는 재산권은 북한 당국의 정책에도 영향을 받는다. 북한 당국이 시장을 매개로 한 경제활동에 어떤 기조를 취하느냐에 따라 사유재산의 운명이 갈린다. 북한에서 한동안 유행했던 당구장 운영을 예로 들어 보자. 7·1조치 이후 지역 내 편의봉사관리소에 적을 두고 국가 승인하에 개인이 운영하는 당구장이 늘어났다. 2004년경을 기준으로 회령에는 5개, 해주에는 약 50개가 운

---

34) 림근오(2010a), p.25.

35) 구갑우·최봉대(2006), pp.133~134.

36) 북한에서 '거상'으로 불리는 상인계층이나 신흥자본가는 제도적 불안정성으로 인해 그 위상에 한계가 있다. 가장 대표적인 걸림돌은 '비사그루빠(비사회주의검열그룹)' 검열이다. 2000년 초 혜산시 박정순과 2007년 7월 처형된 것으로 알려진 청진의 남강판매소 리홍춘 사장의 경우가 대표적이다. 조정아 외(2008), p.214.

37) 연합기업소 자재상사 간부(40대 남자, 2004년 8월 탈북)의 증언, 김보근(2008), p.56.

영되었다고 한다.[38] 특별한 규제 없이 개인이 자본만 있으면 중국에서 설비를 가져와서 당구장을 개업하는 것이 가능했다. 대신 매월 편의봉사관리소에 일정 금액을 납부하는 조건이 있었다. 그러던 중 2005년 5월 초 당구장 및 노래방에 대한 폐쇄 조치가 내려졌다.[39] 젊은이들이 수십 명씩 무리 지어 유흥을 즐기는 '패거리 문화'가 생겨났기 때문이다. 북한 당국의 방침 변경으로 인해 개인이 피해를 입은 사례에 대해서는 다음과 같은 증언이 있다.

회령 J씨(만 66세 남), 2007년 탈북, 개인수공업(담배, 공예품)/공장기계공

이게 지금 우리처럼 뭘 하나 제도를 만들어 놓으면 지속적이고 꾸준히 그대로 운영되어 가야겠는데 북한에서는 이 달에 이랬다, 다음 달에 이랬다·어떻게 우유부단해서 갈피를 못 잡아요. 저희들이 살던 ○○에 당구장이 몇 군데 있어요. 우리 딸 친구애가 젊은 애가 중국에 도강 몇 번 해서 가서 '야, 이렇게 자유롭게 멋지게 산다' 하는 거 보고는 …… 당구장 기기(다이)를 중국에서 한 조에 40만 원에 사들였는데 넉 대인가 놓고 집도 넓히고 한동안 참 잘 나갔는데 …… 참 신기해서 사람들도 많이 오고 그랬는데 자본주의 생활방식이다 못하게 해가지고 …… 얼마나 울며불며 손실 봤어요 …… 문 닫게 하죠.

후에 다른 지역 상황은 확실치 않지만 평양, 신의주 등 주요도시에는 당구장 운영이 계속되었던 것으로 보인다. 하지만 2009년 11월 말 화폐개혁을 전후로 다시 한 번 당구장 폐쇄조치가 내려졌다.[40] 도박성 당구 게임과 필로폰 흡입, 성매매 문제가 대두되었기

---

38) 김영수, "최근 북한주민의 생활상 변화와 체제의 작동원리 분석", 통일부 용역보고서, 2006, pp.51~55; 임수호(2008), p.131에서 재인용.

39) "[최신 북한정보파일] 「제2의 고난의 행군」 준비 지시에 북한 주민들 『金正日, 너나 해라』", 『월간조선』 2005년 7월호, 검색일 2012년 10월 15일.

때문이다. 2010년 2월 하순부터는 부분적으로 호텔이나 일부 지정된 업소에서 당구장 영업이 다시 허가되면서 활성화되었다. 그러나 이 역시 2011년 2월에 PC방 및 당구장 폐쇄조치로 평양의 대동강 호텔, 고려호텔과 빙상관, 국제통신센터 등 외국인이 이용하는 당구장만 남았다고 한다. 같은 해에 얼마 지나지 않아 노래방도 폐쇄되기 시작했고 남은 것은 탁구장 정도였다.[41]

시장화 관련 정책의 변화노 사적 경제활동의 재산권에 큰 영향을 미친다. 이를 검토하기 위해 우선 북한의 시장화 정책 주기부터 살펴보자. 1990년대 이후 북한의 시장화는 다음과 같은 단계로 구분된다.[42] 1990년에서 1994년은 배급제가 불안정해지면서 개인에게 밭농사가 허용되고 농민시장과 암시장이 확산된 기간이다(암시장 확산기). 1995년에서 1997년은 배급제가 붕괴되고 공산품의 장마당 거래가 일상화되면서 방임형 시장이 형성되고 무질서한 생존형 약탈 시장질서 및 각종 시장 규칙들이 등장한 시기이다(자생적 시장 형성기). 1998년에서 1999년은 계획과 시장의 공존체제를 모색하면서 기업으로서의 무역회사, 투자자로서의 돈주, 상인으로서의 도소매 상인, 소생산 단위로서 가내작업반·부업반, 군(郡) 단위 독립채산제 중소공장 등 시장 주체가 형성된 시기이다(국가의 시장정비기).

---

40) 평양시의 한 당구가게업자는 자기자본 1만 달러에 이자 20%의 사채 1만 5천 달러를 더해 2만 5천 달러(당시 환율로 북한돈 2억 5천만 원)를 투자했다가 큰 낭패를 보았다고 한다. "김정일과 김정은, 주민들 당구 금지 지시", 『북한전략정보서비스센터』 2011년 2월 25일.

41) "북, "자본주의 오염" 노래방 폐쇄", 『자유아시아방송』 2011년 9월 16일.

42) 연구자마다 보는 시각에 따라 시장화 및 시장 발전단계에 대한 시기구분은 다양하다. 여기서는 복잡계의 관점에서 가장 세부적으로 나눈 단계를 소개하기로 한다. 조정아 외, 『북한 시장 진화에 관한 복잡계 시뮬레이션』(서울: 통일연구원, 2010), pp.40~42; 복잡계의 관점에서 보다 광범위하게 나눈 연구는 이석(2009b), pp.90~110 참고. 장소로서의 '시장'에 집중한 북한 내부의 시각은 림근오(2010b), p.44 참고.

2000년에서 2004년은 7·1조치 및 종합시장 개설 등 부분개혁을 시도하고 사회주의 상품경제를 도입, 계획과 시장의 공존이 시작된 시기이다(시장 확산기). 2005년에서 2006년은 시장이 제도화되고 시장 활동이 북한 내 공장·기업소 생존에 보편화되면서 비사회주의 만연에 대한 위기감이 고조되고 상품경제 허용조치를 조정한 시기이다(시장 조정기).

다음으로 2007년에서 2010년 1월은 종합시장을 농민시장으로 전환하고자 하고 배급제 전면화 선언, 화폐개혁, 외화사용 통제 등으로 시장이 큰 충격을 받은 시기이다(시장 하락기). 2010년 2월 이후 현재까지는 화폐개혁 및 외화통제, 배급제 재개가 실패하고 5·26 지시 등으로 시장을 일부 허용하기 시작한 시기이다(시장 회복기).

1990년대 이후 지금까지 약 20여 년 동안 북한에는 크게 세 번의 시장억제 정책이 있었다고 한다.[43] 첫 번째는 1994년 7월에서 1997년 7월까지 김일성에 대한 3년 상(喪)이 끝난 후였다. 1997년 9월 평양시에서 전(前) 중앙당 농업담당비서 서관히가 군중 공개총살을 당했다. 북한 당국은 서관히에게 "미제의 고용간첩"이라는 죄목을 붙였지만 사실은 전대미문의 식량 미공급에 대한 총책임을 물은 것이었다. 이 사건을 통해 북한 당국은 사회총동원에 필요한 정치적 공포를 조성했다.

두 번째는 2002년 7월 1일 경제개선조치 이후 약 1년간의 농민시장 억제 정책이다. 7·1조치는 시장을 활성화시킨 전대미문의 개혁조치로 알려져 있지만, 북한 당국의 의도는 비공식 부문을 공

---

43) 이하 시장억제 정책에 관한 서술은 "북한시사용어해설(2)", 『임진강』 6호(2009), pp.175～176를 재구성했다.

식 부문으로 흡수하기 위한 조치였다. 그렇기 때문에 비공식경제활동이 범람했던 농민시장은 다음해인 2003년에 종합시장으로 개편될 때까지 잠깐 경직되었던 것으로 보인다.

세 번째는 2007년 10월 이후의 시장억제 정책으로 화폐개혁에서 정점에 올랐다. 그 사이 양곡 전량수매제 실시(2005.10), 개인수공업·서비스업 통제(2007.2), 종합시장의 농민시장으로의 전환 시도(2008.10), 떼기밭의 협동농장 귀속(2009), 북한의 최대 도매시장인 평성시장 및 수남시장 철거(2009), 화폐개혁(2009.11.30), 종합시장의 농민시장 전환 재시도(2010.1.14) 등이 있었다.[44]

북한의 시장억제 정책은 약 5년이라는 주기를 가지고 있는데 시장억제 정책이 있은 후 오히려 시장화가 활성화되었다는 점이 주목된다. 첫 번째 시장억제 정책이 있었던 1997년 말이 지나고 1998년부터 김정일 체제가 공식 등장하면서 실리사회주의를 앞세운 일련의 개혁적 물결이 일어났다. 두 번째 시장억제 정책이 있었던 2002년 7·1조치 후에는 2003년 종합시장 개설이 있었다. 하지만 세 번째 시장억제 정책이 있었던 2007년 말 이후에는 오히려 시장억제가 더욱 심해지다가 2009년 화폐개혁이라는 대대적인 시장탄압에 이르렀다.

신화폐로의 교환뿐 아니라 외화사용 금지 및 종합시장 폐쇄 등을 동반한 화폐개혁은 그 정책적 비중에 있어 7·1조치에 비견되는 사건이다.[45] 7·1조치는 시장화 촉진, 화폐개혁은 시장화 억제

---

44) 임수호, "화폐개혁 이후 북한의 대내경제전략", 『KDI 북한경제리뷰』 2010년 3월호, p.17.

45) 양문수, "북한의 화폐개혁: 실태와 평가", 『통일문제연구』 통권 제53호(2010c), pp.70~72, 79~80.

라는 정반대 방향을 지향하는 정책이었지만, 두 조치 모두 북한경제사에 기록될 만할 파급효과를 남겼다. 화폐개혁의 경제적 목적은 인플레이션 억제, 재정 수입 확충, 시장경제활동 억제이고 정치사회적 목적은 부정부패 색출 및 경고, 국가의 사회적 통제력 회복을 통한 내부단속 및 체제결속 효과 등을 꼽을 수 있다.

이 시기에는 김정일의 건강악화로 인한 정치적 불안과 사회단속, 3대 세습을 정당화하기 위한 준비차원에서 사회동원이 많았던 점을 고려해야 한다. 하지만 2009년 말 화폐개혁은 곧 실패로 드러났고 김영일 내각 총리가 사과를 표명한 것으로 알려진다. 화폐개혁은 오히려 시장화의 불가역성만 반증하는 사건이 되었다.

결국 북한에서 시장 억압 정책은 시장 활성화를 동반하는 모순적인 현상을 보이고 있다. 기본적으로는 시장 억압 정책을 펼치는 북한 당국의 의도가 시장을 관리하는 차원이기 때문으로 보인다. 북한 당국의 목표는 시장을 완전히 없애려는 것이 아니라 적절한 수준으로 통제하는 것이다. 따라서 시장을 억압하는 것처럼 보이는 정책이 한편으로는 시장을 제도화하는 측면이 있다. 2005년은 일부 시장 억압 정책이 시작된 시기로 알려져 있지만 당시 평양에서는 각 구역마다 시장이 늘어났다. 이전에는 각 구역마다 하나씩 존재했던 시장이 두 개씩으로 늘어났다.[46)]

국가의 공급능력이 회복되지 않은 상태에서 계획경제를 정상화하려는 시도는 오히려 시장화를 제도화하고 사유화를 유도하고 있는 것으로 보인다. 대표적인 것이 화폐개혁 실패 이후 내려진 5·

---

46) 조정아 외(2008), p.212.

26지시이다.[47] 이 지시는 개인이 각 단위나 직장에 소속되어 무역에 종사하는 것을 허용했다. 국영기업소에는 활동자금을 새 화폐로 지급(기업소 당인 경우 최소 15만 원 이상, 평균 40～60만 원)하는 대신 임금을 비롯한 권한과 의무를 기업소에 부과했다. 시장 운영 시간, 매매물품, 장사 가능 시간 등 그동안 제약이 되어 온 시장 규칙을 사실상 철폐했다. 이러한 일련의 조치는 계획 기능의 무능을 드러내고 시장 기능의 역할을 부각시키고 있다. 화폐개혁은 이전에 암암리에 진행되던 일을 철폐하고자 했으나 오히려 그런 관행을 제도화시키는 모순이 일어났다.

하지만 화폐개혁은 북한에서 재산권의 비공식 이행이 얼마나 한시적일 수 있는지도 보여주었다. 북한 당국이 화폐교환의 한도를 정했기 때문에 주민들은 교환한도 이상의 북한 화폐에 대한 재산권을 상실했다. 외화사용 금지 조치는 외화 본연의 가치는 남기면서 외화에 관한 소득권과 양도권에 타격을 주었다. 외화를 투자하거나 교환하기 어렵게 만들었기 때문이다. 종합시장 폐쇄 조치는 시장과 연계된 경제활동을 마비시켰다. 이는 시장을 매개로 한 경제활동 참가자의 통제권과 소득권에 지대한 영향을 미쳤다.

재산권 피해 외에도 화폐개혁은 사적 경제활동에 있어 크게 두 가지 여파를 남겼다. 첫째, 신용거래의 위축이다. 북한에는 은행 같은 담보대출이 없기 때문에 개인과의 신용거래가 중요했다. 그런데 화폐개혁으로 화폐가치가 폭락하면서 북한 화폐로 신용거래를 했던 사람들이 큰 피해를 입었다. 예컨대 되거리 장사꾼은 인맥을 바

---

47) 좋은벗들, 『오늘의 북한소식』 340호(2010.6.14) 5ㆍ26 당 지시, "식량, 단기간에 국가가 해결해줄 수 없다."

탕으로 신용이 확고한 사람과 후불 (구두)계약을 하고 중국에서 물건을 들여오기도 한다. 그런데 화폐개혁으로 인해 후불로 지급받을 돈의 가치가 100분의 1로 폭락한 셈이다.

둘째, 북한 화폐에 대한 불신, 즉 외화선호도 증가이다. 기존에도 장사를 하는 사람들은 외화로 저축을 하기는 했다. 상대적으로 가치가 낮은 북한 화폐로 보관할 경우 부피가 커지기 때문이다. 그런데 화폐개혁으로 인해 외화 저축이 편의상의 수준을 넘어 필수적인 관행으로 자리 잡을 가능성이 높다.

화폐개혁 조치가 시장에 대한 통제라면, 이러한 통제를 넘어 설수 있는 사람들과의 관계가 더 중요해졌다는 점도 주목해야 한다.[48] 권력을 가진 사람들과 직간접적으로 연결된 계층이 재산을 보호할 수 있고 그만큼 부를 축적하기 쉽기 때문이다. 이는 다음에서 살펴볼 종속적 파트너십을 강화시킨 것으로 해석된다.

제3절 종속적 파트너십 형성

시장을 매개로 하는 사적 경제활동에 대한 북한 당국의 대응에는 규율강화와 실리추구라는 양면이 존재한다. 규율강화 측면에서 비사회주의 검열이 존재하지만 모든 활동을 상시로 단속하지는 않는다. 북한 주민 대다수가 불법 경제활동에 크고 작게 연루되어 있어 모든 내용을 처벌하기는 어렵다. 또 검열기관을 둘러싸고 부패가 성

---

48) 양문수(2010c), p.78.

행하기 때문에 처벌 대상자가 검열망을 빠져나가기도 한다. 하지만 북한 당국은 사적 자본의 활동을 때때로 묵인하거나 방임할 뿐 아니라 조장하는 측면도 있다. 국가에서 원자재와 자금을 공급하지 않고 계획목표 달성을 강제하는 것은 사적 자본을 동원하라는 것과 다름없다. 이는 북한 당국도 어찌할 수 없는 현실적인 한계인 것처럼 보인다. 하지만 하나의 정치체제가 기능하는 것을 볼 때 중앙의 정책입안지가 추구하는 보다 상위의 목적에 주목할 필요가 있다.

그것은 곧 정치체제를 정의하는 특징 중 하나인 국가능력에 관계된다. 국가능력 곧 국가 영토를 효과적으로 다스리기 위한 정부의 능력은 기본적으로 다음 네 가지로 구성된다.[49) 중앙의 정책입안자들이 국익으로 인지하는 것을 추구하기 위해 사회로부터 재정자원을 동원하는 능력(추출능력), 국가의 사회경제적 발전을 지도하는 능력(조정능력), 상징과 합의를 이용해 지배하는 능력(정당화능력), 무력의 사용 혹은 위협을 통해 지배하는 능력(강제능력)이다. 정치체제의 생존과 기능에 요구되는 이 네 가지 능력은 개념적으로 분리되지만 실제로는 상호 연결되어 있다.

이 절에서는 국가능력이라는 개념을 통해 북한 당국의 이중전략을 설명하고 비사회주의 검열에 관한 구체적인 사례를 검토하고자 한다. 먼저, 추출능력으로 보면 북한 당국은 사적 자본이 만들어내는 경제활동을 일부 용인하면서 비(非)예산수입에 동원하고자 한다. 조정능력으로는 계획경제를 통한 사회경제적 발전이 불가능한 상황

---

49) Shaoguang Wang, "The Rise of the Regions: Fiscal Reform and the Decline of Central State Capacity in China", Andrew G. Walder(ed.), *The Waning of the Communist States*(Berkeley: University of California Press, 1995), p.89; 이무철, "북한의 경제조정 메커니즘의 변화 경향 분석", 윤대규 편, 『북한 체제전환의 전개과정과 발전조건』(파주: 한울아카데미, 2008), pp.112~113.

에서 사적 자본을 통한 경제활동을 현상유지·관리에 이용하는 것으로 보인다. 정당화능력으로는 비사회주의 검열을 통해 '자본주의 황색 바람'을 단속하고 개인이 지나치게 부를 축적하는 것에 대한 사회적 경각심을 지속시키고 있다. 비사회주의 검열 과정에서 사용되는 무력과 위협은 그 자체가 국가가 발휘할 수 있는 강제능력이다.

무역회사는 사적 자본이 움직이는 대표적인 기관으로서 국가의 추출능력이 발휘되는 구심점이다. 국가무역을 한다고 하지만 사실은 개인무역으로 시중의 돈을 거두어들인다. 예컨대 1년에 10만 달러라는 계획이 떨어지면 무역회사는 책임지고 그 돈을 마련해야 한다. 수단과 방법을 가리지 않고 시장에 상품을 뿌려서 개인들 몸 안에 있는 달러를 회수해야 한다.[50]

이처럼 무역회사의 수입활동은 국내 중간도매상들이 가진 자본을 재정으로 흡수하는 역할을 한다. 상품을 수입하여 국내 도매상에게 넘기는 과정에서 차익을 남기고 그들이 가진 달러까지 거두어들이는 것이다. 그 과정에서 무역회사에 연계된 사경제 부문으로 유출되는 양도 상당하겠지만 재정 확충에 일익을 담당하는 것은 분명하다. 경험이나 의지가 부족한 기관·기업소의 기존 구성원이 사업을 하는 실적보다는 경험과 실력을 갖춘 민간인이 일종의 대리인으로서 수수료를 취하면서 사업을 해오는 실적이 더 나은 측면도 있을 것이다. 국가기관에 소속되어 개인이 사업을 하는 방식에 대해 북한이탈주민들은 다음과 같이 증언한다.

---

50) 내각 소속 무역회사에서 근무했던 북한이탈주민 K8씨 증언, 양문수(2010a), p.155.

해주 A씨(만 40세 남), 2009년 탈북, 개인광산(외화벌이)
아무리 국가, 국영기업이 힘이 없어도 개인 혼자 잘 먹고 잘 살게
하지는 않아요. 국가랑 나눠 먹게 하지.

함흥 C씨(만 54세 여), 2007년 탈북, 개인상업(달리기)
처벌을 하지 않아요. 국가가 돈이 없으니까 개인에게 파는 거지.
권하지는 않아요. 쌀 실은 배가 오면 인민위원회 무역과가 개인에
게 달러를 받고 판단 말입니다. 권고하라, 처벌하라 이러지는 않
아요 …… 국가를 위해서 하는 건 괜찮아요. 개인의 리득보다 국
가를 위해서. 자기 먹는 데만 먹고 나머지 리득금을, 리득금의
60%를 국가에 바치는 데 뭐이 말할 게 있어요.

평양 R씨(만 41세 여), 2011년 탈북, 유통업체 관리직
2005년도 경에 비공개로 내각 결정이 나왔다. 개인 돈을 활용해서
국가경제에 이바지하게 하라는 것이었다.

해주 S씨(만 49세 남), 2008년 탈북, 외화벌이/국가기관 관리직
개인 돈이라는 말에 나는 당당하게 말할 수 있지. 국가를 위해 왜
못하냐. 개인 돈 가지고 국가에다 넣지 않았냐. 법적으로는 불법
이지만 그 법을 가지고 따지지 않아요.

북한 당국은 지방정부 및 기업소에도 자력갱생을 요구해왔다. 지
방정부가 광산을 개발하든 기업소가 8·3입금을 도입하든 스스로
운영하라는 뜻이다. 기업소는 계획분이 나오더라도 전기사정이나
다른 핑계를 대면서 계획분을 미달한 데 대한 책임을 면할 수 있
다. 국가에서도 투자 없이 징수하는 정책의 모순을 잘 알고 있다.
공장·기업소나 주민이 살아갈 방식을 원천적으로 차단을 시켜놓
으면 아사자가 늘고 체제에 오히려 악영향을 미칠 수 있다. 그렇기
때문에 검열기관 내부적으로는 어느 정도 단속을 풀어주라는 지시

가 내려온다.51)

그런 관점에서 개인이 국가기관의 명의를 대여하는 사업방식은 그 자체가 단속대상은 아니다. 명의대여는 국가의 승인을 받은 형태에 해당한다. 북한에서 명의대여로 외화벌이에 종사했던 S씨와 N씨는 이 부분에 대해 다음과 같이 증언한다.

해주 S씨(만 49세 남), 2008년 탈북, 외화벌이/국가기관 관리직
이거는 내가 외화벌이원천과 사람이기 때문에 합법화돼요. 북한에 그런 거는 돼 있어요. 국가하고 개인이잖아요. 사적 재산은 인정 안 하지만 국가를 위해 일하잖아요. 내 [돈]벌이지만은 국가를 위해서 조개를 캐가지고 올려가는 과제가 있거든요. 실지 벌면 조금만 올리고 안 줘요.

함흥/회령 N씨(만 47세 남), 2009년 탈북, 개인상업(외화벌이, 밀무역)
내 신분증[명의]에 의해서 할 수 있는 일을 했는가 안 했는가, 거기서 감옥을 가는 거야. 그런 검열 아니면 괜찮지. 내가 도둑질한 것도 아니고 장사한 거나 같으니까.

설사 검열을 받더라도 구체적인 처벌 내용을 보면 재산 몰수까지 이어지지 않고 단발적인 경고조치에 끝나기도 한다.52) 특히 개인생산은 상품을 회수하는 정도이다. 개인생산의 경우 상품을 회수해가도 얼마든지 다시 생산할 수 있지만 후속조치는 거의 없다. 재산을 몰수당하는 경우도 있을 수 있지만 재산보다는 상품과 상품을 만드는 도구 정도이다. 개인이 가지고 있는 재산은 보통 숨겨놓기 때문에 빼앗기지 않는다.

---

51) 해주 F씨(만 40세 남), 2007년 탈북, 개인투자(조개양식)/검열기관 관리직.
52) 해주 A씨(만 40세 남), 2009년 탈북, 개인광산(외화벌이)/보안원.

다음 <표 5-4>는 비사회주의 검열53)의 주기에 관한 설문조사 결과이다. 검열 주기가 1개월이라는 응답이 18.2%로 가장 많고 1년이 16.9%, 6개월이 16.2%, 3개월이 14.9% 순이다. 최소한 1년에 1번, 업종에 따라서는 2~3번에서 많게는 10번 이상 검열을 받는 것으로 해석된다. 여기에는 해당 지역의 특성에 따라 차이가 있는 것으로 보인다. 신의주와 같이 국경지역에 위치하고 시장 활동이 활발한 곳에는 비사회주의 검열이 잦은 편이다.54) 평양은 일상적인 검열 외에는 특별 방침이나 외부 원인이 있을 때 몇 차례 있는 정도라고 한다.55)

<표 5-4> 비사회주의 검열의 주기

(단위: 명, %)

구분	응답자 수	유효 퍼센트	누적 퍼센트
매일	11	7.4	7.4
2~3일에 1번	15	10.1	17.6
1주일에 1번	1	0.7	18.2
15일에 1번	4	2.7	20.9
1개월에 1번	27	18.2	39.2
2개월에 1번	2	1.4	40.5
3개월에 1번	22	14.9	55.4
6개월에 1번	24	16.2	71.6
1년에 1번	25	16.9	88.5
2~3년에 1번	9	6.1	94.6
거의 없다	8	5.4	100
계	148	100	-

---

53) 일반적으로 불법 상행위에 대한 검열은 상시적이다. 비사회주의 검열이라는 명칭을 단 경우는 때 없이 진행되는 특성이 있다. 상부의 방침이나 특별 지시가 있을 때 몇 개월(2, 3~6개월)에 걸쳐 진행되는데 이때는 그 기간 동안 매일 진행된다.

54) 신의주 T씨(만 25세 남), 2010년 탈북, 개인상업(과일, 공업품).

55) 설문지 ID124: 평양(만 58세 남), 2010년 탈북, 대학교원.

비사회주의 검열의 빈도보다 중요한 것은 검열의 내용과 효과일 것이다. 사실상 계획경제 밖에 있는 모든 활동이 비사회주의 검열의 단속대상이다. 식량을 원료로 만드는 술은 물론이고 개인생산에 쓰이는 자재나 원료는 아무리 값을 지불하고 샀다고 하더라도 그 출처가 국가재산이기 때문이다. 비사회주의 검열 내용은 황색바람 전파행위, 해외에서 한국사람 접촉 및 동조 여부, 체제나 지도자 비방발언, 밀수, 매춘, 국가상품·식량 사취행위, 국가통제품 장사행위, 국가시설·설비 파괴행위, 기타 소(牛)도살, 절도, 구타 등이 있다.[56]

다음 <표 5-5>는 비사회주의 검열 시 처벌받는 비율에 관한 설문조사 결과이다. 100명 중 2~4명이 처벌받는다는 응답이 전체의 28.9%로 가장 많다. 전체적으로 보아 100명 중 10명 이하가 처벌받는다는 응답이 74.1%다. 100명 중 21명 이상이 처벌받는다는 응답도 12.6%를 차지했다. 사실상 비사회주의 검열에서 금지하는 경제활동에 대부분의 북한 주민들이 연루된 점을 감안하면 처벌 대상은 적은 편이다. 그렇지만 일단 비사회주의 검열이 시작되면 몇 명이 되었든 반드시 처벌대상이 생기기 마련이다.[57] 검열단은 처벌실적을 내야 하기 때문이다.

---

56) 이영훈(2005), p.180.

57) 설문지 ID124: 평양(만 58세 남), 2010년 탈북, 대학교원.

<표 5-5> 비사회주의 검열 시 처벌받는 비율

(단위: 명, %)

구분	응답자 수	유효 퍼센트	누적 퍼센트
100명 중 1명	26	19.3	19.3
100명 중 2~4명	39	28.9	48.1
100명 중 5~10명	35	25.9	74.1
100명 중 11~15명	12	8.9	83
100명 중 16~20명	6	4.4	87.4
21명 이상	17	12.6	100
계	135	100	-

이와 관련해서 북한 주민이 비사회주의 검열에 대처하는 방법을 살펴볼 필요가 있다. 다음 <표 5-6>은 검열에 걸리지 않기 위한 대처법에 대한 설문조사 결과이다. 복수응답을 허용했을 때, 검열 기간 동안 활동을 중지한다는 응답이 33.7%, 뇌물[58]을 공여한다는 응답이 31.6%였다. 다음으로 검열기간 동안 숨어서 활동한다는 응답이 18.4%, 평소에 규모를 조절해서 관리한다는 응답이 15.3%로 나타났다. 기타 응답으로는 검열기간 동안 다른 곳으로 피신을 가거나 단순히 뇌물을 주는 수준을 넘어 간부와의 사전관계를 형성한다(북한식 표현은 "간부를 낀다")는 응답이 있다.

---

58) 평남 O씨(만 50세 남), 2008년 탈북, 광산기사/건설기업소 지배인에 따르면 책임비서에게는 천 달러 이상, 검찰소 소장에게는 5천 달러 이상 등으로 뇌물 등급이 급수에 따라 다르다.

<표 5-6> 비사회주의 검열에 걸리지 않기 위한 대처방법

(단위: 명, %)

구분	응답자 수	유효 퍼센트
평소에 뇌물 공여	60	31.6
검열 동안 활동 중지	64	33.7
검열 동안 숨어서 지속	35	18.4
평소에 규모 조절 관리	29	15.3
기타	2	1.1
계	190	100

* 복수응답 허용

　이러한 대처방법은 단독으로 이루어지지 않고 검열기관의 협조하에 가능하다는 점에 주목할 필요가 있다. 검열기간 동안 활동을 중지하거나 숨어서 지속하는 방법에도 보안원 등의 협조가 필요하다. 비사회주의 검열이 예정되면 검열기관의 하부 말단에서 협력하고 있는 보안원들이 사적 경제 활동가들에게 알려준다.[59] 검열 시기와 검열 강도를 알려주면서 당분간 대피해 있으라고 귀띔을 해준다.[60]

　한편 현장에서 비사회주의 행위가 적발되더라도 비켜나가는 방법이 있다. 최근에는 '직돈처리'라는 방식의 뇌물 공여 관습도 생겨났다.[61] 준사법집행자가 위법자에게 단속대상인 물건을 압수하는 대신 시장가의 소정 액면가(예컨대 시장판매수익의 50%)를 받는 것이다. 이렇게 함으로써 제도적으로 은폐해주는 화폐형 처리방법이 등장했다.

---

59) 회령 P씨(만 32세 여), 2008년 탈북, 개인수공업(담배).

60) 자강도/단천 M씨(만 37세 남), 2012년 탈북, 사굴 관리자/건설노동자, 농장원.

61) 손혜민(2012), p.52.

비사회주의 검열 후의 단속효과에도 주목할 필요가 있다. 아래 <표 5-7>은 비사회주의 검열 후 경제활동의 변화에 관한 응답이다. 검열 전에 하던 대로 복귀한다는 응답이 56.9%로 가장 많았다. 검열을 피할 수 있는 다른 방법으로 경제활동을 지속한다는 응답은 35.3%에 달했다. 처벌이 싫어서 비사회주의 행위를 청산한다는 응답은 7.2%에 불과했다.

<표 5-7> 비사회주의 검열 후 경제활동의 변화

(단위: 명, %)

구분	응답자 수	유효 퍼센트
검열 전에 해오던 대로 복귀	87	56.9
처벌이 싫어 비사회주의 청산	11	7.2
검열을 피할 다른 방법 마련	54	35.3
기타	1	0.7
계	153	100

시장 억압 정책과 관련해서는 시장을 단속할 때도 다른 방법을 통해 비사회주의 현상을 유지한다는 응답이 47.6%, 불만과 오기로 비사회주의 현상이 증가한다는 응답이 32.4%로 나타났다. 장사에 제약을 받기 때문에 비사회주의 현상이 감소한다는 응답은 10%, 겁을 내어 비사회주의 현상이 감소한다는 응답은 8.2%에 불과했다. 구체적인 결과는 다음 <표 5-8>과 같다.

<표 5-8> 시장 단속이 비사회주의 현상에 미치는 영향

(단위: 명, %)

구분	응답자 수	유효 퍼센트
장사 제한으로 비사주의현상 감소	17	10.
겁을 내서 비사주의현상 감소	14	8.2
다른 방법 마련해서 비사주의현상 유지	81	47.6
불만과 오기로 비사주의현상 증가	55	32.4
기타	3	1.8
계	170	100

* 복수 응답 허용

한편 비사회주의 검열은 그 자체가 권력을 가진 개인 혹은 기관에 종속적 파트너십을 구축하는 수단에 사용되기도 한다. 북한에서 사적 자본을 기반으로 과감하게 사업을 하는 사람들은 검열을 두려워하지 않을 뿐 아니라 오히려 검열이라는 위험을 감수함으로써 인맥을 넓히고 사업을 키워간다. 외화벌이에 종사했던 북한이탈주민들은 이 부분에 대해 다음과 같이 설명한다.

함흥/회령 N씨(만 47세 남), 2009년 탈북, 개인상업(외화벌이, 밀무역)
1년에 한 번씩 계속 검열 받으면서 살지. 응당 하는 걸로 알지. 1년에 한 번씩 검찰소 이런 데 드나드는 걸로 알지. 그러니까 서로 알게 되고 친해지지. 그러면 정보도 주고…….

해주 S씨(만 49세 남), 2008년 탈북, 외화벌이/국가기관 관리직
보석금은 아니지만 받고 내보내주고. 인맥이 형성되잖아요. 그러면 그 경찰하고 인맥은, 자기를 한 번 잡았다 놔준 사람하고 주기적으로 계속 인맥을 유지해야 되잖아요. …… 지금 껬던 간부 말고 더 높은 간부가 자기를 덮쳐 달라는 거예요. 제발 좀 걸어 달라는 거예요. 또 그 위 단계 인맥이 생기는 거잖아요.

결국 시장화 및 사유화에 대한 북한 당국의 대응은 북한 주민들에게 "한 눈은 뜨고(감시, 적발) 한 눈은 감은(공범, 암묵적 용인)" 것으로 비치고 있다.[62] 돈주와 간부는 유착관계를 형성하여 일정액을 국가와 상부에 입금함으로써 영웅이 되고 훈장을 받을 수 있다.[63] 돈주는 달러화나 위안화로 부를 축적하면서 관료와의 유착, 애국헌금, 국채매입을 통해 일종의 '보험'을 들어놓는다. 국가로부디 받은 표창은 성제활동으로 문제가 발생했을 때 방패구실을 할 수도 있기 때문이다. 이러한 전략적 지출은 특혜와 보호를 제공하는 권력자와의 관계를 안정화하는 뇌물성 지출인 것이다.[64]

아래 <표 5-9>는 북한의 시장을 움직이는 주요세력에 관한 설문조사결과이다. 총 69명의 응답자 중 전문상인이라고 응답한 사람이 35명, 간부라고 응답한 사람이 24명이었다. 북한 주민들은 시장을 움직이는 세력으로 전문상인과 간부의 파트너십을 인지하고 있는 것으로 보인다.

<표 5-9> 북한의 시장을 움직이는 주요세력

구분	군부	간부	전문상인	노동자	농민	기타	합계
빈도(명)	6	24	35	3	0	1	69

* 출처: 정은미(2012), p.138

---

62) 림근오(2010b), p.46.

63) 송홍근(2011), p.57.

64) John Waterbury, "Endemic and Planned Cippruption in Monarchical Regime", *World Politics*, Vol.25, No.4 (July 1973), pp.544~545; 박형중, "북한에서 지대 지향 경제 그리고 정치적 자본주의의 발전", 『체제변동기 북한과 동독의 정치사회 균열』, 2013 이화여대 통일학연구원 국제심포지엄 자료집, p.1.

북한에서 사적 경제활동에 대한 국가적, 공식 제도적 보호를 대신할 특권층과의 유착 관계는 지속적으로 발전해왔다.65) 특혜적 기회는 사적 자본의 규모에 상응하여 부여된다. 재산권이 한시적으로 이행되다가 압수되는 상황에서도 개인의 능력 또는 신용도가 재산권을 보호할 수 있다. 법 기관에 인맥이 닿으면 얼마간의 돈을 들여 압수당한 재산을 찾는 것이 가능하다.66) 재산을 압수당할 정도로 사업을 벌이는 사람은 그 정도의 인맥과 처리 능력은 갖추고 있기 때문이다. 북한에서 개인상업을 하면서 목격한 종속적 파트너십에 대해 북한이탈주민들은 다음과 같이 증언한다.

> **신의주 T씨(만 25세 남), 2010년 탈북, 개인상업(과일, 공업품)**
> 간부들은 10년 전부터 쌓아온 돈을 아직도 꺼내 쓰고 있는 형편이다. 이들 입장에서는 중간계층의 전문상인 하나가 쓰러지면 모두 타격을 입기 때문에 이들을 보호하려고 한다.

> **혜산 D씨(만 38세 여), 2010년 탈북, 개인상업(원단전문 차판장사)**
> 기본적으로 검찰소를 끼면 법관들은 거의 다 통하는 거예요. 그다음 국가(안전)보위부. (그 두 개만 하면 일단) 안전하죠.

권력에 의존하는 종속적 파트너십은 화폐개혁 이후 더욱 심화될 것으로 보인다. 화폐개혁으로 가장 타격을 많이 받은 집단은 시장의 상인계층이다.67) 물건을 사고팔기 위해 북한돈으로 자금을 많이 보

---

65) 손혜민(2009), p.63.

66) 신의주 T씨(만 25세 남), 2010년 탈북, 개인상업(과일, 공업품).

67) 임강택, "경제적 관점에서 본 북한의 화폐개혁, 배경과 파급효과", 『KINU 현안분석 온라인 시리즈』 CO 09-47 (2009b), pp.1~2.

유했을 것이기 때문이다. 무역을 하는 상인이라도 중국 쪽과는 위안화로 거래하지만 북한 내부의 거래처와는 북한돈으로 거래를 한다.

이들은 화폐개혁 이후 두 가지 대안을 생각할 것이다. 첫째, 북한돈 보유량을 최소화할 것이고 둘째, 화폐개혁 조치와 같은 때에 대한 대비책을 모색할 것이다. 전자는 필요와 상황에 따라 개인적으로 조정할 사안이다. 후자는 다시 두 가지로 생각해볼 수 있다. 하나는 화폐개혁 조치와 같은 경제정책 변화에 대한 정보를 줄 수 있는 간부와 인맥을 형성하는 것이다. 다른 하나는 화폐개혁 조치와 같은 방침을 개인에게 적용할 때 약간씩 융통성을 발휘해줄 수 있는 간부와 인맥을 강화하는 것이다. 화폐개혁 이후 종속적 파트너십이 재산권 보호에 도움이 된 경우에 대해 다음과 같은 증언이 있다.

이연옥(김책), 2010년 2월 증명서·여권 소지하고 중국에 두 달 간 체류
그게 법이 '10만 원만 바꿔줘라' 해도 중간에 아는 사람이 있고 은행장이나 도(都)에 가서 조금 힘쓰면 더 받아올 수도 있습니다. 그게 사람이 하는 노릇이기 때문에 다 틈이 있단 말입니다.[68]

각자가 가진 권력과 재부의 양과 질에 따라 파트너십은 종속적일 수도, 동등할 수도, 역종속적일 수도 있다. 그러나 사적 소유가 법적으로 인정되지 않는 북한 체제에서는 기본적으로 재부가 권력을 능가하기 어렵다고 보아야 할 것이다. 이러한 점을 강조하고자 이 연구에서는 권력과 재부 간에 형성되는 파트너십을 종속적이라고 표현했다. 경제자본이 정치자본에 종속된다고 보는 것도 가능하

---

68) 북한민주화운동본부, "화폐개혁 이후 1년 – 북한주민인터뷰기록", (서울: 북한민주화운동본부, 2010), p.104.

다. 현재 북한 체제에서는 돈을 가진 사람이 권력을 가진 사람을 이길 수 없고 권력을 가진 사람이 돈을 가진 사람만큼 풍족한 생활을 하기 어렵다.[69]

제4절 소결: 지대추출에 의한 제한적 사유화

이 장에서는 북한에서 일어나고 있는 사유화 이면에 나타나는 특징들을 검토했다. 먼저, 북한에서는 사유화 현상의 기초가 되는 자본 축적 과정이 일탈행위에 기반하고 있다. 이는 경제위기에도 불구하고 국가가 대안을 마련해주지 않음에 따라 기존 질서를 벗어나 나름의 자구책을 찾아야 했기 때문이다. 국가재산탈취는 물론이고 '장사'라는 시장 활동 자체가 북한의 기존 질서에 비추어 볼 때 일탈행위였다.

일탈(deviance)은 한 사회의 구성원이 그 사회의 규범을 침해하는 행위를 말한다.[70] 보다 구체적으로는 관습 위반 등으로 사회에 악영향을 미칠 수 있는 병적인(pathological) 행동을 말한다.[71] 베커(Howard S. Becker)는 일탈행위를 세 가지로 정의했다. 첫 번째 정의는 법이나 규칙 등 어떤 집단의 규정을 어기는 것이다. 두 번째

---

69) 신의주 T씨(만 25세 남), 2010년 탈북, 개인상업(과일, 공업품).

70) Emile Durkeim, *The Rules of Sociological Method*(New York, Free Press, 1964); 최대석·박희진, "비사회주의적 행위유형으로 본 북한사회 변화", 『통일문제연구』 통권 제56호(2011년 하반기), pp.71~72에서 재인용.

71) Howard S. Becker, *Outsiders: Studies in the Sociology of Deviance*(New York: Free Press, 1973), pp.3~8; 다케다 나오키, "김정일 시대 북한 사회통제의 변화: 사상, 생활, 물리적 통제를 중심으로", (서울: 고려대학교 북한학과 석사학위논문, 2010), pp.13~15에서 재인용.

정의는 인간의 몸이 병으로 인해 효과적으로 기능하지 못하는 것처럼 사회에 악영향을 미치는 병적인 행위를 말한다. 세 번째 정의는 평균에서 크게 벗어난 행동을 말한다. 북한에서 경제위기 이후 사적 경제활동에 일어나는 일탈행위는 단순한 법, 규칙보다는 '비사회주의행위'로 불리는 관습 위반, 즉 불문율의 위반을 포함한다. 이러한 의미를 담아내기에는 베커가 제시한 두 번째 정의가 가장 적절할 것으로 보인다.

그런데 사회의 규범은 해당 사회가 지향하는 목적과 방향에 따라 가변적이다. 해당 사회 내 제도적인 조정을 통해 과거의 일탈행위가 현재에는 규범이 인정하는 행위로 포함될 수 있다. 이런 측면에서 북한 당국은 2000년대에 들어 사회경제적 일탈행위를 제도적으로 합법화해가고 있다. 종합시장을 개설하여 식량과 공업제품, 개인부업을 통해 만든 수공업품 판매를 허용한 것이 대표적이다. 또 국영상점을 무역회사 및 기관·기업소에 임대·분양하고 개인이 기관명의를 빌려 소규모 서비스 업체를 운영하는 것을 허용했다. 기관, 기업소, 단체의 중소탄광 운영을 허락한 것도 사적 자본의 탄광 침투 실태를 현실적으로 수용하고 제도적으로 반영한 것으로 보인다.[72]

북한 당국은 계획경제를 복구시키지 못하는 대신 시장을 매개로 한 사적 경제활동을 조정하면서 이용하려 한다. 시장화가 진전될수록 시장교환에서 나타나는 일탈현상은 증가한다. 하지만 국가는 민심을 거스르지 않는 선에서 시장행위억제를 제한하려고 할 것이다.[73] 보다

---

72) 손혜민(2009), p.65 참고.

73) 차문석·홍민, 『현 시기 북한의 경제운용 실태에 대한 연구』(서울: 진보정치연구소, 2007), p.135.

적극적으로 표현하면, 시장을 국가 관리 영역으로 포섭하기 위해 시장교환을 방해하는 행위나 관행을 정리하기도 할 것이다.

사회주의 국가에서 시장을 매개로 한 사적 경제활동이 쉽게 사라지지 않을 때 국가가 취할 수 있는 대안은 두 가지이다.[74] 하나는 사적 경제활동을 근절시키는 것이고 다른 하나는 국가 감독하로 끌어들이는 것이다. 하지만 국가공급체계가 복구되지 않는 한 첫 번째 대안은 실패하고 말 것이다. 계획경제를 정상화시켜놓지 않은 상태에서 첫 번째 대안을 추진할 경우 두 번째 대안의 적합성이 부각될 뿐이다.

이런 측면에서 북한 주민의 일상생계유지와 밀착된 사적 경제활동은 국가 감독 하로 제도화, 합법화될 가능성이 높다. 따라서 사적 경제활동과 불가분의 관계에 있는 사적 자본의 축적과 사유화도 비공식적인 준제도화 단계를 향할 것으로 보인다. 이 과정에서 북한 당국은 사적 자본과 사유화의 흐름이 국가 감시망을 벗어나지 않게 하고자 애를 쓸 것이다.

북한의 사유화는 재산권 이행의 측면에서 보면 한시적이라는 특징이 있다. 북한 당국의 정책 기조와 방침이 바뀔 때마다 개인에게 비공식적으로 이행되었던 재산권에 부침이 많다. 대표적인 것은 2009년에 있었던 화폐개혁이다. 화폐 액면절하(redenomination) 및 신·구화폐 교환의 한도 설정으로 인해 개인 수중에 있던 화폐자산이 상당 부분 증발했다. 개인재산을 북한돈으로 확보하고 있던 주민들은 순식간에 큰 피해를 당했다.

---

74) Akos Rona-Tas(1995), p.66.

한편 외화를 가진 상위 부유층을 비롯해 법·검열기관 관계자와 긴밀한 관계를 형성하고 있는 일부 주민들의 피해는 덜했다. 이들은 불완전한 시장환경에서 기존의 사회적 질서 때문에 발생하는 거래비용을 최소화하기 위해 종속적 파트너십을 맺어왔다. 국가(기관) 명의의 재산이지만 통제권과 소득권을 개인적으로 사용할 수 있는 기회를 창출함으로써 모호한 재산권을 형성해왔다.

겉으로 보기에는 북한에도 유기적 사유화가 일어나는 것 같지만 그 내면은 일탈적 자본 축적과 한시적 재산권 이행, 종속적 파트너십이 자리 잡고 있다. 이러한 북한의 사유화 특징은 사적 부문이 공적 부문을 보충(補充), 보완(補完)하기보다는 절취(竊取), 잠식(蠶食)하고 있음을 보여준다.

북한에서 시장경제가 계획경제를 일정 부분 보충하는 것은 사실이다. 계획경제가 붕괴된 영역의 자금, 자재, 노동을 채우고 있기 때문이다. 그러나 시장을 매개로 한 사적 경제활동은 공적 부문의 부족한 부분을 채워 완전하게 하지는 못한다. 보충(supplement)은 "무언가를 더해서 개선시키는 것"인 반면 보완(complement)은 "다른 부분과 잘 어울려 좋은 점을 더욱 부각시키고 훌륭한 조합을 이루는 것"을 의미한다.[75] 따라서 북한의 시장경제 부문 또는 사적 부문이 계획경제 부문 또는 공적 부문을 '보충'할 수는 있어도 '보완'한다고 보기는 어렵다.

사유화 관련 법제와 정책이 부재한 상태에서 사적 부문과 공적 부문은 갈등과 경쟁 속에 공존하고 있다. 사적 부문의 공적 부문에

---

75) *Collins Cobuild Advanced Learner's English Dictionary*, 6th ed.(New York: Harper Collins Publishers, 2009).

대한 절취는 공적 부문의 사적 부문에 대한 수탈을 상쇄한다.[76) 이는 중국의 사유화가 사적 부문의 공적 부문에 대한 보완으로 이루어진 것과 대조된다. 즉, 북한의 사유화는 중국식의 유기적 사유화가 아닌 제한적 사유화에 지나지 않는 것으로 보인다.

한편 이와 같은 북한의 제한적 사유화는 생산성이 아닌 인허가권을 따라 재부(財富)를 재분배하는 방식으로 추진되고 있다. 하나의 사적 경제활동을 둘러싸고 그 활동을 직접 수행하는 개인, 해당 활동에 대한 허가를 내주는 기관 관계자, 해당 활동의 허가 여부를 단속하는 기관 관계자 등이 삼중, 사중으로 먹이사슬 구조를 형성하고 있다. 이는 궁극적으로 경제구조의 상층부에서 하층부의 지대를 추출하는 방식이다. 개별 경제주체와 인허가기관 관계자는 재부를 나누어 가짐으로써 종속적 파트너십을 형성하고 사적 경제활동의 수행을 가로막는 장애물을 헤쳐 나가고 있다.

경제적 측면에서 이러한 장애물은 불완전한 시장환경 내 존재하는 거래비용으로 집약된다. 그런데 이러한 경제적 동기 이면에는 체제유지를 위한 정치적 동학이 존재하는 것으로 보인다. 이러한 사유화 동학의 전개를 다음 장에서 살펴보기로 한다.

---

76) 양문수(2010a), p.95.

북한 사유화 동학의 전개

지금까지 북한에서 일어나고 있는 사실상의 사유화에 대한 개념을 정의하고, 그 배경과 실태를 검토한 뒤, 특징을 분석했다. 사유화를 인정하지 않는 사회주의 이념은 정치적 측면과 경제적 측면이 얽혀 있다. 특히 일당독재라는 정치구조가 국가소유라는 경제구조를 지배하고 있다. 생산수단의 사유화를 인정하지 않고 집단소유를 추구하는 경제정책은 정치적 논리에 의한 것이라고 할 수 있다. 그런데 이러한 사회주의체제하에서 사실상의 사유화가 일어난다면, 경제적 측면뿐 아니라 정치적 측면에서도 어떤 변화가 이미 일어났거나 향후 어떤 변화를 야기할 것이라고 보는 것이 타당하다. 이런 의미에서 이 장에서는 북한에서 사실상의 사유화를 일으키는 동학을 정치적 측면을 고려하여 검토하기로 한다. 사유화를 촉진하는 요인, 제약하는 요인, 추진하는 동력 등을 살펴보기로 한다.

제1절 사유화의 촉진요인

1. 국가재정의 취약성

북한에서 사실상의 사유화를 촉진하는 근본 요인은 국가재정이 취약하다는 점이다. 북한 당국은 2005년에 국가배급제 전면복귀를 시도했으나 실패했다. 국가의 식량배급 능력이 미약했기 때문이다. 2007년 말에는 여성의 공장·기업소 복귀를 시도했으나 이 또한 실패했다. 북한 주민들이 공장·기업소로 돌아간다손 치더라도 일감이 없고 배급이 보장되지 않기 때문이다.

국가재정의 취약성은 북한의 예산규모 추이에서 드러난다. 북한의 재정규모는 2000년대 후반에 들어서야 겨우 1990년의 수준을 회복한 것으로 보인다. 1990년 대비 재정규모의 지수 및 증가율을 보면 1995년 절반 수준으로 하락했던 재정규모가 2000년대 들어 조금씩 회복되기 시작했고 2008년에 와서야 1990년 수준까지 회복되었다.[1] 이는 2002년 7·1조치로 인한 가격체계 조정 및 인플레이션을 고려했을 때의 추이이다. 7·1조치 이후에는 2003년에서 2005년까지 10% 이상 재정수입이 증가하기도 했지만 2000년대 중후반에는 증가율이 다시 5% 안팎으로 떨어졌다. 결산수입액은 화폐개혁 후인 2010년에는 전년대비 43% 이상 증가하여 52.4억 달러로 추정되며, 2011년에는 다시 11%가 증가한 58.4억 달러 정도로 추정된다.[2] 하

---

1) 이석기 외(2010), pp.134~135.

2) 한국은행 홈페이지 -> 조사·연구 -> 남북한의 주요경제지표 비교. http://www.bok.or.kr/broadcast.action?menuNaviId=2236; 현대경제연구원 연구조사본부, "북한 2009년 화폐 개혁

지만 2002년과 2003년의 증가율을 연결해보면 1993~1994년의 수준에 그칠 것으로 보인다.

국가재정의 취약성을 경제성장과 대외무역을 통해서도 살펴보자. 2000년대 북한경제는 '성장효과 없는 무역확대'를 보이고 있다.[3] 북한은 1990년대 후반을 기점으로 무역을 크게 늘리는 대외거래 확대 정책을 펼쳐왔다. 1990년대 말에서 2000년대 초반까지 북한의 무역은 연평균 최대 30%를 상회하는 수준으로 증가해왔다. 그러던 것이 2000년대 중반 이후에는 2009년을 제외하고 10% 내외로 안정적으로 증가하고 있다. 이에 반해 북한 경제의 성장률은 1990년대 말 이후 2000년대 초반까지 소폭 증가했으나 2005년을 기점으로 하락했고 2008년과 2011년에만 마이너스 성장을 겨우 면한 것으로 추정된다.[4]

2000년대 이후 북한의 무역은 한국 및 중국에 의존해왔으나 2010년 이후 중국에 대한 의존도가 급속히 증가하고 있다. 2000년대 중반 이후만 해도 한국과 중국의 무역이 북한 무역 전체의 3분의 2를 상회하는 수준이었다.[5] 하지만 2011년에는 북한의 대중수출이 100% 이상 증가하여 남북교역을 제외할 경우 북·중무역이 89%에 달하고 있다.[6] 대중국 수출이 비약적으로 증가한 대신 무역

3년 평가", 『이슈리포트』(2012.11.29), p.7.

3) 이석, "현 단계 북한경제의 특징과 설명가설들", 『KDI 북한경제리뷰』 2009년 1월호(2009b), p.6.

4) 한국은행이 발표한 북한의 국민총소득(GNI) 및 경제성장률 및 KOTRA가 발표하는 북한의 대외무역 동향 참고. Economist Intelligence Unit이 발간하는 Country Report에 나타난 북한의 주요 경제지표는 이 수치와 약간 차이가 있지만 전반적인 추세는 대동소이하다. 2010년 한국은행이 추정한 GNI 성장률은 -0.5%였던 반면, 이 보고서는 실질 GDP 성장률을 2.1%로 기록하고 있어 북한의 예산규모가 2010년 확대된 점을 뒷받침하기에 유용한 자료가 될 것으로 보인다. UNDP, *Overview of Needs and Assistance In DPRK 2012*, p.4.

5) 이석(2009b), p.10.

6) 김상기, "2012년 상반기 대외무역동향", 『KDI 북한경제리뷰』 2012년 7월호, p.59.

적자는 7.4억 달러로 2000년대 중반 이후 최소를 기록했다.[7]

하지만 2010년과 2011년 북한의 상위 5개 수출품목과 수입품목은 대중의존도의 심각성과 소비형 경제구조의 가능성을 시사한다.[8] 2년간 상위 5개 수출품목은 무연탄, 광물, 의류, 철강, 수산물로서 상기 품목의 대중국 비중이 88.4%에 달한다. 상위 5개 수입품목은 원유 등 연료, 기계류, 전기기기, 차량, 곡물로서 상기 품목의 내중국 비중이 92.2%에 이른다. 수출품목은 무연탄, 광물, 철강, 수산물 등 자원집약적이거나 의류와 같이 노동집약적인 품목이다. 수입품목 중 곡물은 소비용이고 연료, 기계, 전기기기, 차량은 특정 산업 혹은 상기 수출품목의 생산에 연결된다고 보기 어렵다.

이러한 현상에 대해서는 북한 경제가 '대외의존형 소비경제'이거나 '계획과 시장이 공존하는 이중경제'라는 가설로 설명하는 것이 가능하다.[9] 대외의존형 소비구조에서는 해외에서 수입된 자원과 물자가 생산부문에 연결되지 않고 직접적인 소비로 소진된다. 해외 물자를 기반으로 생산을 늘리고 이를 다시 수출하여 해외물자를 유입하는 선순환이 이루어지지 않는다. 무역 확대가 무역 적자 확대를 동반하는 점이 이를 뒷받침한다. 계획과 시장이 공존하는 이중구조는 대외거래의 확대로 실질적인 성장이 있더라도 무역의 성장효과를 시장이 흡수하고 있어 이것이 계획경제 성장률의 지표에 반영되지 않는 것을 말한다.

북한 경제의 이 두 가지 특징은 각각 가설로서 존재하지만 이를

---

7) KOTRA가 발표하는 북한의 대외무역 동향 참고.

8) 위의 글, pp.61~62.

9) 이석(2009b), pp.11~16; pp.17~20.

하나로 엮는 새로운 가설은 지대의 배분체계에 달려 있다. 즉, 해외 자원을 국내 시장으로 이전하는 과정에서 발생하는 지대가 경제성 장에 투입되지 않는 것이다.[10] 해외에서 북한 내부로 물자가 이전 될 경우 엄청난 규모의 지대가 발생한다. 수입된 물자를 국내의 계획 부문에 배분하는 과정과 이를 다시 시장 부문으로 이전하는 과정에서 지대는 이중으로 발생한다. 이렇게 발생한 지대는 부패 사슬에 의해 특정 개인이나 집단이 점유함으로써 사유화된다. 경제위기 극복을 위해 추진해온 대외거래 확대가 계획경제 회복이 아닌 시장의 촉진과 계획의 위축을 가져오며, 북한 내부의 자원배분을 관장하여 계획당국의 통제력을 약화시키고 있다.

이처럼 북한의 사유화를 촉진하는 근본적인 요인은 북한의 경제 환경 및 구조에서부터 찾아야 할 것이다. 그것은 바로 사회주의 계획경제 시스템의 붕괴를 말하며 구체적으로는 계획경제의 물적·기능적 토대의 와해를 말한다.[11] 계획경제의 물적 토대와 시스템이 부재한 공간을 채워 온 것은 시장인데 시장은 사유화를 촉진하는 또 다른 요인이다.

2. 시장화와의 선순환

북한에는 국가재정이 취약한 가운데 시장을 대체할 대안이 없는 상황이다.[12] 계획경제의 물적 토대가 복구되기 어렵기 때문에 시장

---

10) 위의 글, pp.20~23.

11) 김병연·양문수(2012), p.131.

12) 임강택(2009a). p.184.

화는 진전될 수밖에 없다.[13] 그런데 시장화의 진전은 국가자산 절취를 동반하여 계획경제의 물적 기반이 더욱 침식당하고 있다. 여기에 동반되는 부정부패의 확산 역시 계획경제 시스템에 파괴적 효과를 미친다. 시장화가 지속될 수밖에 없는 자체적인 순환구조가 형성된 것이다.

국가재정이 취약한 가운데 국가는 시장에 대한 의존도가 높아지고 있다.[14] 현재 국가재정은 시장경제 영역에서 발생한 잉여를 재정수입으로 보충하는 구조를 취하고 있다. 아래 <표 6-1>은 시장과 관계된 조세 유형으로서 시장에 대한 국가의 의존도를 보여준다.

<표 6-1> 시장과 연계된 조세의 유형

구분	조세의 직접적인 납부자	조세의 실질적인 부담자	조세와 시장의 연계형태
공장·기업소의 국가기업이득금	공장·기업소	공장·기업소 및 소비자	번수입 (계획 외 생산·유통)
종합시장의 시장사용료 및 국가납부금	종합시장 매대 상인	상인 및 개인수공업자, 소비자	종합시장 내 상품 판매
서비스업체의 국가납부금	수매상점, 협의제 식당, 당구장, 가라오케 등 서비스업체	서비스업체 및 소비자	일반주민 대상 서비스 판매
무역회사 수익금	무역회사	무역회사, 기관·기업소, 국내유통업체, 소비자	수출품의 국내 매집, 수입품의 국내 판매
토지사용료 및 부동산사용료	기관·기업소, 협동단체, 개인	기관·기업소, 협동단체, 개인	토지, 주택, 건물 등 국토를 사용하는 제반 시장경제활동

* 출처: 양문수(2010a), p.89

---

13) 김병연·양문수(2012), p.131.
14) 위의 책, pp.132~133.

시장과 연계된 조세의 제 유형은 각각이 사유화를 동반하는 요소를 내포한다. 공장·기업소의 국가이득금은 번수입지표에 근거하고 있다. 이는 공장·기업소가 계획 외 생산과 유통을 통해서 벌어들이는 수입을 포함한다. 자재와 자금이 공급되지 않는 상황에서 번수입지표 강화는 사실상 사적 자본의 도입을 촉진하는 기제가 된다.

종합시장의 시장사용료와 국가납부금은 종합시장 내 상품 판매에 근거하고 있다. 그 대금은 시장 매대 상인에게 수취하지만 사실상 그 원천은 개인수공업자와 소비자에게서 나온다. 소상품 생산역시 사적 소유와 사적 노동을 토대로 한다는 점에서 사유화를 전제하고 있다.

서비스업체의 국가납부금과 무역회사 수익금, 토지 및 부동산 사용료는 그 자체가 사유화가 진행될 수 있는 제도적 공간을 구성한다. 국가 투자가 부족한 상황에서 서비스업체, 무역회사, 토지 및 부동산에는 사적 자본의 투자가 묵인, 장려된다. 각종 납부금과 사용료 등은 사적 자본의 투자 기회에 대한 대가를 국가가 징수하는 것이다.

준조세의 형태로 시장에서 끌어들이는 잉여는 사적 자본, 사적 생산, 사적 노동에 의해 창출된 것이다. 따라서 계획경제 복원으로 국가재정이 복구되지 않는 한, 시장화가 중단되지 않는 한, 사유화가 진전되는 것은 자연스러운 귀결인 것으로 보인다.

시장화가 사유화와 선순환을 이루는 또 하나의 이유는 사적 소유와 시장 조정기제 간의 친화성에 있다.[15] 여기서 친화성이란 특

---

15) 이하 사적 소유와 시장 조정기제 간의 친화성은 Kornai(1992), pp.447~450을 재구성하고 북한에 적용했다.

정한 재산권 형태가 특정한 조정기제와 결합되는 성질을 말한다. 반대로 어떤 재산권 형태는 특정 조정기제와 자연스럽게 연결될 수 없어서 강제력이 투입되어야 한다. 이런 점에서 사적 소유와 시장 조정기제 간에는 매우 높은 친화력이 있다.

사영기업을 생각해보자. 사영기업에는 다른 (경제)주체에 대한 행정권이 없다. 사영기업은 그 정의상 자율적이다. 사영기업의 재산권은 개인 혹은 집단에 속한다. 이 자율적인 경제 단위가 상부의 지시 없이 자율적으로 다른 주체와 계약을 맺는 것은 자명하다. 이와 같은 자율성은 분권화된 조정을 요구한다. 사영기업 간에 혹은 사영기업과 대중 사이의 경제관계는 기본적으로 시장 조정기제에 의해 조정된다.

사회주의경제의 개혁은 계획 조정기제의 주도권을 시장 조정기제에 조금씩 양보하는 것이다. 계획 조정기제가 약화되면 시장 조정기제는 확장된다. 확장된 시장 조정기제는 사적 자본의 축적을 가져오며, 시장 조정기제가 지속적으로 운영되기 위해서는 사적 자본을 필요로 한다. 이러한 시장 조정기제와 사적 소유 간의 친화성은 곧 시장화와 사유화 간의 선순환을 말한다. 북한에서 시장화가 진전되면 사적 부문이 그만큼 확장되고 확장된 사적 부문이 그만큼 시장화되면서 북한의 사유화를 촉진한다.

3. 사회통제의 제한성

사회통제는 일탈행위를 방지하는 장치를 말한다.[16] 북한에서 시장을 매개로 한 사적 경제활동은 북한 사회주의경제 고유의 질서에 비추어 볼 때 명백한 일탈행위이다. 북한 당국은 사적 이익을 추구하는 사회경제적 일탈행위를 방지하기 위해 당을 통한 사상적 통제, 시장 억제 정책을 통한 생활적 통제, 형법 부칙 제정 및 검열·보안 강화를 통한 물리적 통제를 지속·강화해왔다. 사상적 통제는 욕구 형성단계에서 내적 압력으로 작용하는 사회통제이고, 생활적 통제는 일탈행위 형성단계에서 일상생활을 통제하는 것이며, 물리적 통제는 일탈행위 발생단계에서 물리적 강제력을 통해 처벌을 가하는 것이다.

그러나 사실상의 사유화가 진전되는 이유 중 눈으로 가장 빨리 확인되는 요인 중 하나는 바로 사회통제의 제한성이다. 사상적인 측면에서 북한 주민은 더 이상 북한 당국과 사회주의를 신뢰하기 어렵다. 1990년대 경제위기를 통해 북한 주민은 국가가 생계를 보장해주지 않는 현실을 경험했다. 2000년대 시장화 촉진기를 통해서는 시장경제 요소 및 자본주의 바람을 맛보았다. 이후 자본주의 영향력을 차단하기 위해 시장화 억제 정책이 펼쳐졌고 화폐개혁으로 이어졌지만 오히려 북한 당국에 대한 신뢰도만 추락했다.

생활적인 측면의 통제는 더욱 제한적이다. 북한에서 생활적 통제는 주로 시장 활동을 대상으로 한다. 시장에 대한 단속과 통제는

---

16) 다케다 나오키(2010), p.13, 27, 28, 111, 112.

종합시장을 대상으로 한 상행위 연령, 시간, 장소, 품목에 대한 제한을 비롯해 종합시장 밖의 써비차 운행과 서비스업에 대한 개인투자 제한, 가정용 전화와 휴대전화 제한 등으로 다양하다.[17] 그런데 이와 같은 단속과 통제는 시장 활동의 원인과 무관한 대처 방법이다. 북한 주민이 시장 활동을 하는 이유는 직장에서 배급과 급여가 제공되지 않기 때문이다. 그런데 이 문제의 뿌리를 전혀 해결하지 않고서 현상적인 결과만 없애고자 하는 노력은 궁극적으로 소용이 없다. 시장 활동은 잠시 잠깐 주춤해보일지 몰라도 보이지 않는 곳에서 계속된다.

물리적인 측면의 통제 역시 제한적이다. 우선 물리적 통제는 경제위기를 거치면서 극한 상황을 경험한 북한 주민에게 큰 위협이 되지 않는다.[18] 또는 그 어떤 처벌이 있더라도 경제활동을 통해 형성된 종속적 파트너십 혹은 뇌물이나 인맥이 무마시키는 경우도 있다.[19]

이렇게 볼 때 북한 당국이 강화하고 있는 사상적, 생활적, 물리적 형태의 사회통제 효과는 제한적이다. 그렇다고 해서 사회통제의 제한성이 사회질서를 흩뜨리고 체제유지에 위협이 될 정도는 아니다. 다만 북한 당국의 사회통제가 궁극적으로 목표하는 바를 성취하기 어렵다는 뜻이다. 계획경제가 복구되거나 시장경제가 완전히 합법화되어 주민경제가 활성화되지 않는 한 현재와 같이 시장을 매개로 한 사적 활동에 의한 사유화는 촉진될 뿐이다.

---

17) 김병연·양문수(2012), pp.112~113.
18) 회령 E씨(만 55세 남), 2009년 탈북, 개인식당(급양관리소)/밀무역.
19) 해주 S씨(만 49세 남), 2008년 탈북, 외화벌이/국가기관 관리직.

제2절 사유화의 제약요인

1. 재투자 기회의 제한

북한의 시장화와 사유화가 선순환 관계에 있기 때문에 시장화를 억제하는 요인은 사유화를 억제하는 요인으로도 작용한다. 경제적인 측면에서 시장화를 제약하는 요인은 시장의 자원동원능력의 한계, 생산력 증대를 수반하지 않는 점 등을 들 수 있다.[20] 자원동원능력의 한계는 기업과 가계가 자력갱생 차원에서 시장 활동에 참여하면서 노동, 자본, 원자재 등 일체의 자원을 스스로 동원하는 데서 오는 한계를 말한다. 특히 각종 설비, 원자재, 부품, 전력 등은 계획경제에서 유출하거나 절취해야 한다. 또한 현재 북한의 시장 발달은 생산보다는 유통, 특히 무역의 발달을 의미한다. 도시를 중심으로 소비재 시장이 주로 발달했기 때문에 생산력의 증대효과는 제한적이다.

시장 내 자원동원능력에 한계가 있고 생산력이 증대되지 않는 점은 재투자 기회를 제한한다. 이는 비단 시장 영역의 한계일 뿐 아니라 북한 경제 전체의 한계를 반영한다. 경제활동에 긴요한 전력과 석유, 도로 등 기반시설이 부족하다. 대외관계가 원활하지 않은 상황에서 해외물자는 중국으로부터의 수입에 의존하고 있다. 설사 이러한 제반 공급이 원활하다고 하더라도 공장 설비가 노후하고 주민의 탈취가 더해져 공장 가동이 어려운 상황이다. 사적 자본이 투입

---

20) 김병연·양문수(2012), pp.135~136.

되더라도 이윤을 창출할 산업 환경 조건이 구비되어 있지 않다. 즉, 물리적 측면에서 재투자 기회가 제한되어 있다.

재투자 기회의 제약은 제도적 차원에도 기인한다. 공식적으로 사적 자본을 허용하지 않는 환경에서 투자기회는 제한되기 마련이다. 암묵적으로 공장·기업소는 물론 식당·상점·호텔 등에 개인투자가 허용되고 있다. 특히 간부사업의 일환으로 권력층이 재산을 증식할 기회가 전혀 없는 것은 아니다. 하지만 계약관계가 공식 문건상 드러나지 않고 재산권이 투명하게 보장되지 않는다. 따라서 사적 자본의 투자는 상당히 조심스럽고 신중하게 이루어질 수밖에 없다.

2. 제도적 불안정성

시장화 억제 요인 중 사유화를 제한하는 또 다른 요인으로 대내외 정치적 조건의 미성숙 또는 북한 지도부의 시장 확산에 대한 거부감을 들 수 있다.[21] 북한의 시장화는 북한 정부의 인식과 정책에 직접적인 영향을 받는다. 북한 당국은 주민 통제의 이완, 개인주의 확산, 체제와 정권에 대한 충성도 약화 등으로 국가의 사회통제력이 약화되는 것을 우려한다.

북한 당국은 실제로 2005년 이후 반(反)시장화 정책기조와 2007년 이후 본격적인 시장 억제 정책, 2009년 화폐개혁 등으로 북한 주민, 특히 중간 계층의 재산에 피해를 입혔다. 이처럼 시장화 정책 변경은 시장과 관련한 제도의 불안정성을 가져와 사유화를 제약하

---

21) 위의 책, p.135; 임강택(2009a), p.187.

는 측면이 있다. 사유화가 진전되기 위해서는 제도적 안정성 또는 예측가능성이 보장되어야 한다. 그렇게 될 때 사적 자본의 투자와 증식이 활성화된다. 하지만 앞서 북한의 사유화 특징에서 살펴본 바와 같이 북한에서는 정부 방침에 따른 변경이 많아 제도적 불안 정성이 높은 편이다.

제도적 불안정성에서 또 다른 중요한 요소는 사적 부문의 확장 에 맞서 주기적으로 시행되는 검열과 단속이다. 많은 경우 사적 자 본의 축적은 비사회주의 방식을 통해 가능하다. 그런데 검열이 주 기적으로 존재하면 그 기간에는 일시적으로 사적 경제활동이 위축 된다. 자본의 단위로서 기능하는 기업이 영속성을 전제하고 발전하 지 못하는 것이다. 특히 사적 경제활동이 활발한 외화벌이는 불안 정하고 불확실한 단기적 투기성 거래에 의해 지배되고 있다.[22]

검열과 단속 결과로 나타나는 합법적인 재산몰수는 제도적 불안 정성이라는 사유화 제약의 대표적인 예이다. 개인재산의 합법적인 몰수에는 선별적 방식과 무차별적 방식이 있다.[23] 선별적 방식은 비사회주의적 행위에 대해 묵인하다가 대상을 포착한 다음 '수입 대(비) 지출의 밸런스'를 따지는 방법이다. 합법적인 절차와 규정을 따를 때 예상되는 수입과 실제 지출 간의 차액을 따짐으로써 국가 재산에 손해를 끼쳤다고 판단하고 변상하게 하는 것이다. 반면 무 차별 몰수는 모호한 재산권을 통해 개인이 소유한 재산을 물리적 으로 무력화시키는 방법이다. 개인이 기업소 명의로 등록해놓고 수 익의 일부를 가져가는 중소형 어선 및 화물차에 대한 단속이 대표

---

22) 최봉대(2008a), p.182.

23) 위의 글, pp.173~178.

적이다. 비사회주의 검열이나 사법당국의 처벌을 받아 재산을 몰수 당하거나 교화소에 몇 년간 다녀올 경우 재기하기까지 시간적·재 정적 손실이 발생한다. 이 점에서 제도적 불안정성은 사유재산권의 성립 가능성을 크게 제약하고 있다.

3. 과도한 수탈구조

북한의 사유화를 제약하는 요인으로 살펴볼 마지막 조건은 국가 의 과도한 수탈이다. 이는 사유화의 촉진요인으로 꼽았던 국가의 시장 의존도 이면에 존재하는 제약이다.[24] 국가의 시장 의존을 주 민 입장에서 보면 자력갱생으로 창출한 잉여를 수탈당한다는 뜻이 기 때문이다.[25] 국가가 시장에 의존한다는 것은 시장화를 진전시켜 사유화의 조건을 제공하지만 그 이면의 수탈구조는 그러한 촉진 요인을 상쇄해버릴 수도 있다.[26]

앞서 살펴보았듯이 공장·기업소의 국가기업이득금, 종합시장의 시장사용료와 국가납부금, 서비스업체의 국가납부금, 무역회사의 수익금, 토지사용료와 부동산사용료는 조세의 성격을 띠고 있다. 각종 납부금은 사적 경제활동을 허가해주는 제도라는 차원에서 사 유화의 촉진 요인으로 분류했다.

---

24) 이런 점에서 국가의 시장 의존도는 사유화를 촉진하면서 제약하기도 하는 이중적 성격이 있 다. 하지만 국가의 시장 의존도 자체는 사유화를 촉진하는 조건을 제공하고 있고 과도한 수탈 구조는 자본 축적에 부정적인 영향을 미칠 것으로 보인다. 종합적으로 판단하면 국가의 시장 의존도는 사유화를 촉진한다고 보는 편이 타당할 것이다.

25) 양문수(2010a), p.91.

26) 수탈구조를 이용해 재부를 축적하는 권력층의 입장에서는 수탈구조가 사유화에 유리한 조건이 될 수도 있다. 하지만 권력층 자체도 독재자의 수탈구조 속에 포함된다는 점은 마찬가지이다.

문제는 세외부담에 해당하는 각종 잡부금, 외화벌이 의무, 보호세 명목의 뇌물 등이다.[27] 세외부담은 모든 주민을 대상으로 한다. 집세, 전기 및 수도 사용료 등 국가에 납부해야 하는 세대부담 외에 국가 혹은 지방 차원에서 상납해야 하는 몫이 있다. 대형 발전소 건설 지원, 도로보수 지원, 인민군대 지원 등을 명목으로 현금 또는 현물을 정기적으로나 부정기적으로 납부하게 되어 있다. 그런가 하면 직장 및 인민반별로 외화벌이 원천을 현물로 동원해야 한다. 그렇지 못할 경우에는 현금을 내야 한다. 중하층민의 경우 세외부담은 가계소득의 10~50%에 달한다고 한다. 북한 주민이 기자로 활동하는 『임진강』에서는 이 상황에 대해 다음과 같이 평가한다.

> 선군정부는 기업소들에 "네 혼자서 벌어 먹으라" 해놓고 좀 되는가 싶으면 "장군님 명령"이라고 왁 쓸어 내려와 무조건 말끔히 빼앗아 간다. 이런 무지한 전 국가적 대형수탈이 사회경제를 억압적 악순환 속에 몰아넣고 있다.[28]

보호세의 수탈 역시 사유화를 촉진하면서 억제하는 이중적 역할을 할 것으로 보인다. 대부투자, 명의대여, 개인기업 등 어떤 형태의 사적 경제활동이든지 여러 부류의 국가기관 간부에게 뇌물을 제공하기 마련이다. 따라서 보호세 명목의 뇌물은 사적 경제활동에 이바지한다는 측면에서 사유화를 촉진한다. 하지만 사적 경제활동의 수입 대비 보호세의 비중이 지나치게 높아지면 사유화를 제한하는 요인으로도 작용할 것으로 보인다.

---

27) 양문수(2010a), pp.91~92.
28) 류경원(2008), p.73.

재산이 축적될수록 뇌물의 비용 대비 효용이 감소하는 경향은 그 가능성을 뒷받침한다.[29] 예컨대 외화벌이를 통해 개인수입이 많아질수록 뇌물을 통한 '개인사업' 비용이 늘어난다. 검찰소, 보안서, 보위부 등 감찰·사법·검열기관의 표적이 되지 않으려면 신경 쓸 곳이 더 많아진다. 개인의 재부에 대한 권력기관의 재산권 침해를 비롯해 합리적 수준을 넘는 조세,[30] 이를 줄이기 위한 부가적인 사업비용이 복합적인 수탈구조를 형성하고 있다.

제3절 사유화의 추진동력

1. 독재자의 경제논리

1) 충성집단에 대한 보상

북한의 충성집단에 대한 보상은 특권경제에서 드러난다. 특권경제는 국가경제와 독립적으로 작동하는 통치 차원의 경제영역이다.[31] 내용적으로는 당과 군이 운용하는 경제를 총칭한다. 목적은 관료집단의 충성을 관리하고 이들의 각종 경제 문제를 해결하는 것이다. 핵심 엘리트 집단이 국가 내 자원을 독점적으로 축적, 점유하는 구조를 이루고 있다. 고난의 행군 이후 국가경제를 복구할 수

---

29) 최봉대(2008a), p.173.

30) 박형중, "<새로운 경제관리체계의 도입>은 판도라의 상자가 열린 것", 『KINU현안분석 온라인시리즈』CO 12-33(2012a), p.3.

31) 차문석(2009), p.335.

없는 상황에서 체제유지를 위해 특권경제는 더욱 정형화되었다.

북한에서 통치자는 특권경제를 통해 다양한 목적을 이루고 있다. 특혜와 보호라는 지대를 배분함으로써 경제적·정치적 지지를 획득하고 있다.[32] 첫째는 지대를 배분받은 특권층의 상납을 통해 권력 유지에 필요한 통치자금을 확보하는 경제적 지지이다. 둘째는 지대를 배분받은 기득권층의 욕구를 충족, 정치적 충성과 지지를 유도하는 것이다. 셋째는 특권층이 그 아래 단위의 조직을 관리할 수 있는 물적 기반을 제공해주는 것이다.

주목할 점은 북한의 통치자가 개인에게 권한을 주기보다 조직을 통한 통제력을 구사하고 있다는 점이다. 물론 실질적으로 힘을 발휘하는 것은 결국 개인이다. 하지만 개인은 그 자체로 특권을 발휘하는 것이 아니라 지대를 배분받은 기관에 소속되어 힘을 발휘한다. 개인은 기관에 소속된 명분을 가지고서 건물, 설비, 생산수단, 노동력 등 경제활동에 필요한 각종 자원을 활용할 수 있다.

통치자의 지대 관리 측면에서 여기에 중요한 의미가 있다. 재산권 측면에서 보면 양도권까지 완전히 내어주지 않기 때문이다. 기관의 이름으로 개인에게 사실상의 통제권과 소득권만 허락하고 양도권은 국유재산의 형태로 남는다. 사실상 이 국유재산을 배분하는 권리는 통치자의 손에 있다. 따라서 지대를 배분받은 기득권층은 이 권리의 원천에 매여 있게 된다. 양도권을 관리하는 통치자는 소득권이나 통제권의 사용자를 새로이 지명함으로써 지대를 재분배한다. 양도권까지 개인에게 허락했을 때보다 지대 배분과 회수가

---

32) 『동아일보』 2008년 9월 17일; 위의 글, p.336.

용이하기 때문이다. 이런 차원에서 사유재산을 허락하지 않는 사회주의 소유제도는 통치자에게 유용한 관리도구이다.

2) 대주민 지대 추출 강화

북한 당국 또는 통치자는 국가재정이 취약한 가운데 시장화를 체제유지에 이용하고자 하는데, 유사한 논리가 사유화에도 적용된다. 밀무역을 제외하고 정상적인 무역은 국가의 통제 혹은 감시 아래 있다. 국가가 모든 제품의 수출입에 관여하는 것은 아니지만 인허가권을 통해 그 흐름을 관리하면서 지대를 추출하는 것이다. 여행을 빙자한 '보따리 장사'를 통해 북한으로 들어오는 중국 물품이 많지만 사실상 보따리 장사가 자체적으로 이동시키는 물품은 얼마 되지 않고 대부분 기관이나 회사가 이미 중국으로부터 들여온 물품을 북한 내에서 이동시키는 것뿐이다.[33]

재산권이 한시적으로 이행되는 점도 통치자의 약탈 능력 유지에 기인한다. 통치자는 특권회사, 중하급 관료, 장마당 경제를 적절히 활용하는 차원에서 이들을 주기적으로 견제해야 한다.[34] 특권기관이 운영하는 무역회사를 견제하는 방법은 주기적 통폐합과 무역권의 재배분이다. 이를 통해 특권회사의 운명을 결정하는 권한이 통치자에게 있음을 주기적으로 확인시킨다. 관료를 관리하는 방법은 부정부패와 개인축재에 대한 주기적 검열이다. 정치적 측면에서 볼 때 여기에는 통치자의 약탈구조를 중간층의 부정부패로 은폐하고자 하는 대주민 메시지도 있다. 장마당에 대해서는 비사회주의 검

---

33) 차문석(2009), p.345.
34) 박형중(2009c), pp.129~130.

열에서 살펴본 바와 같이 묵인과 통제가 병행된다. 시장 활동을 말살할 수도 없을뿐더러 이를 허용함으로써 경제난에 대한 주민 불만을 경감시킨다. 그러면서도 주기적인 시장통제 및 비사회주의 검열을 통해 사회질서유지를 다잡고자 한다.

이러한 독재자의 경제논리에 따라 1990년대 이후 지금까지 전개된 북한의 사유화 현상을 설명하면 다음과 같다.

1994년에서 1997년까지 고난의 행군 시기 북한의 통치자는 일탈적 자본 축적에 의해 분권화된 약탈 구조가 정착하는 것을 허용했다.[35] 1998년에서 2002년까지는 고난의 행군 시기를 극복하면서 대내외 체제정비가 시작되었다. 2000년 전후로 전개된 북한의 대내적 실리주의 강조와 대외적 관계개선 노력이 이를 뒷받침한다.

'실리주의'라는 단어에서 보듯 7·1조치는 체제유지를 위한 실리추구 전략이었다.[36] 7·1조치의 최대목표는 사회주의 계획경제에서 나타나는 문제점을 시정하기 위한 것이라고 보기 어렵다. 그보다는 당시의 필요에 따라 정권의 이익을 추구하는 성격이 강했다. 이는 번수입지표 도입 등으로 기업의 자율성을 확대하면서도 시장화를 허용하지 않는 정책기조를 유지하는 모순으로 드러났다.

그러나 결과적으로 이러한 모순에 의해 시장화를 허용할 수밖에 없었고 2003년에서 2004년 사이 종합시장, 수매상점, 식당 및 서비스업에 대한 개인투자가 묵인되면서 소규모 사유화가 진전되었다. 2005년부터 시작하여 2009년 화폐개혁으로 정점에 이른 시장화 억제 정책은 앞서 2004년까지 확장된 사적 자본을 국가의 수중에 돌

---

35) 위의 글, pp.132~133.
36) 남성욱, "7·1경제관리개선조치 2주년 평가와 전망", 『KDI 북한경제리뷰』 2004년 6월호, p.17.

리기 위한 것이었다. 시장의 팽창은 시장세력37)의 성장을 가져왔고 시장세력에게 이전된 경제자본을 국가의 영역으로 끌어들이고자 한 것이다.

3) 권력 관계와 시장 이용

특권층도 시장세력의 일부를 형성하고 있는 상황에서 북한 당국의 시장 억제 정책은 충성집단을 보상하는 일환이다. 기본적으로 독재자의 경제논리는 시장세력 내의 지대 분배관계를 재조정하는 것이다.38)

이때 지대 재분배는 두 가지 구분 기준을 가지고 작동한다. 하나는 충성집단, 즉 특권층과 주민층 간의 구분이며 다른 하나는 충성집단 간의 구분이다. 경제학에서 말하는 가격차별화와 같은 정치적 차별화 기제가 존재한다고 하겠다. 전자는 충성집단인 특권층과 주민층 간에 베푸는 특혜의 차별화이다. 후자는 충성집단 중에서도 더욱 핵심적인 집단에게 지대를 몰아주는 차별화이다.

북한과 같은 독재국가에서는 특권기관의 주기적인 세력교체를 통해 통치자의 권위가 유지된다. 세력교체 과정에서 갈등 또는 협력 가능한 특권기관은 당, 군부, 내각, 호위사령부, 국가안전보위부, 인민보안부 등이다. 국가기관인 국방위원회에는 상기 기관 구성원

---

37) "'시장세력'은 대내외 시장 및 시장교환에 직간접으로 관여하는 것을 통해 생존과 이윤, 기득권과 지위 등을 유지, 확대, 재생산하는 데 있어 상호 이해관계를 공유하는 개인 및 집단(기관, 조직)을 총칭하여 정의할 수 있다. …… 시장세력은 생계 차원에서 시장 활동을 하는 대다수 주민들을 비롯하여 '돈주'를 비롯한 크고 작은 상인계층들, 이들과 밀접하게 연계하여 활동하는 무역지도원들, 막강한 권한을 가지고 시장교환에 직간접적으로 개입하여 경제적·정치적 이익을 챙기는 중앙 및 지역의 상층 관료들 등으로 구성되어 있다." 홍민(2012), p.58.

38) 위의 글, p.52; 최봉대, "북한의 시장 활성화와 시장 세력 형성 문제를 어떻게 봐야 하나", 『한반도 포커스』 2011년 7·8월호(제14호).

들이 중복되며 입법기관인 최고인민회의는 국방위원회에게, 사법기관인 검찰과 재판소는 공안기관에게 공식적인 권위를 빌려주는 수준으로 존재한다.[39]

이런 관점에서 2005년부터 시작된 시장화 억제 정책은 지도자가 군부의 외화벌이를 견제하고 중앙당에 힘을 실어주는 세력교체 과정이었던 것으로 보인다.[40] 이 시기부터 군부의 무역권을 회수하고 인민군 부대들의 경제활동을 제한하는 움직임이 나타났다.

특히 2007년부터 본격화된 비사회주의 검열은 그동안 특권층에 분배된 지대를 회수, 재분배하는 성격이 있는 것으로 보인다.[41] 지대 재분배가 충성집단의 중심이동에 활용된다는 관점에서 2007년 이후 시장화 억제 정책을 살펴보자. 2007년 5월 중앙 검찰소 요원들이 전국 주요 도시에 전격 파견되어 국가안전보위부, 보안서, 재판소, 도당, 시당, 인민위원회를 대상으로 검열을 실시했다. 김정일은 '시장은 비사회주의의 서식장'이라고 지적하면서 8·26방침을 내놓았다. 9월부터는 남북경협 관련 인물들에 대한 조사와 숙청이 시작되었다. 이는 2008년의 외화벌이 무역기관에 대한 단속으로 이어졌다. 3월부터 북·중 국경지역과 군부 무역기관에 대한 중앙 집중검열이 실시되었다. 2000년대 중반까지 선군정치를 내세운 김정일 정권을 보위하며 세력을 키운 군부대 외화벌이를 위축시키기 위한 의도가 있었던 것으로 보인다.

2008년 10월 이후, 즉 김정일 건강악화 이후에는 후계체제준비

---

39) 류경원, "<해설> 화폐소요 곡선을 읽다", 『임진강』 7호(2010), p.63.

40) 위의 글, p.67; 박형중(2010), p.2, 박형중(2012b), p.2.

41) 김병연·양문수(2012), pp.61~62; 박형중(2010), pp.2~3.

의 관점에서 독재자의 경제논리를 파악해볼 필요가 있다. 새로운 독재자는 새로운 충성집단에 대한 경제적 번성을 보장하기 위해 기존의 경제특권체계를 해체, 재편성하고자 한다.[42] 이 과정에서 중요 요직을 비롯해 부패 허가권, 즉 경제 독점권이 재분배된다. 새로운 지도자로서는 전임 지도자가 퇴출한 후 구(舊)정권의 돈줄과 같은 권력 수단을 가능한 빨리 장악하는 것이 중요하다. 이런 관점에서 2008년 이후 군부 무역기관에 대한 단속이 2009년과 2010년에 강도 높게 진행되고 보수공안파와 군부가 권력 지분을 조정하고 있는 점을 주목해야 할 것이다. 북한에서는 2009년 말 화폐개혁 이후 시장 억압 및 공안 통치가 현격히 강화되고 있다. 특히 2010년 9월 제3차 당대표자회 이후에는 김정은(당시 당중앙군사위 부위원장) 명의로 강도 높은 비사회주의 검열이 빈번하게 진행되었다.[43]

2. 권력층의 지대추구

고난의 행군 시기를 지나고 선군정치 하에서 나온 실리주의[44]나 7·1조치는 집단소유와 개인소유 간에 제도적 틈을 만들었다.[45] 집단소유와 개인소유 간의 제도적 틈이란 국가 배급형태에서 '기관·

---

42) 박형중, "독재의 정치 및 경제논리: 권력 교체기 현상을 중심으로", 『KDI 북한경제리뷰』 2012년 1월호(2012c) p.94, 96, 99.

43) 박형중, "김정은 체제의 권력구조와 대내외정책", 『2012 한반도 통일환경 변화와 통일외교 추진방향』 평화문제연구소 2012 통일문제 미주세미나(시카고: 구세군 메이페어 커뮤니티교회, 2012년 6월 21일(2012d)).

44) '실리주익'는 북한의 공식문헌인 『경제연구』에서 이윤을 긍정적으로 평가하고 기업경영실적 평가로서 이윤의 중요성을 논할 때 주로 쓰인다. 양문수(2010a), p.327.

45) 채순, "개인소유의 수위는 어디까지 올라왔나?", 『임진강』 9호(2010a), p.93.

기업소 배급' 형태로 전환된 과도기적 단계를 말한다. 이 과도기에 나타난 '이완된 집단소유' 개념은 부의 재분배와 개인축재에 제도적 정당성을 부여했다. 기관·기업소 배급은 미공급기인 1994~1996년부터 공장·기업소 차원에서 식량문제를 해결하도록 지시가 내려오면서 제도화되었다.[46] 북한에서 실시된 기관·기업소 배급은 다음과 같은 의미를 갖는다.

> '기관, 기업소배급'이란 국가가 아닌 기관, 기업소 단위별로 성원들의 식량배급 규정량 현물을 확보하는 경제활동을 허용한 일종의 소집단적 배급형태이다. 즉 국가가 승인한 소여 규정량과 구입활동 범위하에서 소여 단위 스스로가 마련한 자금과 운송수단, 토지, 농자재 등을 운용하여 상업적 혹은 농경적 방법으로 소속 종업원에게 공급할 식량 현물량을 확보하는 제도이다. 이는 국가의 배급 독점권이 하부 소단위에 이양된 분권적 형태로서 전인민적 소유 개념보다 등급이 낮은 소집단적 소유 개념이 실지로 작용했다.[47]

기관·기업소 배급이 제도화되자 기관의 간부는 자력갱생을 명분으로 생산수단을 임의로 이용할 수 있게 되었다. 현재 북한에서 트럭, 버스, 승용차와 냉동설비를 비롯한 생산설비는 대부분 기관·기업소의 소집단소유 형태를 띠고 있다.[48] 기관이 국가계획 없이 이러한 생산수단을 이용한다는 것은 여기에 대한 결정권이 있는 간부가 사적으로 이용하는 것도 가능하다는 뜻이다. 간부는 개인적인 실적 입증이나 기관 운영에 필요할 경우 사적 경제활동의 수익금 일부를 기관에 납부할 것이다. 하지만 그보다 많은 양의 자금은

---

46) 양문수(2010a), p.420.
47) 채순(2010a), p.93.
48) 위의 글, p.94.

개인적으로 축재할 것이다.

여기에서 한발 더 나아가 중앙의 특권기관은 예산 수입 대부분을 자체로 해결하는 자력갱생 경제구조를 가지고 있다. 특권기관은 중앙당의 각 부서, 국방위원회, 인민무력부, 총참모부, 총정치국, 국가안전보위부, 인민보안부, 제2경제위원회 등 최고지도자 측근이 단체장을 맡고 있는 중앙 권력기관을 말한다. 권력이 뒷받침되는 이들 기관은 부업농장, 부업수산, 과수원, 목장, 자체탄광, 부재공장, 건설대, 외화벌이 기지, 무역회사, 대학, 병원 등을 완비하고 있다.[49]

이런 의미에서 1998년 시장이 정돈되기 시작한 이후 2004년까지 이어진 시장화 촉진기에 북한 경제 내 최대수혜자는 군부였다.[50] 군부는 1995년 선군정치가 본격화되면서 외화벌이를 확대해나갔다. 국가의 예산 지원 대신 각급 부대가 운영자금을 마련할 수 있게 허용되었다. 군대는 노동력과 운송수단을 갖추고 있는데다 군사활동이라는 치외법권적 권리를 내세워 비교우위를 점했다. 군부의 외화벌이는 이 시기 활성화된 장마당 경제의 원동력이라고 하겠다.

군부를 비롯한 특권기관은 장마당 바닥까지 먹이사슬 구조를 이루고 있다. 우선 특권기관의 예산수입 담당기구는 무역회사이다.[51] 이 무역회사의 수출품 조달담당은 무역지도원이다. 무역지도원의 동업자 혹은 하청 거래처는 시장에서 활동하는 개인 또는 개인기업이다. 국영기업의 집단경영체제로는 무역회사가 요구하는 수출품의 양과 질, 납기일을 담보하기 어렵기 때문이다.[52] 북한의 시장

---

49) 위의 글, p.94.

50) 박형중(2010), pp.1~2.

51) 리규이(2010), pp.115~116.

화는 이러한 구조에 관계된 개별 경제주체 간에 이루어지는 개인 축재의 경쟁과정이다.[53]

이 구조에서 가장 많은 부를 축적하는 사람은 최상위층의 경제주체이다. 북한 주민의 시선으로 볼 때 이는 '계급적 선부론'에 다름없다.[54] "능력 있는 사람이 먼저 잘 사는" 선부론이 아닌 계급 혹은 계층 간 기회의 차별을 토대로 하고 있기 때문이다. 이와 관련하여 2009년의 화폐개혁도 사적 자본을 가진 주체에게 차별적인 여파를 가져왔을 것으로 예상된다.

3. 주민층의 능력증대

북한의 주민경제는 내각경제 및 특권경제와 연결되어 사유화를 추진하는 동력을 제공하고 있다. 주민경제는 내각경제와는 협력적 공생관계로, 특권경제와는 기생적 의존관계에 있다.[55] 북한의 시장화는 주민의 비공식경제를 중심으로 자생적으로 나타났다. 여기에 자재난에 시달리는 내각의 공장·기업소가 시장에 관련된 직간접적 기회에 참여했다. 주민의 비공식경제가 조성해 놓은 시장 공간에 내각경제가 참여함으로써 상호 간에 협력적 의존관계를 이루어왔다. 한편 특권경제는 북한의 자원을 독점하며 외화벌이사업을 추진해왔다. 주민경제는 이러한 특권에 기대어 기생하는 형태를 취하

---

52) 손혜민(2009), p.63, 65.

53) 채순(2010a), p.93.

54) 림근오(2010b), pp.39~40.

55) 임강택(2009a), p.182.

고 있다. 주로 외화벌이 원천을 제공하거나 명의를 대여하는 방식으로 특권경제에 의존하는 것이다.

이 과정에서 북한 주민의 시장 적응 능력이 증대하고 있다.[56] 주민층의 시장 적응 능력은 물질적, 기술적, 의식적 측면으로 나누어 볼 수 있다. 물질적 측면에서 북한 주민은 시장을 통해 생계를 유지하고 일부는 부를 축적하여 신흥부유층으로 성장해왔다. 기술적 측면에서는 사적 경제활동이 분업화·전문화되어왔다. 시장 활동의 전문화 현상은 경제활동의 효율성을 증대시킴으로써 사적 자본의 축적에 기여할 것으로 보인다. 의식적 측면에서는 "내 힘으로 모든 것을 해결해야 한다", "돈이 최고다"는 식의 개인주의적 가치관이 확산되고 있다. 더는 국가나 사회주의분배를 기대하거나 의존하지 않는 것이다. 이러한 인식 변화는 개인소유에 대한 필요성과 욕구를 자극함으로써 내면으로부터 사유화를 추동하는 계기가 될 것이다.

제4절 소결: 사회주의와 제한적 자본주의의 공존

북한의 사유화 특징인 일탈적 자본 축적, 한시적 재산권 이행, 종속적 파트너십 형성은 북한의 사유화를 촉진하는 요인을 반영하고 있다. 일탈적 자본 축적은 국가 재정을 더욱 취약하게 한다. 한시적이나마 재산권이 이행되는 것은 시장화의 진전에 의한 것인데

---

56) 위의 책, pp.184~185.

이는 사유화와 선순환 관계를 이룬다. 종속적 파트너십을 통해 사적 경제활동을 하는 주체는 비사회주의 검열을 비롯한 각종 사회적 통제와 규제를 빠져나갈 수 있다.

이러한 특징이 북한의 사유화를 제약하는 요인을 반영한다. 일탈행위에 기반한 자본 축적은 북한에서 자본을 축적할 기회가 그만큼 제한되어 있음을 반영한다. 자본을 축적할 기회는 곧 자본을 유통할 기회와도 연결되므로 사실상 투자기회가 제한되어 있음을 말해준다. 재산권이 한시적으로 이행된다는 것은 그만큼 사유재산이 제도적으로 불안정한 위치에 있다는 것을 반영한다. 또한 사적 경제활동을 하는 주체는 종속적 파트너십을 형성하여 제도적 불안정성으로부터 보호를 받는 대가로 과도한 수탈구조에 놓이게 된다.

그렇다면 이러한 촉진요인과 제약요인 속에서 북한의 사유화를 추진하는 동력은 무엇일까? 그것은 사회주의체제의 가치체계 속에서 발견된다.

사회주의체제를 이끄는 마르크스-레닌주의 당의 분기점은 사적 소유권 대신 공적 소유권을 기반으로 하는 사회를 조직하는 데 있다.[57] 이는 결국 가치체계의 문제로 거슬러 올라간다. 공산주의 추종자의 가치체계에는 다음 세 가지 가치가 긴밀하게 연결되어 있다. 하나는 공산당의 집권 하에 사회주의가 존재한다는 것이다. 권력이 바로 근본적이고 궁극적인 가치다. 다음으로 사회주의와 자본주의를 구분하는 가장 중요한 근본 가치는 공적 소유권으로 사적 소유권을 대체하는 것이다. 사적 소유권을 없애고 공적 소유권을

---

57) Korani(1992), pp.87~88.

수립, 안정화시키는 것이다. 또 하나의 본질적인 내적가치는 노동자에 대한 자본가의 약탈이 존재하지 않는 것이다. 노동자는 자본가에게 더 이상 종속되지 않고 자본가 계급은 역사의 무대에서 사라지는 것을 지향한다.

이러한 기준으로 현재 북한의 실상을 평가해보면 북한의 모습이 고전적 사회주의체제라고 하기는 어렵다. 제도적 차원이 아닌 실질적 차원에서 북한 체제는 독재자의 독점적 권력과 사적 소유의 전반적 확산을 지향하고 있다. 북한은 고전적 사회주의체제에 가까운 형태로 인식되어왔지만 이는 제도적 차원일 뿐이다. 사실상 북한은 경제위기 이후 고전적 사회주의체제를 탈피했다고 보아야 한다.

그렇다면 이러한 특징을 보이는 북한 체제를 어떻게 평가할 것인가? 북한이 여타 체제전환국과 다른 점은 무엇인가? 이 질문에 대한 답은 여러 가지 방법으로 설명될 수 있지만 이 연구에서는 사유화의 동학과 관련하여 사회주의체제의 가치체계와 연결시켜보고자 한다. 이는 북한이 외적으로 사회주의체제를 유지하고 있기 때문이다.

사회주의체제의 가치체계는 서로 긴밀히 연결되어 권력 – 소유 – 조정기제 간의 관계를 만들어낸다. 일당독재, 공유제, 관료적 기제는 고전적 사회주의체제를 규정하는 핵심요소들이다. 그런데 이 요소들의 조합이 의미하는 바에 주목해야 한다. 즉 관료제의 권력을 구성하는 매우 중요한 성분의 하나가 관료제(국가)에 의해 획득된 재산이라는 점이다.58) 사회주의체제의 일당 독재를 구성하고 지탱

---

58) 위의 책, p.88.

하는 많은 요소들이 있지만 그중 하나는 재산권이다. 재산에 대한 권리가 권력으로 사용되는 것이다.

이 점을 북한의 모습에 적용해보면 북한의 일인독재체제를 구성하고 지탱하는 여러 가지 요소 중에 재산권에 시사하는 바가 있다. 재산에 대한 권리는 북한 독재자의 권력에서 매우 중요한 성분을 차지한다. 독재자는 관료제(국가)에 속한 재산에 대한 양도권을 쥐고서 독점적 권력유지에 이용하고 있다. 독재 유지 및 현 상태의 체제 유지를 위해 충성집단에게 국가재산에 대한 소득권과 통제권을 지대의 형식으로 (재)분배하고 있다.

경제위기 이후 뿌리 내린 사유화 동학은 이러한 지대를 유통시키고 있다. 이러한 지대 재분배 관계가 독재자와 특권층 선에서 끝나지 않고 시장 바닥에 까지 닿아 있다. 이는 계획경제가 붕괴되고 재정이 취약한 상황에서 국가경제를 유지하기 위한 정책 선택의 결과이다. 현재 북한 체제는 고전적 사회주의에서 이탈하여 사회주의 속에서 제한된 자본주의를 지향하고 있다고 하겠다.

제7장

결론

이 논문은 북한에서 일어나고 있는 사실상의 사유화에 주목하여 이를 개념화하고 사유화 진전에 대한 구체적인 근거를 제시하고자 했다.

사회주의체제의 사유화는 탈국유화, 사적 부문의 확장, 생산수단의 사적 소유라는 개념으로 정리된다. 이러한 개념은 소득권의 사실상 이행, 사적 자본의 축적·유통, 생산수단의 사적 이용 및 사적 노동으로 측정되는데, 실현되는 항목의 개수가 많을수록 사유화가 진전된 것을 의미한다.

북한의 사유화는 공적 소유에서 사적 소유로의 변화를 말한다. 보다 구체적으로 정의하면 북한의 사유화는 '사적 소유(사적 노동)에 의해 경제활동이 탈국가화되는 현상'이다. 여기서 사적 소유란 재산권 측면에서 볼 때 '생산수단에 대한 소득권을 사실상 개인이 소유하는 것'을 의미한다. 이 연구는 이러한 현상을 두고 EBRD의 체제전환지표상 '상당한 사유화'가 진전된 것으로 보았다.

북한에서 사유화가 일어난 배경은 경제위기에서 그 단초가 발견된다. 경제위기로 계획경제의 기반이 붕괴되고 계획의 공백을 시장이 채워나갔다. 계획과 시장이 공존하는 새로운 경제구조 속에 국가가 분배한 정치자본을 사적 자본으로 전환시켜 부를 축적하는 개인이 등장했다.

사적 자본에 의한 경제활동 형태는 파트너십 계약형, 공공자산 임차형, 사영기업으로 대별된다. 북한에서 파트너십 계약형은 국영기업에 대한 대부투자를 말한다. 북한의 경제구조상 대부투자를 할 경우 보상은 국가와 개인이 공유하면서 위험은 개인이 부담할 가능성이 높다. 공공자산 임차형은 개인이 기관의 명의를 대여하는 것을 말한다. 북한에서 사적 자본이 그나마 안정적으로 재투자될 수 있는 기회이기 때문에 세 가지 유형 중 가장 많은 것으로 보인다. 사영기업은 사실상 개인기업을 말하는데, 상업 부문을 제외하고는 영세한 경우가 많다.

북한의 사유화 과정에 나타나는 특징은 세 가지이다. 첫째, 사유화 현상의 기초가 되는 사적 자본 축적이 일탈행위에 기반하고 있다. 이는 경제위기에도 불구하고 국가가 대안을 마련해주지 않음에 따라 개인이 기존 질서를 벗어나 자구책을 찾아야 했기 때문이다. 둘째, 사적 자본에 대한 재산권 이행이 한시적이라는 특징이 있다. 개인에게 비공식적으로 이행된 재산권은 북한 당국의 정책 기조와 방침에 따라 부침이 많다. 셋째, 사적 자본의 주체는 불완전한 시장환경의 거래비용을 줄이기 위해 권력기관 관계자와 파트너십을 형성하는데 그 관계는 종속적인 성격을 기본으로 한다.

현재로서는 사적 이익을 추구하는 경제활동을 국가가 재원 추출 차원에서 용인해줌으로써 모호한 재산권이 형성되어 있다. 북한의 사유화는 국가재산의 소득권을 개인에게 반합법적, 암묵적, 비공식적으로 이행하면서 양도권은 주로 국가가 쥐고 있는 형태이다. 해당 재산으로부터 수익을 추출하는 실질적인 권리는 개인에게 허용된다. 그러나 국가가 해당 재산의 명의를 가지고서 양도권을 행사하기 때문에 개인이 창출한 수익에 대해 개입, 제한, 금지를 가할 수 있다.

이러한 상황에서 북한의 사유화를 촉진하는 요인은 국가재정의 취약성, 시장화와의 선순환, 사회통제의 제한성으로 요약된다. 북한의 취약한 국가재정은 계획경제를 복구할 물적 토대를 제공하지 못하고 있다. 이런 가운데 계획 조정기제를 대체하고 있는 시장 조정기제는 사적 소유라는 소유관계와 친화성이 있다. 따라서 시장화의 진전은 사적 자본의 발달을, 사적 자본의 발달은 그 조정기제인 시장 시스템을 강화한다. 또한 현재 북한의 국가경제는 사적 경제활동과 불가분의 관계에 있다. 따라서 현실적으로 검열·감찰기관은 사적 경제활동을 일정부분 묵인하게 된다. 이러한 사회통제의 제한도 사유화를 촉진하고 있다.

한편 북한의 사유화를 저해하는 요인은 제도적 측면에 기인한다. 제도적으로 사적 소유가 허락되지 않기 때문에 활발한 재투자 기회가 제공되지 않는다. 제도적 불안정성은 북한의 사유화를 제약하는 또 다른 요인이다. 또한 과도한 수탈구조에 의한 사적 부문의 수익기반 약화도 사유화를 제약한다.

이러한 제약요인에도 불구하고 북한의 사유화를 추진하는 동력은 독재자의 경제논리에서 찾을 수 있다. 독재자의 경제논리는 충성집단에 대한 보상을 통해 경제적·정치적 지지를 획득하는 것이다. 독재자의 경제논리에 상응하여 사유화를 추동하는 다른 동력은 권력층의 지대추구이다. 한편 그 가운데 사적 경제활동을 통해 주민층의 물질적, 기술적, 의식적 능력도 증대되고 있다.

북한에는 계획경제의 기반이 붕괴하여 계획과 시장이 공존하고,

취약한 국가재정을 사적 자본이 뒷받침하고 있는 상황이다. 모호한 재산권은 개별 경제주체와 거시경제 전체의 거래비용을 줄임으로써 경직된 북한 경제의 효율성에 기여하고 있는 측면이 있다. 그러므로 현재로서는 북한의 국가경제가 유지되기 위해 사유화 진전이 병행될 수밖에 없다.

이러한 경제현상 이면에는 정치경제적 동학이 존재한다. 현재로서는 독재자의 경제논리, 권력층의 지대추구, 주민층의 능력증대 중 어느 하나도 중단될 동인이 존재하지 않는다. 따라서 북한의 정치체제가 유지되기 위해서라도 사유화 진전은 계속될 것으로 보인다.

이 연구에서는 이상과 같이 전개되는 북한의 사유화를 헝가리 및 중국의 사유화와 구분했다. 북한이 헝가리 및 중국과 다른 점은 크게 두 가지가 있다. 북한에는 의도하지 않은 구조적 요인으로서 시장화를 촉발시킨 경제위기가 있었다. 또 사유화 과정에서는 국가가 주도적으로 개입하기보다 묵인과 사후 관리로 대응해왔다는 점이 있다.

각국의 사적 부문이 공유제, 즉 생산수단의 공유를 바탕으로 운영되는 계획경제 또는 공식경제와 맺는 관계도 다르다. 헝가리에서는 사적 부문, 또는 사유제가 공유제를 대체해왔다. 중국에서는 사적 부문이 공유제를 보완해왔다. 반면 북한에서는 사적 부문이 공유제를 잠식해가고 있다.

이러한 측면에서 북한은 헝가리나 중국과 다른 제한적 사유화를 지향하고 있다고 하겠다. 헝가리와 북한 모두 계획하거나 예정하지 않은 상태에서 사유화가 시작되기는 했지만 북한은 외부환경의 직접적인 영향을 받았다는 점에서 헝가리와 구분된다. 또 중국과 북한은 둘 다 갑작스러운 변화보다 점진적이고 자연스러운 소유권 변화를 경험하고 있다. 하지만 북한에서는 사유제가 공유제를 보완하기보다 일탈을 통해 잠식하고 있어 중국의 유기적 사유화와는 구분된다.

요컨대 북한의 사유화는 사회주의 속에 제한적 자본주의가 공존하고 있는 현상을 보여준다. 자본주의는 이윤추구를 목적으로 하는 자본이 지배하는 경제체제를 말한다. 마르크스는 자본주의의 특징이 이윤획득을 위한 상품생산, 노동력의 상품화, 생산의 무계획성에 있다고 보았다. 사유재산제에 바탕을 두고 있다는 점과 모든 재화에 가격이 성립된다는 점도 자본주의의 특징이다. 북한에서 일어나고 있는 사유화 현상은 이러한 자본주의의 특징을 두루 보여주고 있다. 그러나 공식적으로 사회주의를 지향하고 있는 북한에서는 자본주의를 표방하는 경제체제와 달리 이러한 현상이 공식적으로 제도적인 틀을 갖추고 있지 못하다. 따라서 본질적으로 자본주의적 현상이라도 그 형식은 현재 북한의 사회주의에서 허용하는 모습으로 구현되고 있다.

결론적으로 북한에서 모호한 재산권과 비공식 재산권을 통한 제한적 사유화는 국가의 비(非)예산수입에 기여하고 있다. 또한 불완전한 시장 환경에 놓인 국가경제의 거래비용을 감소시키며 경제운용에 긍정적으로 작용하는 측면도 있다. 하지만 사유화는 궁극적으로 북한 주민의 경제활동의식에 변화를 가져와 북한의 사회·경제적 변화에 단초를 제공할 가능성이 있다.

끝으로, 이 연구의 의의와 한계를 정리하고 향후 전망을 제시하면서 마무리하고자 한다. 이 연구에는 다음과 같은 학문적·정책적·실용적 의의가 있다. 학문적으로는 아직 체계적으로 논의되지 않고 있는 북한의 사유화를 다룬 점, 북한의 실질적인 변화 여부를 둘러싼 논쟁에 제시할 하나의 근거를 제시한 점, 타 사회주의 국가와 비교할 때 드러나는 북한 체제의 특성 혹은 새로운 발전경로를 밝힌 점이다. 정책적으로는 북한의 체제전환, 특히 탈사회주의 경제이행에 관한 정책마련과 집행에 이용할 기초자료를 제공한다는 의의가 있다. 실용적인 측면에서는 북한 사회변화 및 북한이탈주민을 이해하고 지원하는 자료가 될 것으로 보인다. 북한 주민의 일상 경제활동을 분석한 자료를 통해 한국 국민을 비롯한 외부 관찰자들은 북한 사회 내부의 정보와 변화를 읽을 수 있을 것이다.

이 연구는 다음과 같은 한계와 향후과제도 노정하고 있다. 먼저, 이 연구는 북한의 사유화를 규정하는 데 있어 사회주의 국가 전체를 포괄적으로 비교하지 않았다. 다만 이 연구에서 설정한 사회주의 국가의 사유화 개념을 잘 드러내면서 북한과 유사한 사유화를 경험한 헝가리와 중국만을 비교했다. 향후에는 구소련, 동유럽, 중국, 베트남, 쿠바 등 사회주의 국가의 사유화 전반을 유형화해 볼 필요도 있다. 또한, 이 연구는 북한의 사유화 실태에 대한 시론(試論)적 연구로서 사유화 동학을 세밀하게 설명하는 데는 한계가 있다. 시계열을 따라 사유화 동학을 체계적으로 분석하는 것도 향후 과제라고 하겠다.

사회주의경제제도를 개혁할 때 유럽식 또는 북미식 자본주의 모델에 얼마나 순응시켜야 하는가에 대해서는 많은 논란이 있다.[1] 논

---

1) Andrew G. Walder and Jean C. Oi, "Property Rights in the Chinese Economy: Contours of the Process of Change", in Jean C. Oi and Andrew G. Walder(eds), *Property Rights and Economic Reform*

란의 스펙트럼에서 한쪽 극단은 사회주의체제가 과거의 실패와 깨끗이 단절할 것을 권고한다. 이는 비(非)생산적인 국유자산을 사적 경제주체에 매각하고 관료의 간섭에 맞서 사기업을 지원할 수 있는 행정 규제와 법적 조치를 취하라는 것이다. 반면 스펙트럼의 반대쪽 극단에서는 경제체제라는 것은 설계대로 작동하지 않기 때문에 급속한 사유화의 효과가 없다고 주장한다. 급속한 사유화는 회사를 매각하는 것처럼 신속하게 이루어지는 일이 아니기 때문에 기존의 법·규제 틀 없이는 불가능하다.

북한의 경우는 급속한 사유화를 겪은 동유럽의 길로 가기보다 중국과 같이 정치개혁을 삼가고 경제개혁을 점진적으로 시도할 것으로 보인다. 중국의 경우는 계획과 시장이 공존하는 이중구조가 상당기간 지속되었다. 유서프(Shahid Yusuf)는 이러한 중국의 경제개혁을 두고 "작고 통제된 폭발의 연속(series of small controlled explosions)"이라고 표현한 바 있다.[2] 따라서 북한의 사유화도 경제개혁 또는 체제전환의 과정에서 일어나는 크고 작은 구조변화 또는 제도변화로 접근할 필요가 있다.

현재 중국과 북한은 미시적 요소를 일부 공유하고 있지만 거시적 체제는 다른 모습을 보이고 있다. 사적 자본에 의한 기업적 현상이 유사하게 나타났어도 중국이 구현하는 '사회주의 시장경제'와 북한의 '우리식 사회주의'는 다른 체제이다. 현재 시점에서 볼 때 중국은 민간부문의 재투자를 적극 허용하여 경제성장을 이룩했지만 북

---

in China(Stanford, CA: Stanford University Press, 1999), pp.1~3.

2) Shahid Yusuf, "China's Macroeconomic Performance and Management during Transition", *The Journal of Economic Perspectives*, 8(2)(1994), p.71.

한은 민간부문의 재투자가 여전히 제한적이어서 경제발전에 한계가 있을 것으로 보인다. 이는 마치 동일한 부속품이 자동차에 들어가기도 하고 그보다 느린 트랙터에 들어가기도 하는 것과 같다.

하지만 현재 중국 경제는 1978년 경제개방 당시 목표했던 형태가 아니라는 점도 기억해야 할 것이다. 중국의 지도자나 관리들이 처음부터 지금과 같은 중국의 모습을 비전으로 제시하면서 개혁을 시작한 것은 아니다. 따라서 북한의 경제도 향후 정치적·정책적 결단에 따라 현재로서는 구상하기 힘든 새로운 방향으로 전개될 가능성을 조심스럽게 기대해본다.

김정은 체제 출범으로 2012년 이후 도입된 '새로운 경제개발구'와 '새로운 경제관리체계(방법)'는 2002년 이후 시도된 경제특구 및 경제관리개선조치 등을 상기시키는, 어떻게 보면 새로울 것 없이 반복되는 개혁개방 수단일지 모른다. 그러나 새로운 경제개발구가 북한 전역을 대상으로 하고 중앙급만 아니라 지방급 단위로 계획되었으며, 김정은 체제에서 강조하고 있는 관광 분야에 특화되었다는 점 등은 주목할 만하다. 지방급 경제개발구는 그간 국경지대에서 소위 모기장식 개방으로 외부영향을 차단하고 전후방산업효과를 기대하기 힘들었던 북한식 경제특구가 국가개발전략 하에 지방발전을 염두하고 있다는 점을 제시한다. 관광 분야에 특화된 경제개발구는 북한 최도지도자의 관심사항과 연계되므로, 문서작업으로 끝나지 않고 가시적 성과를 도출하기 위한 정책적 노력이 수반될 가능성이 높다.

새로운 경제관리체계는 특정 지역에 국한되는 경제개발구와 달리 북한 전체의 경제운용방식에 관한 개혁이므로 더 많은 시간과 노력을 요할 것이다. 그래서인지 아직까지 가시적인 성과에 대한 소식은 들려오지 않고 있다. 하지만 이 새경제관리체계의 기본방향이 "계획 없는 사회주의 경제"를 지향하고 있고 중앙에 대한 납입 의무를 수익의 70%(농장, 상점, 식당에게 30% 수익보유를 인정)로 설정한다는 점 등은 기존 7·1조치를 뛰어넘는 획기적인 조치라고 하겠다.3)

또한 2014년 5월 30일에 김정은 노동당 제1비서는 당·국가·군대기관 책임일군(간부)들과 "현실발전의 요구에 맞게 우리식경제관리방법을 확립할데 대하여"라는 담화를 진행했다. 이 담화는 '5·30조치'로 알려지는데, 2015년부터 모든 기업소·공장소, 회사·상점을 대상으로 자율경영제를 시행하고, 협동농장은 분조 폐지 및 가족 단위를 도입(가족 1명당 땅 1,000평을 지급, 국가 대 개인 4:6 분배)할 것이라는 정보가 있다.

하지만 북한에서 추진하는 경제개발구가 성공하기 위해서는 국제사회에서 통용되는 보편적 투자여건과 거래기준을 충족시킬 필요가 있다. 새로운 경제관리체계는 임금·가격·환율 인상 등 거시경제 차원의 조정뿐 아니라 이 논문에서 다루고 있는 사적 소유의 문제를 해결할 필요가 있다. 아무쪼록 향후 북한이 주민경제 안정과 국가경제 성장에 이바지하는 방향으로 개혁개방 정책수단을 성공적으로 이끌어가기를 기대해 마지않는다.

---

3) 박형중, "북한의 '새로운 경제관리체계(6·28방침)'의 내용과 실태", 『KDI 북한경제리뷰』 10월 호(2013), p.16, 24.

\<부록\> 북한이탈주민 대상 설문지

북한 경제에 관한 연구	ID				

안녕하십니까?

고려대학교 북한학과에서는 북한 경제연구를 위한 설문조사를 수행하고 있습니다.

이 조사의 목적은 여러분이 북한에서 경험하신 경제활동을 통해 북한의 경제상황을 올바르게 이해하는 것입니다. 이를 통해 여러분이 한국사회에 적응하면서 생기는 문제를 해결하기 위해 연구결과를 정책적으로도 제안하려고 합니다. 여러분의 귀중한 의견은 학문적으로나 정책적으로 매우 의미 있는 자료가 될 것입니다.

이 조사는 어떤 바람직한 답을 요구하거나 점수를 매기는 것이 아니므로 응답 요령에 따라 기억나는 대로 답해 주시면 됩니다. 이 조사는 북한 경제를 바르게 이해하고 남북통일을 위한 정책 수립에 기여하는 자료가 될 것이므로 귀하의 솔직하고 신중한 답변을 부탁드립니다.

여러분이 응답해 주신 모든 내용은 통계적 분석 외에는 사용되지 않습니다. 또한 여러분의 응답내용은 전산 처리되어 통계자료로만 사용되므로 개인 사항은 전혀 나타나지 않습니다.

설문에 협조해주셔서 진심으로 머리 숙여 감사드립니다.

2012년

연구자: 고려대학교 북한학과 박사과정 윤인주

고려대학교 인문대학 북한학과 대학원
TEL: 041-860-1270 / E-mail: injooyoon@gmail.com

<설문지 응답 방법>

1. 번호 앞 ' ' 또는 해당 칸에 V표를 해주십시오.
   (예: 사람들끼리 몰래 소를 사고파는 일이 약간 있었던 경우 ②번에 V표)
      질문: 사람들끼리 몰래 소를 사고파는 일이 있었습니까?
   ___① 매우 많았다 _V_ ② 어느 정도 있었다 ___③ 그저 그랬다
   ___④ 별로 없었다 ___⑤ 전혀 없었다   ___⑥ (들어)본 적 없다

2. 특별한 지시가 없으면 질문에 대한 응답은 한 군데만 V표 해주십시오.
3. 순위를 매기는 질문에는 가장 많은 것부터 '__'에 1, 2, 3이라고 번호를 써주십시오.
4. '기타'에 V표 할 경우에는 팔호(   ) 안에 간단히 내용을 써주시기 바랍니다.
5. 주관식 질문에는 팔호(   )에 구체적으로 써주시기 바랍니다.
6. 이 설문지는 연구목적으로만 사용되니 모든 질문에 빠짐없이 응답해주십시오.

<1> 북한에 계실 때 농사에 관해 보고 들으신 대로 응답해주십시오.

1-1. 다른 사람의 밭에서 농사일을 도와주고 돈을 받는 사람이
     있었습니까?
① 매우 많았다   ② 어느 정도 있었다 ③ 그저 그랬다
④ 별로 없었다   ⑤ 전혀 없었다   ⑥ (들어)본 적 없다

1-2. 농장 작업반에 돈을 빌려주고는 농산물을 팔아서 번 돈을
     나누어 가지는 사람이 있었습니까?
① 매우 많았다   ② 어느 정도 있었다 ③ 그저 그랬다
④ 별로 없었다   ⑤ 전혀 없었다   ⑥ (들어)본 적 없다

1-3. 개인 농사를 하는 사람에게 돈을 빌려주고는 농산물을 팔아
서 번 돈을 나누어 가지는 사람이 있었습니까?

① 매우 많았다　　② 어느 정도 있었다③ 그저 그랬다
④ 별로 없었다　　⑤ 전혀 없었다　　⑥ (들어)본 적 없다

<2> 북한에서 고기잡이에 대해 보고 들으신 대로 응답해주
십시오.

2-1. 돈을 주고 수산사업소 고깃배를 빌려서 물고기를 잡는 사람
이 있었습니까?

① 매우 많았다　　② 어느 정도 있었다③ 그저 그랬다
④ 별로 없었다　　⑤ 전혀 없었다　　⑥ (들어)본 적 없다

2-2. 고깃배를 사서 기관·단체 재산으로 해놓고 고기 잡는 사람
이 있었습니까?

① 매우 많았다　　② 어느 정도 있었다③ 그저 그랬다
④ 별로 없었다　　⑤ 전혀 없었다　　⑥ (들어)본 적 없다

2-3. 개인이 하는 고깃배에서 돈을 받고 일하는 사람(삯발이)이
있었습니까?

① 매우 많았다　　② 어느 정도 있었다③ 그저 그랬다
④ 별로 없었다　　⑤ 전혀 없었다　　⑥ (들어)본 적 없다

<3> 북한에서 광산에 관해 보고 들으신 대로 응답해주십시오.

3-1. 기관·단체의 이름을 빌려서 광물을 캐는 개인광산이 있었
　　습니까?
① 매우 많았다　　② 어느 정도 있었다③ 그저 그랬다
④ 별로 없었다　　⑤ 전혀 없었다　　⑥ (들어)본 적 없다

3-2. 기관·단체의 이름을 빌리지 않고 몰래 광물을 캐는 개인광
　　산이 있었습니까?
① 매우 많았다　　② 어느 정도 있었다③ 그저 그랬다
④ 별로 없었다　　⑤ 전혀 없었다　　⑥ (들어)본 적 없다

3-3. 기관·단체의 이름을 빌리지 않고 몰래 광물을 캐는 개인광
　　산에서 돈을 받고 일하는 사람이 있었습니까?
① 매우 많았다　　② 어느 정도 있었다③ 그저 그랬다
④ 별로 없었다　　⑤ 전혀 없었다　　⑥ (들어)본 적 없다

<4> 북한에서 식품가공에 관해 보고 들으신 대로 응답해주
　　십시오.

4-1. 개인이 기계를 구해서 꾸며놓은 국수 생산기지가 있었습니까?
① 매우 많았다　　② 어느 정도 있었다③ 그저 그랬다
④ 별로 없었다　　⑤ 전혀 없었다　　⑥ (들어)본 적 없다

4-2. 개인이 하는 국수 생산기지에서 돈을 받고 일하는 사람이
   있었습니까?

① 매우 많았다　　② 어느 정도 있었다③ 그저 그랬다

④ 별로 없었다　　⑤ 전혀 없었다　　⑥ (들어)본 적 없다

4-3. 개인이 기계를 구해서 꾸며놓은 인조고기 생산기지가 있었
   습니까?

① 매우 많았다　　② 어느 정도 있었다③ 그저 그랬다

④ 별로 없었다　　⑤ 전혀 없었다　　⑥ (들어)본 적 없다

4-4. 개인이 하는 인조고기 생산기지에서 돈을 받고 일하는 사람
   이 있었습니까?

① 매우 많았다　　② 어느 정도 있었다③ 그저 그랬다

④ 별로 없었다　　⑤ 전혀 없었다　　⑥ (들어)본 적 없다

<5> 북한에서 써비차에 관해 보고 들으신 대로 응답해주십
   시오.

☞ 써비차는 북한에서 개인이 돈벌이에 이용하는 화물차를 말합니다.

5-1. 돈을 주고 기관·단체의 화물차를 빌려 쓰는 사람이 있었습니까?

① 매우 많았다　　② 어느 정도 있었다③ 그저 그랬다

④ 별로 없었다　　⑤ 전혀 없었다　　⑥ (들어)본 적 없다

5-2. 화물차를 사서 기관·단체에 등록해놓고 돈을 버는 사람이
    있었습니까?

① 매우 많았다   ② 어느 정도 있었다 ③ 그저 그랬다

④ 별로 없었다   ⑤ 전혀 없었다   ⑥ (들어)본 적 없다

5-3. 화물차에 실을 짐을 날라주면서 돈을 받는 사람이 있었습
    니까?

① 매우 많았다   ② 어느 정도 있었다 ③ 그저 그랬다

④ 별로 없었다   ⑤ 전혀 없었다   ⑥ (들어)본 적 없다

<6> 북한에서 수매상점에 관해 보고 들으신 대로 응답해주
    십시오.

6-1. 기관·기업소의 이름을 빌리고 수매상점에 들어가서 장사
    하는 사람이 있었습니까?

① 매우 많았다   ② 어느 정도 있었다 ③ 그저 그랬다

④ 별로 없었다   ⑤ 전혀 없었다   ⑥ (들어)본 적 없다

6-2. 북한에서 주로 지내신 동네의 수매상점을 100군데로 보았을
    때, 개인이 기관·기업소의 이름을 빌려서 장사하는 수매상
    점이 몇 군데 정도였습니까?

                                    (   )군데

6-3. 수매상점의 종업원 중에 물건을 직접 들여와서 파는 사람이
    있었습니까?

① 매우 많았다   ② 어느 정도 있었다 ③ 그저 그랬다

④ 별로 없었다   ⑤ 전혀 없었다   ⑥ (들어)본 적 없다

<7> 북한에서 식당에 관해 보고 들으신 대로 응답해주십시오.

7-1. (급양)관리소로부터 국가 건물을 빌려서 개인이 하는 식당이
    있었습니까?

① 매우 많았다   ② 어느 정도 있었다 ③ 그저 그랬다

④ 별로 없었다   ⑤ 전혀 없었다   ⑥ (들어)본 적 없다

7-2. 북한에서 주로 지내신 동네의 국영식당을 100군데로 보았을
    때, 국가 건물을 빌려서 개인이 하고 있는 식당이 몇 군데
    정도였습니까?

                                    (   )군데

7-3. (상업)관리소에 적을 걸고 집에서 식당을 하는 사람이 있었
    습니까?

① 매우 많았다   ② 어느 정도 있었다 ③ 그저 그랬다

④ 별로 없었다   ⑤ 전혀 없었다   ⑥ (들어)본 적 없다

7-4. (상업)관리소에 적을 걸고 집에서 하는 식당에 종업원이 있
었습니까?

① 매우 많았다　　② 어느 정도 있었다③ 그저 그랬다
④ 별로 없었다　　⑤ 전혀 없었다　　⑥ (들어)본 적 없다

7-5. (상업)관리소에 적을 걸고 집에서 하는 식당을 하는 경우, 종
업원 중에는 식당 주인의 가족 말고 다른 사람도 있습니까?

① 매우 많았다　　② 어느 정도 있었다③ 그저 그랬다
④ 별로 없었다　　⑤ 전혀 없었다　　⑥ (들어)본 적 없다

\<8\> 다음은 편의봉사에 관한 질문입니다.

8-1. (편의봉사)관리소에 적을 걸고 개인이 하는 편의봉사시설이
얼마나 있었는지 각각의 경우에 답해주십시오.

	① 매우 많았다	② 어느 정도 있었다	③ 그저 그랬다	④ 별로 없었다	⑤ 전혀 없었다	⑥ (들어)본 적 없다
1) 관리소에 적을 걸고 개인이 하는 미용실						
2) 관리소에 적을 걸고 개인이 하는 사진관						
3) 관리소에 적을 걸고 개인이 하는 오락실						
4) 관리소에 적을 걸고 개인이 하는 당구장						
5) 관리소에 적을 걸고 개인이 하는 노래방						
6) 관리소에 적을 걸고 개인이 하는 숙박소						

8-2. 관리소에 적을 걸고 개인이 하는 편의봉사시설 중에 어느 것이 가장 많았습니까? 가장 많은 것부터 '__'에 1~6번까지 번호를 매겨주십시오.

___미용실   ___사진관   ___오락실

___당구장   ___ 노래방   ___숙박소

8-3. 개인이 하는 편의봉사시설에서 돈을 받고 일하는 사람이 있었습니까?

① 매우 많았다   ② 어느 정도 있었다 ③ 그저 그랬다

④ 별로 없었다   ⑤ 전혀 없었다   ⑥ (들어)본 적 없다

<9> 다음은 북한에서 개인이 가진 돈과 돈주에 관한 질문입니다.

9-1. 사람들은 장사나 사업을 시작할 때 필요한 돈을 어떻게 마련했습니까? 3가지만 골라서 가장 많은 것부터 1, 2, 3이라고 번호를 매겨주십시오.

① 해외에서 교포로 사는 친인척이 돈을 보내줘서

② 탈북해서 한국에 정착한 가족이나 친인척이 돈을 보내줘서

③ 스스로 해외에 나가서 돈을 벌어서

④ 북한 내부에서 스스로 돈을 벌어서

⑤ 다른 사람에게 돈을 빌려서

⑥ 기타(   )

9-2. 공장·기업소에 돈을 빌려주고 이자를 받는 돈주가 있었습니까?

① 매우 많았다   ② 어느 정도 있었다 ③ 그저 그랬다
④ 별로 없었다   ⑤ 전혀 없었다   ⑥ (들어)본 적 없다

　9-2-1. 돈주가 공장에 빌려준 돈을 돌려받지 못하면 어떻게 합니까?

　① 돈이 될 만한 기계라도 가져간다
　② 공장 책임자의 개인재산에서 받아내려고 한다
　③ 공장을 돌릴 수 있게 돈을 대주고 공장에서 생산한 물건을 가져간다
　④ 줄 때까지 기다려 보고 안 되면 그냥 포기한다
　⑤ 신소를 해서 책임자가 어떻게든 문제를 해결하게 만든다
　⑥ 기타(   )

9-3. 개인에게 돈을 빌려주고 이자를 받는 사람이 있었습니까?

① 매우 많았다   ② 어느 정도 있었다 ③ 그저 그랬다
④ 별로 없었다   ⑤ 전혀 없었다   ⑥ (들어)본 적 없다

　9-3-1. 개인에게 빌려준 돈을 돌려받지 못하면 어떻게 합니까?

　① 돈을 못 갚는 사람의 집이나 물건을 빼앗는다
　② 큰 싸움이 나고 돈을 못 갚는 사람이 다치기도 한다
　③ 돈을 못 갚는 사람이나 가족에게 일을 시킨다
　④ 기타(   )

9-4. 돈주는 공장에 돈을 주면서 물건을 만들어 달라고 해서 팔
   기도 합니까?

① 매우 그렇다   ② 그런 편이다

③ 그저 그렇다   ④ 그렇지 않은 편이다

⑤ 전혀 그렇지 않다   ⑥ (들어)본 적 없다

9-5. 돈주가 돈을 빌려주고 받는 이자는 보통 얼마입니까?

① 개인에게 이자 (   )%   ② 공장, 기관에 이자 (   )%

<10> 다음은 비사회주의 검열에 관한 질문입니다.

10-1. 선생님이 사신 동네에서 비사회주의 검열은 얼마나 자주
   있었습니까?

① 매일   ② 2~3일에 1번   ③ 일주일에 1번

④ 10일에 1번   ⑤ 15일에 1번   ⑥ 1달에 1번

⑦ 2달에 1번   ⑧ 3달에 1번   ⑨ 6달에 1번

⑩ 1년에 1번   ⑪ 2~3년에 1번   ⑫ 거의 없다

10-2. 비사회주의 검열이 나왔을 때 동네에서 몇 명 정도 처벌을
   받았습니까?

① 100명 중 1명   ② 100명 중 2~4명

③ 100명 중 5명~10명   ④ 100명 중 11~15명

⑤ 100명 중 16~20명   ⑥ 100명 중 21명 이상

10-3. 검열에 걸리지 않으려고 선생님의 주변 사람들은 어떻게
　　　행동했습니까?
　　① 평소에 미리 뇌물을 고였다
　　② 검열이 끝날 때까지만 잠깐 활동을 멈추었다
　　③ 검열 기간에도 숨어서 하던 대로 했다
　　④ 검열 때 드러나지 않으려고 평소에 조심하면서 규모를 키
　　　우지 않았다
　　⑤ 기타(　　　　　　　　　　　　　　　　　　　　　)

10-4. 비사회주의 검열이 끝나고 나면 사람들은 어떻게 합니까?
　　① 검열하기 전에 하던 방법대로 그대로 돌아가서 돈을 번다
　　② 처벌 받는 것이 싫어서 비사회주의 방식으로 돈을 벌지
　　　않는다
　　③ 검열을 피할 수 있는 다른 방법을 찾아서 돈을 번다
　　④ 기타(구체적으로:　　　　　　　　　　　　　　　　)

10-5. 국가가 시장을 단속하면 비사회주의 현상이 어떻게 됩니까?
　　① 마음대로 장사하지 못하기 때문에 비사회주의 현상이 줄
　　　어든다
　　② 사람들이 겁을 내기 때문에 비사회주의 현상이 줄어든다
　　③ 다른 방법으로 생산하고 장사를 하기 때문에 별로 줄지
　　　않는다
　　④ 불만을 가지고 더 생산하고 장사를 하기 때문에 오히려
　　　늘어난다

⑤ 기타(구체적으로:)

10-6. 2009년 11월 화폐개혁 후에도 북한에 계셨다면, 화폐개혁
　　을 한 후부터 선생님이 북한을 나오기 전까지 다음과 같은
　　일이 있었는지 읽어보시고 해당 칸에 V를 그려주십시오.

	① 매우 그렇다	② 그런 편이다	③ 그저 그렇다	④ 그렇지 않은 편이다	⑤ 전혀 그렇지 않다
1) 사람들 사이에 돈을 빌려주는 일이 줄었다					
2) 써비차가 줄었다					
3) 개인이 들어가서 장사하는 수매상점이 줄었다					
4) 외화벌이에 나서는 사람이 줄었다					

<11> 마지막으로 선생님에 관한 질문입니다.

11-1. 선생님의 성별은?　　① 남자　　　② 여자

11-2. 선생님은 언제 태어나셨습니까?　　_____년

11-3. 북한에서 주로 지내신 곳은 어디입니까? ___도 ___시/구역

11-4. 선생님은 북한에서 학교를 어디까지 다니셨습니까?
　　① 인민학교(소학교) 이하
　　② 고등중학교(중학교) 중등반 졸업

③ 고등중학교(중학교) 고등반 졸업

④ 대학교 졸업

⑤ 연구원 이상

⑥ 기타(   )

11-5. 북한에서 선생님의 직업은 주로 무엇으로 되어 있었습니까?

  구체적으로: _____

※ 돈을 더 벌기 위해 다른 일을 하셨다면 그 일도 적어주십시오.

  _____

11-6. 선생님이 한 달에 번 돈은 얼마였습니까?

  ① 월급: 북한돈 (   )원

    농민이었을 경우 1년에 배급받은 현물 (   )원

    현금 (   )원

  ② 월급 외에 번 돈: 북한돈 (   )원

    농사를 지었을 경우 1년에 수확량 (   ) 현금 (   )원

11-7. 월급 외에 번 돈에서 납부금과 뇌물은 어느 정도였습니까?

① 기관에 바치는 납부금 (   )%

② 사람에게 고인 뇌물은 (   )%

※ 이득금의 얼마를 바치는 것 말고 다른 방법이 있었다면 적어

  주십시오.

  _____

11-8. 북한에 계실 때 선생님의 가족과 가장 가까운 것을 하나만
골라주십시오.
① 노동당원과 전사자 가족으로서 북한에서 어느 정도 혜택
을 받았다
② 노동자, 농민, 사무원 가족으로 많은 노력을 해야 높은 지
위에 갈 수 있었다
③ 지식인 출신과 월남자 가족으로서 높은 지위에 올라가기
가 매우 힘들었다
④ 지주와 자본가 출신 가족으로서 북한 사회에서 소외되고
차별대우를 받았다

11-9. 선생님은 북한에서 당원이셨습니까?   ① 예   ② 아니오
선생님의 가족 중 당원이 있었습니까? ① 예 (명) ② 아니오

11-10. 선생님의 가족이나 친인척 중 북한 수용소에 가신 분이
있습니까?
① 예   ② 아니오

11-11. 북한에 계실 때 선생님의 모습과 가장 가까운 것을 하나
만 고르십시오.
① 북한 당국의 지침이 옳다고 생각했기 때문에 따랐다
② 원래 잘 따지지 않아서 순수하게 따랐다
③ 살아남기 위해 생각을 바꾸어 충성했다
④ 겉과 속이 다르게 생활하면서 겉으로만 따르는 척했다

⑤ 겉으로도 상황을 봐서 가끔 불만을 표출하는 편이었다

11-12. 선생님이 북한을 떠나신 것은 언제입니까? ＿＿＿년 ＿＿＿월

11-13. 선생님은 무엇 때문에 북한을 나오셨습니까?

① 먼저 탈북한 가족과 함께 살기 위해

② 돈을 벌기 위해

③ 북한에 살기 곤란한 상황에 처했기 때문에

④ 뜻하지 않게 우연히

⑤ 새로운 환경에서 꿈을 펼치기 위해

⑥ 자유를 찾아서

⑦ 정치적으로 다른 체제에서 살기 위해

⑧ 기타(   )

11-14. 선생님이 남한에 들어오신 것은 언제입니까? ＿＿＿년 ＿＿＿월

11-15. 선생님은 지금 남한에서 어떤 일을 하고 계십니까?

구체적으로: ＿＿＿＿＿＿＿＿＿＿＿＿＿＿＿＿

◆ 협조해 주셔서 대단히 감사합니다. ◆

조사비를 받으시고 아래에 서명해주시기 바랍니다.

참고문헌

1. 북한문헌

1) 단행본

사회과학원 법학연구소. 『민사법사전』. 평양: 사회안전출판부, 1997.
사회과학원 주체경제학연구소. 『경제사전1』. 평양: 사회과학출판사, 1985a.
_____. 『경제사전2』. 평양: 사회과학출판사, 1985b.
사회과학원 언어학연구소. 『현대조선말사전』. 평양: 과학백과사전출판사, 1981.
_____. 『조선말대사전1』. 평양: 사회과학출판사, 1992.
_____. 『조선말대사전1』. 평양: 사회과학출판사, 2006.
_____. 『조선말사전』. 평양: 과학백과사전출판사, 2004.
조선백과사전편찬위원회. 『광명성백과사전』-16. 채굴·금속·기계·전기·전자공업. 평양: 백과사전출판사, 2006.
_____. 『광명성백과사전』-18. 농업·산림업·수산업. 평양: 백과사전출판사, 2009.
조선중앙통신사. 『조선중앙년감 1995』. 평양: 평양종합인쇄공장, 1996.

2) 논문

김혜선. "위대한 수령 김일성동지께서 사회주의경제관리리론분야에
　　　쌓아올리신 불멸의 업적." 『경제연구』 2004년 제3호.
류경아. "국민소득통계균형표작성에 나서는 기본요구." 『경제연구』
　　　2012년 제1호.
류경진. "사회주의강성국가건설에서 국민소득이 체계적인 장성이 가
　　　지는 의의." 『경제연구』 2012년 제3호.
리상우. "상업의 최량성 규준과 그 리용." 『경제연구』 1999년 제4호.
리영남. "사회주의적원칙을 고수하는 것은 경제관리개선의 중요원
　　　칙." 『경제연구』 2006년 제4호.
박선호. "위대한 령도자 김정일동지께서 제시하신 사회주의경제관리
　　　개선완성에 관한 독창적리론." 『경제연구』 2005년 제1호.
오미향. "국민소득분배에서 사회를 위한 생산물과 자기를 위한 생산
　　　물의 합리적인 균형보장." 『경제연구』 2012년 제4호.
정명남. "집단주의경제관리의 중요특징과 그 우월성을 높이 발양시
　　　키는데서 나서는 기본요구." 『경제연구』 2006년 제2호.

3) 기타

『로동신문』
『로동청년』
『조선인민군』

2. 국내문헌

1) 단행본

고영복 편. 『사회학사전』. 서울: 사회문화연구소, 2000.

고일동. 『북한의 재정위기와 재정안정화를 위한 과제』. 서울: 한국개
　　발연구원, 2004.

김광수경제연구소. 『북한을 보는 새로운 프레임, 플리바겐』. 파주:
　　서해문집, 2011.

김병연·양문수. 『북한 경제에서의 시장과 정부』. 서울: 서울대학교
　　출판문화원, 2012.

김연철. 『북한의 산업화와 경제정책』. 서울: 역사비평사, 2001.

김영윤. 『북한 경제개혁의 실태와 전망에 관한 연구: 개혁의 부작용
　　을 통해 본 북한 체제전환의 성공과제』. 서울: 통일연구원, 2006.

남성욱. 『현대 북한의 식량난과 협동농장 개혁』. 파주: 한울, 2004.

남성욱·정유석. 『개방과 폐쇄의 딜레마 북한의 이중적 경제』. 파주:
　　살림, 2012.

박기찬. 『경영의 교양을 읽는다 1』. 서울: 더난출판사, 2005.

박재규 편. 『북한의 딜레마와 미래』. 서울: 법문사, 2011.

박형중·이교덕·정창현·이기동. 『김정일 시대 북한의 정치체제:
　　통치이데올로기, 권력엘리트, 권력구조의 지속성과 변화』. 서
　　울: 통일연구원, 2004.

서재진. 『7.1조치 이후 북한의 체제 변화: 아래로부터의 시장사회주
　　의와 개혁』. 서울: 통일연구원, 2004.

손철성. "마르크스 『자본론』" 『철학사상』 별책 제3권 제18호. 서울:
　　서울대학교 철학사상연구소, 2004.

손행선. 『북한의 경제범죄와 처벌』. 서울: 한국학술정보(주), 2011.

양문수. 『북한경제의 구조: 경제개발과 침체의 메커니즘』. 서울: 서
　　울대학교 출판부, 2001.

_____. 『북한경제의 시장화: 양태·성격·메커니즘·함의』. 파주:
　　한울아카데미, 2010a.

양운철. 『북한 경제체제 이행의 비교연구: 계획에서 시장으로』. 파
　　주: 한울아카데미, 2006.

오승렬. 『북한경제의 변화와 인센티브구조: 비공식부문의 확산에 따
　　른 개혁전망』. 서울: 통일연구원, 1999.

_____. 『북한경제의 변화: 이론과 정책』. 서울: 통일연구원, 2002.

유호열. 『북한의 사회주의 건설과 좌절: 21세기 새로운 세대의 역사
    인식을 위해 새로 쓴 한국현대사 길잡이』. 서울: 생각의 나무,
    2004.

윤대규 엮음. 『북한 체제전환의 전개과정과 발전조건』. 파주: 한울아
    카데미, 2008.

윤영관·양운철 엮음. 『7.1경제관리개선조치 이후 북한 경제와 사회』.
    파주: 한울아카데미, 2009.

이교덕 외. 『북한체제의 분야별 실태평가와 변화전망: 중국의 초기
    개혁개방과정과의 비교분석』. 서울: 통일연구원, 2005.

이상환. 『동유럽의 민주화』. 서울: 한국외국어대학교출판부, 2004.

이 석. 『북한의 시장: 규모 추정과 구조분석』. 서울: 한국개발연구
    원, 2009a.

이 석 외. 『북한 계획 경제의 변화와 시장화』. 서울: 통일연구원, 2009.

이석기. 『북한기업관리체계 및 기업행동양식변화연구』. 서울: 산업
    연구원, 2003a.

이석기 외. 『2000년대 북한의 산업과 기업: 회복 실태와 작동 방식』.
    서울: 산업연구원, 2010.

이승훈·홍두승. 『북한의 사회경제적 변화: 비공식 부문의 대두와
    계층구조의 변화』. 서울: 서울대학교 출판부, 2007.

이우영. 『북한 도시주민의 사적 영역 연구』. 파주: 한울아카데미, 2008.

이태옥 편. 『북한의 경제』. 서울: 을유문화사, 1990.

임강택. 『북한경제의 시장화 실태에 관한 연구』. 서울: 통일연구원,
    2009a.

임강택·김성철. 『북한 재산권의 비공식 이행』. 서울: 통일연구원, 2003.

임수호. 『계획과 시장의 공존』. 서울: 삼성경제연구소, 2008.

전성흥. "중국의 농촌공업화: 향진에서의 지방정부와 기업." 『한국정
    치학회보』 제29집 제1호(1995.10).

전현준 외. 『북한체제의 내구력 평가』. 서울: 통일연구원, 2006.

정세진. 『계획에서 시장으로: 북한체제변동의 정치경제』. 서울: 한울

아카데미, 2000.

정영철. 『북한의 개혁·개방: 이중전략과 실리사회주의』. 서울: 선인, 2004.

정영화. 『평화통일과 경제헌법: 북한주민의 재산권 형성방안』. 서울: 법문사, 1999.

정영화·김계환. 『북한의 시장경제이행』. 서울: 집문당, 2007.

정진상. 『북한경제, 어디까지 왔나?: 사회주의경제체제 전환국 경험을 중심으로』. 서울: 통일부 통일연구원, 2005.

조 민. 『통일이후 북한지역 국유재산 사유화방안 연구』. 서울: 민족통일연구원, 1997.

조영기 외. 『경제학원론』. 서울: 비즈프레서, 2012.

조정아·김영윤·박영자. 『북한 시장 진화에 관한 복잡계 시뮬레이션』. 서울: 통일연구원, 2010.

조정아·서재진·임순희·김보근·박영자. 『북한 주민의 일상생활』. 서울: 통일연구원, 2008.

좋은벗들. 『오늘의 북한, 북한의 내일』. 서울: 정토출판, 2006.

주성환·조영기. 『북한의 경제제도와 관리』. 서울; 무역경영사, 2003.

진승권. 『사회주의, 탈사회주의, 그리고 농업』. 서울: 이화여자대학교 출판부, 2006.

차문석·홍 민. 『현 시기 북한의 경제운용 실태에 대한 연구』. 서울: 진보정치연구소, 2007.

최수영. 『북한의 제2경제』. 서울: 민족통일연구원, 1998.

최종고. 『북한법』. 서울: 박영사, 1993.

칼 마르크스 저, 김수행 역. 『자본론 - 정치경제학 비판 - 제1권 자본의 생산과정(하)』 제2개역판. 서울: 비봉출판사, 2003.

칼 마르크스 지음, 손철성 풀어씀. 『자본론: 자본의 감추어진 진실 혹은 거짓』. 서울: 풀빛, 2005.

통일연구원. 『북한 광물자원 개발 전망과 정책방안』. 서울: 통일연구원, 2005.

_____. 『2009 북한개요』. 서울: 통일연구원, 2009.

폴라니(K. Polanyi) 지음. 박현수 옮김. 1983. 『인간의 경제 Ⅰ』. 서울: 풀빛.

하나코, 데루야·오카다 게이코 저, 김영철 역. 『로지컬 씽킹(Logical Thinking)』. 서울: 일빛, 2002.

한국비교경제학회 편. 『비교경제체제론』. 서울: 박영사, 1997.

한국정책금융공사. 『북한의 산업(2010)』. 서울: 한국정책금융공사, 2010.

홍성걸·임경희. 『북한 수산업 실태와 남북협력사업 발전방안』. 서울: 한국해양수산개발원, 2002.

2) 논문

강윤호. "공유재 관리에서 거래비용의 게임이론적 분석." 『사회과학연구』 제21집 1호(2005).

건흥리서치앤컨설팅. 『중국 국유기업 개혁 연구 보고서』. 서울: 한국조세연구원 공공기관정책연구센터, 2010.

구갑우·최봉대. "제3장 북한의 도시 '장마당' 활성화의 동학." 최완규 엮음. 『북한 도시의 위기와 변화: 1990년대 청진, 신의주, 혜산』. 파주: 한울아카데미, 2006.

권경덕. "베트남 국영기업 개혁 추진 현황과 과제." 서울: 대한무역투자진흥공사, 2011.

권성태·박완근. 『베트남의 경제개혁 추이와 시사점』. 서울: 한국은행, 1999.

권 율. 『베트남 국유기업개혁의 현황과 과제』. 서울: 대외경제정책연구원, 1997.

김병로. 북한의 분절화된 시장화와 정치사회적 함의. 『북한연구학회보』 제16권 제1호(2012년 여름).

김병연. "북한경제의 시장화: 비공식화 가설의 평가를 중심으로." 윤영관·양운철 편. 『7·1경제관리개선조치 이후 북한 경제와 사회』. 서울: 한울아카데미, 2009.

김병호. "북한 기업 및 통일 이후 북한 기업의 사유화 방안 연구: 동구권 국가 경우를 참조로 하여." 『국제통상연구』 5권 2호 (2000.12).

김보근. "북한 상인계층과 자본의 형성." 『한반도, 전환기의 사색』 북한연구학회·통일연구원·고려대 북한학연구소 공동학술 회의 (서울: 고려대학교, 2008년 12월 4일).

김상기. "2012년 상반기 대외무역동향." 『KDI 북한경제리뷰』 2012년 7월호.

김성욱. "독일의 통일과 북한지역의 재사유화에 관한 민사법적 고찰." 『국제법무』 제2집 제1호(2010년 5월).

김성철 외. 『북한의 경제전환 모형: 사회주의국가의 경험이 주는 함의』. 서울: 통일연구원, 2001.

김연철. "북한 경제관리 개혁의 성격과 전망." 김연철·박순성 편. 『북한 경제개혁 연구』. 서울: 후마니타스, 2002.

김영윤. "북한경제의 창: 북한의 지하경제와 주민생활." 『북한』 제296호(1996).

김영윤·최수영. 『북한의 경제개혁 동향』. 서울: 통일연구원, 2005.

김영희·김병욱. "사회적 신분에 따른 북한관료들의 사경제활동 연구: 관계자본의 축적을 중심으로." 『통일문제연구』 제20권 2호, 2008.

김일기. "체제변화론의 관점에서 본 북한의 개혁·개방 연구." 『북한연구학회보』 제10권 제1호(2006).

김재철. "사영기업가의 등장과 정치변화." 전성흥 편. 『전환기의 중국사회 II』. 서울: 오름, 2004.

남성욱. "위기에 처한 북한경제의 회복과 성장은 가능한가?" 『통일문제연구』 제12권 제1호(2000.6).

_____. "2002년 북한의 임금과 물가인상에 따른 주민 생산·소비행태의 변화에 관한 연구." 『통일문제연구』 제15권 제2호(2003.11).

_____. "7·1 경제관리개선조치 2주년 평가와 전망." 『KDI 북한경제리뷰』 2004년 6월호.

_____. "2004년 법전 발행과 경제개혁 전망." 『KDI 북한경제리뷰』

2005년 4월호.

_____. "북한의 7·1 경제관리개선조치와 농업개혁 전망." 『한국농촌경제연구원논집』 제28권 제1호(2005년 봄).

_____. "북한의 수산업 현황과 효율적인 남북협력 방안" 『북한연구학회보』 제10권 1호(2006).

남성욱·문성민. "북한의 시장경제부문추정에 관한 연구: 1998년을 중심으로." 『현대북한연구』 제3권 1호(2000).

노철화·김창수·서석홍 공저. 『중국기업의 소유형태별 경영특성』. 서울: 십문낭, 1998.

류경아·김용호. "북한체제변화 연구방법론에 대한 비판적 고찰과 대안의 모색." 『북한연구학회보』 제16권 제1호(2012년 여름).

박정원. "남북 법제통합 기반조성의 과제." 『법제』(2011년 1월호).

박형중. "중국과 베트남의 개혁과 발전 – 북한을 위한 모델?" 『KINU 현안분석 온라인시리즈』 PA 05-06(2005).

_____. "과거와 미래의 혼합물로서의 북한경제: 잉여 점유 및 경제조정기제의 다양화와 7개 구획구조." 『북한연구학회보』 제13권 제1호(2009a).

_____. "화폐교환조치의 파장과 전망: 정치경제학적 분석." 『KINU 현안분석 온라인시리즈』 CO 09-48(2009b).

_____. "북한에서 권력과 재부(財富)의 분배구조와 동태성: 1990년대 이래 분권화된 약탈." 『통일문제연구』 제21권 1호(통권 제51호)(2009c).

_____. "북한에서 1990년대 정권 기관의 상업적 활동과 시장 확대." 『통일정책연구』 제2권 1호(2011).

_____. "<새로운 경제관리체계의 도입>은 판도라의 상자가 열린 것", 『KINU현안분석 온라인시리즈』 CO 12-33(2012a).

_____. "북한의 '6.28 방침'은 새로운 '개혁개방'의 서막인가." 『KINU 현안분석 온라인시리즈』 CO 12-31(2012b).

_____. "독재의 정치 및 경제논리: 권력 교체기 현상을 중심으로." 『KDI 북한경제리뷰』 2012년 1월호(2012c).

_____. "김정은 체제의 권력구조와 대내외정책", 『2012 한반도 통일환경 변화와 통일외교 추진방향평화문제연구소 2012 통일문제 미주세미나』, 시카고: 구세군 메이페어 커뮤니티교회, 2012년 6월 21일(2012d).

_____. "북한의 '새로운 경제관리체계(6.28방침)'의 내용과 실태." 『KDI 북한경제리뷰』 10월호(2013).

서석흥. "1980년대 말 중국 사영경제의 존재 실태에 관한 실증연구." 『중소연구』 통권 59호(1993).

_____. "중국의 국유, 집체, 사영기업의 경영특성에 관한 비교연구." 『중소연구』 통권 72호(1996/7 겨울).

_____. "비국유기업의 발전과 역할." 유희문 외. 『현대중국경제』. 서울: 교보문고, 2000.

소 문. "제5론: 공유제를 주체로 함을 견지하고 여러 종류의 경제성분을 발전시키자." 김소중 편역. 『중국특색의 사회주의』. 서울: 대륙연구소출판부, 1994.

송현욱. "북한 소유권 법제와 '비법적' 사경제의 특징." 『통일과 법률』 통권 제7호(2011년 8월).

양문수. "북한 기업의 행동패턴: 비교경제체제적 접근." 『현대북한연구』 제3권 1호(2000).

_____. "북한경제 연구방법론: 시각, 자료, 분석틀을 중심으로." 경남대학교 북한대학원 편. 『북한연구방법론』 파주: 한울아카데미, 2003.

_____. "북한 기업관리·운영 현황 및 발전방안." 『수은북한경제』 제1권 제3호(2004a).

_____. "기업을 통해 본 북한의 변화: 최근 경제정책에 대한 평가를 중심으로." 『국제지역연구』 제8권 1호(2004b).

_____. "북한에서의 시장의 형성과 발전: 생산물 시장을 중심으로." 『비교경 제연구』 제12권 2호(2005).

_____. "북한의 시장화 수준에 관한 연구." 『현대북한연구』 제9권 3호(2006).

_____. "북한 문헌, 어떻게 읽을 것인가: 『경제연구』의 사례." 『현대북한연구』 제12권 2호(2009).

_____. "북한정부는 시장화를 관리할 수 있는가." 『통일정책연구』 제19권 1호(2010b).

_____. "북한의 화폐개혁: 실태와 평가." 『통일문제연구』. 통권 53호(2010c).

_____. "이중경제구조의 오늘과 내일." 『박재규 편 북한의 딜레마와 미래』. 서울: 법문사, 2011.

_____. "북한의 '6·28 방침'과 성제개혁." 『북한의 경제개혁과 통일·평화의 상상력』 북한연구학회 2012 추계학술회의(서울: 동국대학교, 2012년 10월 19일).

양문수·김갑식. "북한 도시에서의 재화시장의 형성과 발전." 최완규 엮음, 『북한 '도시정치'의 발전과 체제 변화: 2000년대 청진, 신의주, 혜산』. 파주: 한울아카데미, 2007.

오승렬. "북한의 경제적 생존전략: 비공식부문의 기능과 한계." 『통일연구논총』 제5권 제2호(1996).

_____. "중국 향진기업 소유권 귀속 변화의 경제적 함의 연구." 『중국학연구』 제29집(2004).

유호열. "북한외교의 미래: 북한외교의 정상화." 박재규 편. 『북한의 딜레마와 미래』. 파주: 법문사, 2011.

_____. "북한 체제의 변화 전망과 남북 관계의 미래." 『통일경제』 통권 제99호(2009년 겨울).

_____. "북한 화폐개혁의 정치사회적 파장." 제19회 한반도 평화포럼 『화폐개혁을 통해서 본 북한 경제현실과 사회정치적 영향』 서울: 상공회의소, 2009년 12월 7일.

유희문. "중국 사영경제의 발전과 구조적 특징." 『현대중국연구』 제1집(1999).

윤원호. "중국의 소유제개혁과 사회주의: 사영경제를 중심으로." 『정치·정보 연구』 제2권 2호(1999), p.114.

이무철. "북한의 경제조정 메커니즘의 변화 경향 분석." 윤대규 편.

『북한 체제전환의 전개과정과 발전조건』. 파주: 한울아카데
미, 2008.

이　석. "현 단계 북한경제의 특징과 설명가설들."『KDI 북한경제리
뷰』2009년 1월호(2009b).

이석기.『북한의 지방공업 현황과 발전전망』. 서울: 산업연구원, 1998.

_____. "1990년대 이후 북한 경제체제의 특징과 위기: 계획화 체제
의 약화, 자발적 시장화와 기업지배구조의 변화를 중심으로."
『동향과 전망』통권 제62호(2004a).

_____. "7.1경제관리개선조치와 북한 기업관리체계의 변화: 1990년
대 북한 기업행동양식 변화와 관련하여."『북한경제논총』통
권 제10호(2004b).

이영훈. "제4장 농민시장", 세종연구소 북한연구센터 엮음,『북한의
경제』. 파주: 한울아카데미, 2005.

임재천. "중국·베트남·북한 사회주의경제제도개혁 비교: 제도변화
전환점들과 이질적인 제도들 간의 갈등과 대립을 중심으로."
『국제문제연구』제9권 4호(2009.12).

이창렬. "중국 개혁·개방초기 내부자본축적기반 구축 연구."『통일
정책연구』제16권 제1호(2007년 6월).

이한우. "베트남에서 점진적 개혁의 지속: 제11차 공산당대회 결과
분석."『동남아시아연구』제21권 제3호(2011).

이해정·조동호. "북한의 사유화 진전 현황 연구: 중국·베트남과의
비교를 중심으로."『북한연구학회보』제16권 제1호(2012년 여름).

이홍규. "'중국적 사유화'의 역사적 경로와 함의."『한국과 국제정치』
제23권 제4호(2007).

임강택. "경제적 관점에서 본 북한의 화폐개혁, 배경과 파급효과."『KINU
현안분석 온라인시리즈』CO 09-47(2009b).

임수호. "화폐개혁 이후 북한의 대내경제전략"『KDI 북한경제리뷰』
2010년 3월호.

임재천. "중국·베트남·북한 사회주의경제제도개혁 비교."『국제문
제연구』제9권 제4호(2009년 겨울).

장경섭. "북한의 잠재적 시민사회: 이차의식, 이차경제, 이차사회."『현상과 인식』. 제18권 4호(1994).

장명봉. "최근의 북한 사회주의헌법 개정('98.9.5)의 분석: 배경·내용·평가 및 정책전망."『통일연구논총』 제7권 2호(1998).

장용석. "사회주의 체제전환국의 경제성장과 소득분배 구조."『통일문제연구』 제20권 1호(통권 제49호)(2008).

_____. "국가사회주의와 국가계급 지배의 동태성: 북한 지배체제 연구에 대한 함의."『통일문제연구』 제21권 1호(통권 제51호)(2009).

정명기. "중국 국유기업의 개혁에 관한 연구: 공공재. 외부효과 그리고 코즈의 정리를 중심으로."『한국정책과학학회보』 제8권 제1호(2004).

정은미. "북한사회의 개방화 실태와 분절적 구조: 설문조사 데이터 분석을 중심으로."『북한연구학회보』 제16권 제1호(2012년 여름).

정은이. "북한의 자생적 시장 발전 연구: 1990년대 '고난의 행군'이후를 중심으로."『통일문제연구』 통권 제52호(2009).

정형곤. "북한경제의 체제전환과 사유화."『경제논총』 제17권(1998년 6월).

차문석. "북한 경제의 동학(動學)과 잉여의 동선(動線): 특권경제를 중심으로."『통일문제연구』 제21권 1호(통권 제51호)(2009).

최대석·박희진. "비사회주의적 행위유형으로 본 북한사회 변화."『통일문제연구』 통권 제56호(2011년 하반기).

최봉대. "제5장. 1990년대 말 이후 북한 비공식경제 활성화의 이행론적 함의."『북한 체제전환의 전개과정과 발전조건』. 파주: 한울아카데미, 2008a.

_____. "1990년대 말 이후 북한 도시 사적부문의 시장화와 도시가구의 경제적 계층분화: 개별가구의 비공식적 연결망자원의 계층화 매개효과 분석을 중심으로."『현대북한연구』 제11권 2호(2008b).

_____. "북한의 지역경제협력 접근방식의 특징."『현대북한연구』 제14권 제1호(2011a).

_____. "북한의 시장 활성화와 시장 세력 형성 문제를 어떻게 봐야 하나." 『한반도 포커스』 제14호(2011b).

최봉대·구갑우. "북한 도시 '농민시장' 형성 과정의 이행론적 함의." 『현대북한연구』 제6권 제2호(2003.12).

_____. "북한의 도시 '장마당' 활성화의 동학." 『현대북한연구』 제8권 제3호(2005.12).

_____. "북한의 도시 농민시장의 진화와 사적 경제영역의 형성." 『북한 '도시정치'의 발전과 체제변화: 2000년대 청진, 신의주, 혜산』. 파주: 한울아카데미, 2007.

하상식. "경제체제 개혁과 정치적 변화: 북한의 개혁 전망." 『국제정치논총』 제37집 2호(1997).

한삼인·김상명. "중국의 부동산에 관한 물권법의 주요내용과 전망." 『토지법학』 제23권 제2호(2007).

허강무. "북한 부동산사용료제도와 감정평가업계 시사점." 대한변호사협회 통일법 조찬포럼(2011년 4월 26일) 발표문.

홍　민. "북한의 '관계자본' 교환구조와 시장교환의 전유." 『현대북한연구』 제9권 제3호(2006).

_____. "북한경제 연구에 대한 위상학적 검토: 수령경제와 시장세력을 중심으로." 『KDI북한경제리뷰』 2012년 1월호.

황준성. "이행기경제 분석에 있어 거래비용경제학의 적용." 『비교경제연구』 제7권 1호(2000).

3) 학위논문

공용철. "북한의 노동시장 형성에 관한 연구." 서울: 북한대학원대학교 석사학위논문, 2010.

김종원. "북한 사유화 현상에 대한 연구." 서울: 서강대학교 정치학 석사 학위논문, 2009.

다케다 나오키, "김정일 시대 북한 사회통제의 변화: 사상, 생활, 물리적 통제를 중심으로." 서울: 고려대학교 석사학위논문, 2010.

박일수. "'고난의 행군' 이후 개인소유권 변화에 관한 연구." 마산: 경남대 북한대학원 석사학위논문, 2006.

박현선. "현대 북한의 가족제도에 관한 연구: 가족의 사회적 재생산과 가족제도의 관계를 중심으로." 서울: 이화여자대학교 사회학과 박사학위논문, 1999.

박희진. "북한과 중국의 경제개혁 비교연구: 계획과 시장의 관계를 중심으로." 서울: 이화여자대학교 대학원 북한학 협동과정 박사학위논문, 2007.

이상수. "사회주의 국유기업의 사유화에 관한 연구." 서울: 서울대학교 법학과 박사학위 논문, 1996.

이석기. "북한의 1990년대 경제위기와 기업행태의 변화: 생존추구형 내부자 통제와 퇴행적 시장화." 서울: 서울대학교 경제학과 박사학위논문, 2003.

이종겸. "북한의 신흥 상업자본가에 관한 연구." 서울: 동국대학교 북한학과 석사학위논문, 2009.

장용석. "북한의 국가계급 균열과 갈등구조: 1990년대 경제위기 이후 변화를 중심으로" 서울: 성균관대 정치외교학과 박사학위논문, 2009.

정은미. "북한의 국가중심적 집단농업과 농민 사경제의 관계에 관한 연구." 서울: 서울대학교 박사학위논문, 2007.

한기범. "북한 정책결정과정의 조직행태와 관료정치: 경제개혁 확대 및 후퇴를 중심으로(2000~09)." 마산: 경남대학교 대학원 정치외교학과 박사학위논문, 2010.

4) 보도자료

『내일신문』
『동아일보』
『연합뉴스』
『조선일보』

5) 기타자료

고일동・오강수. "북한 경제통계의 실태와 과제." 연구보고서 99-08.
　　　서울: 한국개발연구원, 1999.

김민지. "[북한이야기] 겨울철 전기와 주민생활."『북녘마을』제9호
　　　(2011년 2월).

북한민주화운동본부. "화폐개혁 이후 1년 – 북한주민인터뷰기록." 서
　　　울: 북한민주화운동본부, 2010.

류경원. "[특집2]조선경제관료 극비 인터뷰: 우리나라의 경제형편(중)."
　　　『임진강』 2호(2008).

_____. "<해설>"화폐소요"곡선을 읽다."『임진강』 7호(2010).

림근오. "<선군의 통치방식을 짚어보다> 2000년 혜산 비사검열과
　　　그 잘못."『임진강』 7호(2010a).

_____. "<해설> 조선의 시장화와 비정상화, 주민생활 변화."『임
　　　진강』 8호(2010b).

_____. "<해설> 경제주기성의 파탄과 시장화 – 조중무역."『임진
　　　강』 10호(2010c).

손혜민. "박기원 그 순천사람."『임진강』 5호(2009).

_____. "<취재보고> 사진업 시장으로 열리는 개인기록 시대."
　　　『임진강』 8호(2010a).

_____. "<취재기사> 생계업에서 개인기업으로 발전한 돼지 축산
　　　업."『임진강』 8호(2010b).

_____. "<해설> 몽당장사의 등에 업힌 세멘트련합기업."『임진강』
　　　15호(2012).

송홍근. "北, 화폐개혁 후 자본주의 시장경제 체제 가속화."『자유마
　　　당』 Vol.28(2011년 11월).

임진강출판사. "북한시사용어해설(2)."『임진강』 6호(2009).

주성하. "사회주의는 무슨~ 우린 자본주의 다 됐습네다."『자유마당』
　　　Vol.28, (2011년 11월).

한국은행 조사제2부. "공산권의 국민계정체계 해설." 조사연구자료
　　　88-2. 서울: 한국은행, 1988.

한영진, "北 춘궁기 극심한 식량난 봉착, 도처에 아사자 발생." 『북한』 2008년 6월호.

_____. "[기획3] 북한 경제의 보이지 않는 손 '돈주'." 『NK Vision』 8호(2008년 8월호).

현대경제연구원 연구조사본부. "북한 2009년 화폐 개혁 3년 평가." 『이슈리포트』(2012.11.29).

KOTRA. "2011 북한의 대외무역동향." KOTRA 자료 12-018.

채   순. "개인소유의 수위는 어디까지 올라왔나?." 『임진강』 9호 (2010a).

_____. "<소개> 인조고기밥 – 민중이 만들어내고 즐겨먹는 조선의 대중음식 – ." 『임진강』 10호(2010b).

『오늘의 북한소식』 각호.

6) 인터넷 자료

『데일리엔케이』 www.dailynk.com
『북한자료센터』 unibook.unikorea.go.kr
『북한전략정보서비스센터』 www.nksis.com
『자유아시아방송』 www.rfa.org/korean
『중앙선데이』 sunday.joins.com
『뉴포커스』 http://www.newfocus.co.kr
한국은행 홈페이지 www.bok.or.kr

7) 사전

『교학사 중한사전』 http://cndic.naver.com/zh/entry?entryID=c_39f0b8eeaf7e
『국립국어원 표준국어대사전』 http://stdweb2.korean.go.kr
『두산백과사전』 http://www.doopedia.co.kr
『브리태니커백과사전』 http://www.britannica.co.kr

3. 외국문헌

1) 단행본

Aslund, Anders. *Private Enterprise in Eastern Europe: The Non-agricultural Private Sector in Poland and the GDR, 1945~1983*. London: St. Martin's Press, 1995.

Berliner, J. S. *Factory and Management in USSR*. Cambridge, Mass; Harvard University Press, 1957.

Bourdieu, Pierre. "The Form of Capital", in J. G. Richardson(ed.), *Handbook of Theory and Research for the Sociology of Education*. New York: Greenwood, 1986.

―――――――. *Practical Reason: On the Theory of Action*. California: Stanford University Press, 1998.

―――――――. *The Social Structures of the Economy*, Cambridge: Polity Press, 2005.

Burawoy, Michael. *Politics of Production: Factory Regimes Under Capitalism and Socialism*. London: Verso, 1985.

Becker, Howard S. *Outsiders: Studies in the Sociology of Deviance*. New York: Free Press, 1973.

Chavance, B. *The Transformation of Communist Systems: Economic Reform since the 1950s*. Boulder: Westview Press. 1994.

Durkeim, Emile. *The Rules of Sociological Method*. New York, Free Press, 1964.

Earle, John S. et al. *Small Privatization: The Transformation of Retail Trade and Consumer Services in the Czech Republic, Hungary, and Poland*. Budapest and New York: Central European University Press, 1994.

Haggard, S. and M. Noland. *Witness to Transformation: Refugee Insights into North Korea*. Washington D. C.: Peterson Institute for

International Economics. 2011.

ILO. *Women and Men in The Informal Economy: A Statistical Picture.* Geneva: ILO, 2002.

Kolodko, Grzegorz W. *From Shock To Therapy: The Political Economy of Postsocialist Transformation.* Oxford: Oxford University Press, 2000.

Kornai, Janos. *Road to a Free Economy Shifting from a socialist System: The Example of Hungary.* Harvard University and Hungarian Academy of Science, 1990.

_____. *The Socialist System: The Political Economy of Communism.* New Jersey: Princeton University Press, 1992.

Kornai, Janos and Yingyi Qian. *Market and socialism: in the light of the experiences of China and Vietnam.* New York: Palgrave Macmillan, 2009.

Lavigne, Marie. *The Economics of Transition: From Socialist Economy to Market Economy.* New York: St. Martin's Press, 1995.

Lim, Jae-Cheon. *Kim Jong Il's Leadership of North Korea.* London; New York: Routledge, 2008.

Los, Maria (eds.). *The Second Economy in Marxist States.* New York: St. Martin's Pr, 1990.

Naughton, Barry. The Chinese Economy: Transition and Growth. Cambridge, Mass: MIT Press, 2007.

Nee, Victor and David Stark(eds.). *Remaking the Economic Institutions of Socialism: China and Eastern Europe.* Stanford: Stanford University Press, 1989.

Mankiw, N. Gregory. *Principles of Economics,* 4th ed. Mason, OH: Thomson/South-Western, 2007.

Milor, Vidat, ed., *Changing Political Economies: Privatization in Post-Communist and Reforming Communist State.* Boulder, London: Lynne Rienner Publishers, 1994.

Naughton, Berry. "Distinctive features of Economic Reform in China and Vietnam", in John McMillan and Barry Naughton(eds.), *Reforming Asian Socialism: the Growth of Market Institutions*. Ann Arbor: The University of Michigan Press, 1996.

Pejovich, S. *The Economics of Property Right: Toward a Theory of Comparative Systems*. Dordrecht: Kluwer Academic Publishers, 1990.

Pryor, Frederic L. *Property and Industrial Organization in Communist and Capitalist Nations*. Bloomington: Indiana University Press, 1973.

Roth, Guenther, Claus Wittich(eds). translated by Ephraim Fischoff et al., *Economy and Society*, 2 vols. (Berkeley: University of California Press (Orig. pub. 1922), (1978)(Translation of Marx Weber, Wirtschaft und Gesellschaft, Grundriss der verstehenden Soziologies, based on the 4th German ed.).

Sachs, Jeffrey. *Understanding Shock Therapy*. London: Social Market Foundation, 1994.

Scase, R. *Entrepreneurship and Proprietorship in Transition: Policy Implications for the Small- and Medium-size Enterprise Sector*. Helsinki: United Nations University World Institute for Development Economics Research, 2000.

Scott, James C. *Comparative Political Corruption*. Englewood Cliffs, N. J.: Prentice-Hall, 1972.

Steinfeld, Edward S. *Forging Reform in China: The Fate of State-Owned Industry*. Cambridge: Cambridge University Press, 1998.

Swedberg, Richard. *Max Weber and the Idea of Economic Sociology*. Princeton: Princeton University Press, 2000.

_____. *Principles of Economic Sociology*. Princeton: Princeton University Press, 2003.

Szelenyi, Ivan. *Socialist Entrepreneurs: Embourgeoisement in Rural Hungary*. Madison: University of Wisconsin Press, 1988.

United Nations. *Comparison of the System of National Accounts and the System of Balances for the National Economy*. United Nations: New

York, 1977/1981.

Van Ness. Peter(ed.). *Market Reforms in Socialist Societies: Comparing China and Hungary*. Boulder: Lynne Rienner Publishers, 1989.

Walder, Andrew G. *Communist Neo-traditionalism: Work and Authority in Chinese Industry*. Berkeley: Univ. of California Press, 1986.

Williamson, Oliver E. The Economic Institutions of Capitalism. New York : Free Press, 1985.

2) 논문

Alexeev, Michael and William Pyle. "A Note on Measuring the Unofficial Economy in the Former Soviet Republics." *Economics of Transition*, 11(1)(2003).

Cao, Lan. "Chinese Privatization: Between Plan and Market." *Law and Contemporary Problems*, Vol.63, No.4(2000).

Cao, Yuanzheng, Yingyi Qian, Barry R. Weingast, "From Federalism, Chinese Style to Privatization, Chinese Style." *Economics of Transition*, Vol.7, No.1(1999).

Coase, Ronald H. "The Nature of the Firm." *Economica*, (4)(1937).

_____. "The Problem of Social Costs." *Journal of Law and Economics*, Vol.3(1960).

Demsetz, Harold. "Toward a Theory of Property Rights." in id., *Ownership, Control, and the Firm: the Organization of Economic Activity*. vol.1. Oxford: Blackwell, 1967.

Fischer, Stanley. "Socialist Economic Reform: Lessons of the First Three Years." *American Economic Review*, Vol.83, No.2(1993).

Gainsborough, Martin. "Understanding Communist Transition: Property Rights in Ho Chi Minh City in the Late 1990s." *Post-Communist Economies*, Vol.14, No.2(2002).

Grossman, Gregory. "The 'Second Economy' of the USSR." *Problems of*

Communism, 26(5), 1977.

_____. "Subverted Sovereignty: Historic Role of the Soviet Underground." in Stephen s. Cohen, Andrew Schwartz, and John Zysman (eds.). *The Tunnel at the End of the Light: Privatization, Business Networks, and Economic Transformation in Russia.* Berkely, CA: University of California, 1998.

Haggard, Stephen and Marcus Noland. "Reform from Below: Behavioral and Institutiona Change in North Korea." *Journal of Economic Behavior and Organization,* 73(2)(2010).

Jefferson, Gary, and Rawski, Thomas, "Enterprise Reform in Chinese Industry." *The Journal of Economic Perspectives,* 8(2), Spring 1994.

Joo, Hyung-Min. "Visualizing the Invisible Hands: the Shadowy Economy in North Korea." *Economy and Society,* 39(1), Feb, 2010.

Katsenelinboigen, Aron. "Coloured Markets in the Soviet Union." *Soviet Studies,* Vol.29, No.1(1977).

Kay, J. A. & D. J. Thompson, "Privatization: A Policy in Search of a Rational." *Economic Journal,* Vol 96(1986).

Kim, Byung-Yeon and Dongho Song. "The Participation of North Korean Households in the Informal Economy: Size, Determinants and Effect." *Seoul Journal of Economics,* 2(2), (2008).

Kim, Byung-Yeon. 2010. "Markets, Bribery, and Regime Stability in North Korea." *EAI Asia Security Initiative Working Paper* No.4. (April 2010).

Kornai, Janos. "What the Change of System from Socialism to Capitalism Does Not Mean." *The Journal of Economic Perspective,* Vol. 14, No. 1(2000).

Lankov. A and Seok-hyang Kim. "North Korean Market Vendors: the Rise of Grassroots Capitalists in a Post-Stalinist Society." *Pacific Affairs,* 81(1), Spring 2008.

Lee, Keun and Hong-Tack Chun. "Secretes for Survival and the Role of the Non-State Sector in the North Korean Economy." *Asian Perspectives*, Vol. 25, No.2(2001).

Li, David D. "A Theory of Ambiguous Property Rights in Transition Economies: The Case of the Chinese Non-State Sector." *Journal of Comparative Economics*, Vol.23, Issue.1(1996).

Lim, Jae-Cheon. "Institutional Change in North Korean Economic Development Since 1984: The Competition Between Hegemonic and Non-hegemonic Rules and Norms." *Pacific Affairs*, Vol.82, No.1(Spring 2009).

_____. "North Korea's Hereditary Succession: Comparing Two Key Transitions in the DPRK." Asian Survey, Vol.52, No.3 (May/June 2012).

Lim, Jae-Cheon and Ho-Yeol Yoo. "Institutionalization of the cult of the Kims: its implications for North Korean political succession." *Korean Journal of Defense Analysis*, Vol.22, Issue. 3(2010).

Lim, Jae-Cheon and Injoo Yoon. "Institutional Entrepreneurs in North Korea: Emerging Shadowy Private Enterprises Under Dire Economic Conditions." *North Korean Review*, Vol.7, No.2(Fall 2011).

Lim, Jae-Cheon, Eun Kook Lee, and Yongsoon Kim. "North Korean Studies as a Developing Field." *The 21st Century Political Science Review*, Vol.19, No.3(2009).

Megginson, William L. & Jeffry M. Netter. "From State to Market: A Survey of Empirical Studies on Privatization." *Journal of Economic Literature*, Vol.39, No.2(2001).

Menyah, Kojo, Krishan Paudyal, Charles Inyangete. "Subscriber Return, Underpricing, and Long-Term Performance of U. K. Privatization Initial Public Offers." *Journal of Economics and Business*, No.47(1995).

Polevoy, Pamela L. "Privatization in Vietnam: The Next Step in Vietnam's Economic Transition from a Nonmarket to a Market

Economy." *Brooklyn Journal of International Law*, Vol. 23, Issue 3(1998).

Pomfret, Richard. "Growth and Transition: Why Has China's Performance Been So Different?" *Journal of Comparative Economics,* No.25(1997).

Poznanski, Kazimierz Z. "Political Economy of Privatization in Eastern Europe." Beverly Crawford(ed.), *Markets, States, and Democracy-The Political Economy of Post-Communist Transformation*. Boulder: Westview Press, 1995.

Putterman, Louis. "The Role of Ownership and Property Rights in China's Economic Transition." *The China Quarterly*, No.144, Special Issue: China's Transitional Economy (Dec., 1995).

Qian, Yingyi, and Chenggang Xu, "Why China's Economic Reform Differ: The M-form Hierarchy and Entry/Expansion of the Non-state Sector." *Economics of Transition*, 1(2)(June, 1993).

Roman, Zoltan. "Privatization in Hungary." V. V. Ramanadham(ed.), *Privatization: A Global Perspective*. London: Routledge, 1993.

Rona-Tas, Akos. "The Second Economy as a Subversive Force: The Erosion of Party in Hungary." Andrew G. Walder, *The Waning of the Communist States*. Berkeley: University of California Press, 1995.

Sachs, Jeffrey and T. Woo, "Understanding the Reform Experiences of China, Eastern Europe and Russia." Chung H. Lee and Helmut Reisen (eds.), *From Reform to Growth: China and other Countries in Transition in Asia and Central and Eastern Europe*. Paris: OECD, 1994.

Scase, R. "Entrepreneurship and Proprietorship in Transition: Policy Implications for the SME sector." in R. McIntyre and B. Dallago(eds.) *Small and Medium Enterprises in Transitional Economies*, Hampshire, UK: Palgrave, 2003.

Schlager, Edella and Elinor Ostrom. "Property-Rights Regimes and Natural Resources: A Conceptual Analysis." *Land Economics,* 68(39), Aug 1992.

Shen, T. Y. Shen, "Transaction Costs, Behavior Modes, and Chinese Reform." *The Journal of Behavioral Economics*, Vol.19, No.4(Dec. 1990).

Skocpol, Theda. "Bringing the State Back In: Strategies of Analysis in Current Research." in Peter B. Evans, Dietrich Rueschemeyer, and Theda Skocpol(eds.), *Bringing the State Back In.* New York: Cambridge University Press, 1985.

Sonin, Konstanin. "Why the Rich May Favor Poor Protection of Property Rights." *William Davidson Working Paper,* No.544(December 2002).

Stark, David. "Path Dependence and Privatization Strategies in Eastern Europe." *East European Politics and Societies* 6, 1(Winter 1992).

Sun, Lijian & Qi Quan, "Privatization and Overseas Listing: Experience of Chinese Firms." *IIAS Research Series*, Vol.5(2005).

Sun, Xinqiang. "Reform of China's State-Owned Enterprises: A Legal Perspective." *St. Mary's Law Journal*, Vol. 31, Iss. 1(1999).

Swedberg, Richard. "The Economic Sociology of Capitalism: Weber and Schumpeter." *Journal of Classical Sociology*, Vol.3, No.3(2002).

Szakadát, László. "Property Rights in a Socialist Economy: The Case of Hungary." Earle, John S., Roman Frydman, Andrzej Rapaczynski(eds). *Privatization in the Transition to a Market Economy: Studies of Preconditions and Policies in Eastern Europe.* London: Pinter Publishers, 1993.

Treml, Vladimir G. and Michael Alexeev. "The Growth of the Second Economy in the Soviet Union and its Impact on the System." in Robert W. Campbell(ed.). *The Postcommunist Economic Transformation: Essays in Honor of Gregory Grossman.* Westview Press, Boulder, CO.

Walder, Andrew G. "Property Rights in the Chinese Economy: Contours of the Process of Change." in Jean C. Oi and Andrew G. Walder. *Property Rights and Economic Reform in China.* Stanford, CA: Stanford University Press, 1999.

Wang, Shaoguang. "The Rise of the Regions: Fiscal Reform and the Decline of Central State Capacity in China." Andrew G. Walder(ed.), *The Waning of the Communist States.* Berkeley: University of California Press, 1995.

Webber, Michael. "Primitive Accumulation in Modern China." *Dialectical Anthropology,* Vol.32, Issue 4(Dec. 2008).

_____. "The Places of Primitive Accumulation in Rural China." *Economic Geography,* Vol.84, No.4(Oct. 2008).

Williamson, Oliver E. "Transaction Cost Economics : The Governance of Contractual Relations." *Journal of Law and Economics,* 22(2)(1979).

Woo, Wing Thye, "Improving the Performance of Enterprises in Transition Economies." in Wing Thye Woo, Stephen Parker and Jeffrey d. Sachs(eds), *Economies in Transition: Comparing Asia and Eastern Europe.* Cambridge, Mass; The MIT Press, 1997.

Yang. UC. "Reform Without Transition: The Economic Situation in North Korea Since the July 1, 2002 Measures." *North Korean Review,* 6(1), Spring 2010.

Yusuf, Shahid. "China's Macroeconomic Performance and Management during Transition." *The Journal of Economic Perspectives,* 8(2), 1994.

3) 기타자료

Central Bureau of Statistics. *DPR Korea 2008 Population Census National Report.* Pyongyang, DPR Korea, 2009.

Collins Cobuild Advanced Learner's English Dictionary, 6th ed. New York:

Harper Collins Publishers, 2009.

Oxford Advanced Learner's Dictionary, 6th ed. Oxford: Oxford University Press, 2000.

Oxford Dictionary and Thesaurus of Current English. New York: Oxford University Press, 2004.

UNDP. *Overview of Needs and Assistance In DPRK 2012.*

색인

윤인주 ──

한동대학교 경영학, 경제학 학사
서울과학종합대학원 경영학 석사
고려대학교 북한학 박사
평화문제연구소 책임연구원
현) 한국해양수산개발원 전문연구원

『왜 스토리가 중요한가』
「북한의 제도주창자 연구」
「북한의 사유화 현상 연구」
「북한 내 사적자본에 의한 기업적 현상 연구」
「Institutional Entrepreneurs in North Korea: Emerging Shadowy
  Private Enterprises Under Dire Economic Conditions」
「North Korea's Trade since 1990s and Future Directions in Fisheries
  Export」

북한의
사유화
현　상

초판인쇄　2015년 6월 5일
초판발행　2015년 6월 5일

지은이　윤인주
펴낸이　채종준
펴낸곳　한국학술정보㈜
주소　경기도 파주시 회동길 230(문발동)
전화　031) 908-3181(대표)
팩스　031) 908-3189
홈페이지　http://ebook.kstudy.com
전자우편　출판사업부　publish@kstudy.com
등록　제일산-115호(2000. 6. 19)

ISBN　978-89-268-6995-6 93330